JN234383

木造・防火構造住宅から発生した火災

白昼に延焼拡大する共同住宅火災（東京消防庁提供）

夜間に発生し火炎をあげて延焼する住宅火災（（財）東京防災指導協会「火災事例に学ぶ」より引用）

耐火構造共同住宅から発生した火災

ベランダから火炎を噴出し上階へ延焼する共同住宅火災（東京消防庁提供）

上階へ延焼拡大する高層共同住宅火災（東京消防庁提供）

大規模物品販売店舗から発生した火災

消防隊到着時，黒煙をあげて延焼拡大する物品販売店舗（東京消防庁提供）

消火活動中の大規模物品販売店舗の火災（東京消防庁提供）

大規模倉庫等から発生した火災

濃煙熱気が充満する映画スタジオ火災（東京消防庁提供）

黒煙をあげて延焼する工場火災（東京消防庁提供）

はじめて学ぶ
建物と火災

（公社）日本火災学会　編

共立出版

編集委員

(主査)	上杉	英樹	千葉大学大学院自然科学研究科
	大宮	喜文	東京理科大学理工学部建築学科
	岡	泰資	横浜国立大学大学院環境情報研究院
	古平	章夫	㈲FSE
	佐藤	博臣	㈱イー・アール・エス
	佐野	友紀	早稲田大学人間科学学術院
	中川	祐一	独立行政法人産業技術総合研究所
	中田	浩靖	東京消防庁予防部調査課
	平島	岳夫	千葉大学大学院工学研究科
(幹事)	万本	敦	ホーチキ㈱開発研究所

執筆者

佐藤	博臣	(第1章)	前掲
菅原	進一	(第2章)	東京理科大学
長谷見	雄二	(第3章)	早稲田大学理工学術院
矢代	嘉郎	(第4章)	清水建設㈱
大宮	喜文	(第5章)	前掲
古平	章夫	(第6章)	前掲
平島	岳夫	(第7章)	前掲

まえがき

　災害は忘れたころにやってくるといわれているが，地震などに比べたら火災は日常茶飯事である．日本における建物火災の発生は年間にすれば3万件を越え，火災原因の3割くらいが放火だと推定され，死者2千人くらいの内の半分近くが自殺だとのことである．多くの火事が小火で消し止められているのは，十分前後で駆けつける消防と建物内外の不燃化のたまものである．

　普段のときはこれでよいのかも知れないが，地震の時はそうはいかない．阪神淡路の大震災のとき，倒壊建物で道路はふさがれ，水道管は寸断され，地震に耐えた建物に巡りくる炎を無念にも眺めるしかなかった話を聞く．柱や壁がむき出しになって累々と折り重なり続く木造家屋の木端の並びに火が回らず，大火に至らなかったのは，風が少なかったためと思われる．全く，不幸中の幸いであった．地震時には消防に過大な期待をすべきではなく，火除け地や小川・池はやはり必要なのである．

　また，言おう．建物の高層化である．30階建てや40階建てはめずらしくなくなってきている．一つの建物には万を超す人が入っている．木造家屋が主であった日本の町は，都市大火を繰り返してきたが，2階建てか3階建てであり，路地であったとしてもたくさんあったであろうから，多くは何とか逃げのびることができたかと思う．しかし，超高層建物の場合は避難の階段は2本であり，煙の漏れ入る可能性や階段室が高温になる恐れもある．数少ない避難経路を安全に確保することは論を待たない．さらに，上階への延焼を何としても防がなければならないが，建物として窓は必要である．窓際からの上階延焼はすでに日本でも起きている．超高層建物がまるごと燃える火災も外国では起きているが，対岸の火事であり，他山の石とはなっていない．幸いというべきか，不幸というべきか，超高層建物の本格的火災が日本ではまだ発生していないので，経験に裏打ちされた防火対策が未だ確立されていない．

　建築教育の立場から火災を見ると，大局的には火と人間のかかわりや都市大火の歴史的把握が必要であり，局部的には燃焼・熱気流・伝熱・熱膨張などに触れざるをえず，とうてい一個人でまかなうことは不可能である．

　そこで本書では，いくつかの専門分野にわたることをわかりやすく記すため，また，専門用語や数式はなるべく避けるため，各ページ左側に専用欄を設け，図や写真を多用した．

　最も重視したことは，専門の異なる分野からの念入りな相互査読である．まず，専門用語を避けた目次を章のみならず節にいたるまで作成し，朱を入れることを前提にして執筆依頼を行った．各章の査読代表は，専門が異なる編集者に担当してもらい，学生に成り代わって物言いをつける緊張した作業を行った．執筆者の心労はさらに深かったかと拝察する．

まえがき

　本書を世におくることができたのは，執筆・編集陣の献身的な努力のみならず，火災科学を先導した在天・在世の先達の導きによる．最後に，陽に陰に本書作成を支え，完成を見ずに逝かれた斉藤英明氏，ならびに後を引き継がれた横田穂波氏の共立出版の両編集者に深く御礼申し上げる．

2007年11月

(公社)日本火災学会刊行委員会
防火教材小委員会　主査　　上杉　英樹

もくじ

第1章　建物火災に対する安全　1

1.1　建物と火災　2
　1.1.1　火　2
　1.1.2　建物の材料・構造と火災　3
　1.1.3　耐火構造建物の火災　4
　1.1.4　建物の規模・形状と火災　5
　1.1.5　建物用途と火災　6
　1.1.6　火事と火災　7
　　　コラム　火事の「臭」,「音」,「色」　8
1.2　建物によって異なる火災成長の状況　9
　1.2.1　火災は時系列的な現象である　10
　1.2.2　火災はどんな時や場所に発生しやすいか　11
1.3　建物の目的と火災に対する安全　12
　1.3.1　建物の目的（快適性，利便性，美しさ）　12
　1.3.2　我々の周りにあるさまざまな危険　13
　1.3.3　火災から何を守るか　14
　1.3.4　人間は火災に弱い　15
　1.3.5　火災の被害—直接損害と間接損害　16
1.4　火災に対する安全の備え　17
　1.4.1　火災に対する安全の備えのいろいろ　17
　1.4.2　建築的および設備的な備え　18
　1.4.3　保険などによる金銭的な備え　19
　1.4.4　法律の役割と限界　20
1.5　火災に対する安全性能　21
　1.5.1　火災の危険性は日々変化する　21
　1.5.2　空間の使い方の変化と建物利用者の変化　21
　1.5.3　材料や設備の安全点検と更新　23
　1.5.4　火災の危険を自分の問題として考える　24

第2章　火災は意外と多い—火災の実態—　25

2.1　市街地大火の歴史—昔はまち全体が燃えた　26
- 2.1.1　都市の形成と大火の発生　26
- 2.1.2　欧州における都市大火　27
- 2.1.3　米国における都市大火　28
- 2.1.4　明治までの日本の大火　29
- 2.1.5　大正から現在までの大火　31
- 2.1.6　これからの大火防止を考える　32

2.2　今でも火災は多い—火災統計　33
- 2.2.1　最近の火災の種類と特徴　34
- 2.2.2　ビル火災の特徴　34
- 2.2.3　住宅火災での死者発生　38
- 2.2.4　これからの火災の傾向と対策　40

2.3　放火による火災　45
- 2.3.1　放火やテロによる火災の特徴　46
- 2.3.2　放火を防ぐために　47
- 2.3.3　放火・防犯対策の一元化　47

2.4　建物の防火対策　48
- 2.4.1　防火対策の基本　49
- 2.4.2　防火安全を検証する　50
- 2.4.3　住宅の防火に努める　52

参考文献　53

第3章　ものが燃える，火が拡がる，熱が伝わる—火災の現象—　55

3.1　ものが燃える　56
- 3.1.1　火事のときの炎と「役に立つ」炎　56
- 3.1.2　火事のときの炎の大きさや形はどう決まるか　57
- 3.1.3　炎の高さと発熱量・燃焼物の大きさの関係　58
- 3.1.4　ものが燃えたときの発熱速度はどう測定するのか　60
- 3.1.5　炎と熱気流　61
- 3.1.6　着火　62
- 3.1.7　着火に至るまでの加熱の機構　63
- 3.1.8　着火しやすい材料，延焼させやすい加熱源とは　65

3.2　火が拡がる　66
- 3.2.1　可燃表面の燃え拡がり　66
- 3.2.2　空間の構成と燃え拡がりやすさ　67
- 3.2.3　フラッシュオーバー　68

3.2.4　バックドラフト　　69
　　　3.2.5　火盛り期の燃え方　　70
　　　3.2.6　窓からの噴出火炎　　72
　　　3.2.7　市街地火災　　73
　3.3　熱が伝わる　　74
　　　3.3.1　火災と伝熱　　74
　　　3.3.2　対流による伝熱　　75
　　　3.3.3　伝導による伝熱　　76
　　　3.3.4　放射による伝熱　　77
　参考文献　　78

第4章　火災の被害を小さくするために―感知・消火―　　79

　4.1　火災の制御は早期発見から―火災の感知警報　　80
　　　4.1.1　建築物における状態―平常時と非常時　　80
　　　4.1.2　火災の感知と覚知　　81
　　　4.1.3　防火対策の作動時系列　　83
　4.2　火災の原理，身近な消火設備―消火の基礎　　84
　　　4.2.1　消火の原理　　84
　　　4.2.2　消火設備の種類と適用　　85
　　　4.2.3　消火設備の設置方法　　87
　4.3　消防が活動しやすいように―消防活動　　88
　　　4.3.1　消防隊の進入経路　　88
　　　4.3.2　消防隊用設備　　89
　4.4　いざという時に正常に作動させるためには―維持管理，予防・査察　　90
　　　4.4.1　防災設備の信頼性と維持管理　　90
　　　4.4.2　防火管理の重要性　　91
　　　4.4.3　消防による予防・査察　　92
　参考文献　　93

第5章　火・煙から人をまもる―火災時の避難安全―　　95

　5.1　人を安全に避難させる　　96
　　　5.1.1　避難安全の考え方　　96
　　　5.1.2　避難経路の計画　　97
　　　5.1.3　救助活動や脱出手段の計画　　98
　5.2　人の動きを知る　　99
　　　5.2.1　避難者の特性と心理　　99
　　　5.2.2　在館者の密度と速さ　　100

5.2.3　災害弱者への配慮　*101*
5.3　煙の怖さを知る　*102*
　　5.3.1　煙の人体への影響　*102*
　　5.3.2　煙中での視覚　*103*
　　5.3.3　煙中での行動　*104*
5.4　煙の動きを知る　*105*
　　5.4.1　煙層の形成・降下　*105*
　　5.4.2　天井を流れる煙　*106*
　　5.4.3　竪穴を上昇する煙　*107*
5.5　煙を制御する　*108*
　　5.5.1　煙制御の考え方　*108*
　　5.5.2　区画化　*109*
　　5.5.3　排煙　*110*
　　5.5.4　遮煙　*111*
5.6　避難安全性能を確かめる　*112*
　　5.6.1　避難安全性能の確認　*112*
　　5.6.2　避難開始時間　*113*
　　5.6.3　避難行動時間　*114*
　　5.6.4　避難限界時間　*115*

参考文献　*116*

第6章　火災の拡大を防ぐ─延焼防止─　*117*

6.1　火災が延焼拡大するとどんな危険があるか？　*118*
　　6.1.1　人命の危険と財産損害の増大　*118*
　　6.1.2　間接的損害の増大　*119*
6.2　火災は建物内をどのようにして延焼拡大していくか？　*120*
　　6.2.1　床や壁を越えて延焼拡大する　*120*
　　6.2.2　扉等を通して延焼拡大する　*121*
　　6.2.3　電線，配管やダクトの貫通部から延焼する　*122*
　　6.2.4　竪穴を介して延焼拡大する　*123*
　　6.2.5　建物外部から延焼する　*124*
6.3　延焼拡大を防ぐには─延焼拡大防止計画─　*125*
　　6.3.1　建築物の特徴に応じた対策が必要である　*125*
　　6.3.2　一定の床面積で区画する　*126*
　　6.3.3　鉛直方向の延焼や異種用途への延焼を防止する　*127*
　　6.3.4　延焼拡大防止設計法　*128*
6.4　具体的な延焼拡大防止対策（区画部材と性能評価）　*130*

　　　　6.4.1　床や壁の種類　　130
　　　　6.4.2　床や壁に要求される性能　　131
　　　　6.4.3　床や壁の遮熱性の評価方法　　132
　　　　6.4.4　開口部材の種類　　134
　　　　6.4.5　開口部材に要求される性能　　135
　　　　6.4.6　開口部材の性能評価方法　　136
　　　　6.4.7　区画貫通部の種類と要求される性能および性能評価方法　　137
　参考文献　　138

第7章　火災に耐える建物をつくる―火災時の構造性能―　139
7.1　火災に耐えるということ―耐火構造の役割―　140
　　　7.1.1　耐火構造により防火区画を守る　　140
　　　7.1.2　耐火構造の種類はいろいろ　　141
　　　7.1.3　耐火性が要求される建物　　142
7.2　鉄筋コンクリートは火に強いか―鉄筋コンクリート造の耐火性―　143
　　　7.2.1　鉄筋コンクリート建物の火災事例　　143
　　　7.2.2　一様でないコンクリートの熱的性質　　144
　　　7.2.3　コンクリートも高温になると劣化する　　145
　　　7.2.4　火災を受けるコンクリート構造物に生じる力と変形　　146
　　　7.2.5　爆裂という破壊現象　　147
　　　7.2.6　鉄筋コンクリートでは断面積とかぶり厚さが効く　　148
　　　7.2.7　コンクリート表面にすすが残っていれば被害は小さい　　149
7.3　鉄骨を断熱材料で被覆する―鉄骨造の耐火性―　150
　　　7.3.1　火害を受けた鉄骨部材の変形　　150
　　　7.3.2　鋼材は400℃以降から急に弱くなる　　151
　　　7.3.3　梁の熱膨張変形にご用心　　152
　　　7.3.4　熱応力が消滅する理由　　153
　　　7.3.5　弱点となる接合部　　154
　　　7.3.6　柱の弓なり現象　　155
　　　7.3.7　鉄骨梁の崩壊温度　　156
　　　7.3.8　鉄骨部材を断熱材で被覆する　　157
　　　7.3.9　火害を受けた鉄骨造の診断と補修　　158
7.4　燃えにくい木造とするために―木造建物の防耐火性能―　159
　　　7.4.1　実大火災実験よりわかったこと　　159
　　　7.4.2　木材の着火と炭化速度　　160
　　　7.4.3　外壁と軒裏を不燃化する　　161
　　　7.4.4　大断面集成材の燃えしろ設計　　162

- 7.5 載荷加熱試験で確かめる―構造部材の耐火試験― *163*
  - 7.5.1 耐火試験方法は国際規格で定められている *163*
  - 7.5.2 部材単体で評価する *164*
- 7.6 耐火設計をやってみよう―耐火設計― *165*
  - 7.6.1 建物の概要 *165*
  - 7.6.2 柱と梁の崩壊温度 *166*
  - 7.6.3 火災の見積もり *167*
  - 7.6.4 耐火被覆の決定 *168*
  - 7.6.5 耐火設計の活用例 *169*

参考文献 *170*

索 引 *173*

第1章　建物火災に対する安全

1.1 建物と火災

1.1.1 火

大昔，人類の祖先は，狩猟により食べ物を得て自然の恩恵を受け，住居として洞窟を使用して自然の猛威を凌いだ．あるとき，木々の摩擦による山火事や火山の爆発による溶岩の噴出など自然現象として発生した火を，獣などによる脅威から身を守る手段とすることを，暖房そして調理の手段とすることを知恵として得た．

火の起源神話としてギリシャ神話に，**プロメテウス**の話がある．オリンポスの山の天空からプロメテウスが火を盗んで人間に与えたという．いずれにしても，我々人類の歴史上の画期的な出来事の一つとして，火の保存や火を起こす工夫を蓄積して，人類は進化した．

その後，稲や麦などの栽培・収穫の知恵を得て，多くの人々は農作に適した場所に，その地域で特産する材料を用いて建物を建設し**住居**を構え，火を中心として集落を形成した．そして火はそれぞれの宗教の中心となって敬いや呪いの対象ともなった．

「**住**」という漢字は，「人＋主」に分解でき，「主」は「(火)」と「それを敬い，大事に持っている状態」を表している．この漢字からも，人の生活は火を中心として進歩してきたことは説明できよう．

「火」はさまざまの利点を持つが，その管理に失敗すると大きな被害を人々にもたらし「火災」となる．「災」という字は，上が川を表し，下が火であり，大昔から圧倒的大自然のなかで生活してきた人類にとって，洪水や山火事は大きな関心事であった（図1.1）．

燃焼は，「燃えるもの（可燃物）と出火原因（熱エネルギー）と空気（酸素）」の要素が同時に揃えば維持され，火炎は存在し続ける．火の管理は，「可燃物と出火原因」を切り離すことに尽き，折悪しく出火した場合の「消火活動」は上記「燃焼」の三要素を切り離すことで，火の管理に失敗しても迅速に対処すれば被害は容易に小さい範囲に局限化できる．

【ギリシャ神話（火の起源）プロメテウス [Promētheus]】
ギリシャ神話のティタン神族の一人．アトラスの兄弟．先に考える者，の意．粘土から人間を創ったとされる．「プロメテウスは女神アテナの助けを借りて，天へ昇って太陽の二輪車の火を自分の炬火に移し取り，その火を人間のところへ持って下りました．この賜物によって，人間は初めて他の動物以上のものとなりました．すなわち，その火のおかげで，人間はすべての動物を征服すべき武器をも作り，土地を開拓する道具をも作り，また住み家を暖めて寒さをしのぐ方法をも知ったのであります．最後に技術や，貨幣鋳造や，商売や，取引きの方法までも彼らが習得したのも，すべてこの火の賜物でありました．」（野上弥生子訳：ギリシャ・ローマ神話，岩波文庫）．

【住】
藤堂明保博士編纂（学習研究社）「漢字源」などによる．「人」＋「主」，「主」は燭台の上で火炎が直立している状態を示している．

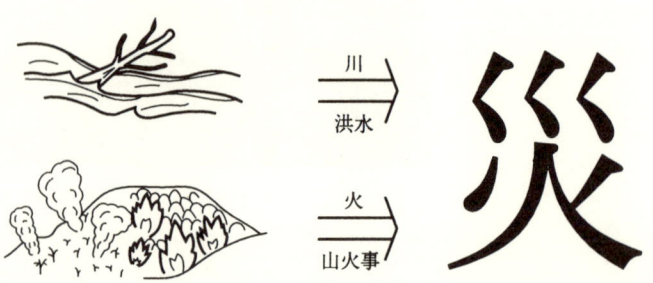

図1.1 災の字の成り立ち

1.1.2 建物の材料・構造と火災

　洞窟から出てきた人類は，身近にある木や草，獣の皮，土や石などを用いて建物を建てた．このうち，木など燃えやすい材料（可燃性材料）で作られた建物は，火の管理に失敗すれば，瞬く間に全面的に焼失する．

　日本の家屋の大半は第二次世界大戦前まで木造で，屋根を茅などで葺くのが一般的であった．そのため，ちょっとした不注意に端を発した火事が折からの強風などとあいまって集落，地域，市街地，都市ごと焼き尽くすほどの大火を生み出した．そこで失火責任者を重く罰するという法制度なども運用されていた．

　建築の容易性から諸外国の建物も昔は大半が木造であったので，日本と同じような都市大火が世界中で繰り返し起きていた．一方，権力の象徴としての大規模な建物は，多大な労力を要して，石や土（日干しレンガ）など燃えない材料（**不燃性材料**）で作ったため，火災が発生しても簡単には燃え落ちることはなかった．城や土蔵などがこの一例である．

　18世紀末になると，鉄やコンクリートなど燃えない材料（不燃材料）の建物が出現し，諸外国の大都市では都市の不燃化が進められた．日本では明治維新後，軸組みが木造で外周や軸組みの周りを不燃材で保護する工法の建物が**お雇い外国人技師**の設計で行われるようになった．

　空襲の被害が大きかった第二次世界大戦後の日本の主要な都市の再建はまず都市の不燃化から始まった．建物の外皮を不燃性の材料で囲うことによって，火事の拡大を防ごうというものである．その後，**耐火構造**として，内部で火事が発生しても簡単には崩壊しない建物がでてきた．その代表が鉄筋とコンクリートが一体化して所定の強度を作りだし，地震や火災にあっても壊れない鉄筋コンクリート造の建物である．しかし，鉄筋コンクリート造では重量物を積み上げていることからそれほど高い建物はできない．そこで高層ビルを建てる方法として鉄骨造が出現した．しかし，鉄は熱を受けると伸びてあめのように変形する．そこで**耐火被覆**と呼ばれる断熱材を巻きつけて鉄の温度上昇を抑えて変形させない工夫が開発された．その代表的役割を，昨今問題となっているアスベスト（石綿）が担った時代がある．最近はノンアスベストの材料が用いられている．

【不燃性材料】
　第6章を参照．

【お雇い外国人技師】
　幕末以来，日本が欧米の近代文明を急速に移入する方策として，欧米の先進国から招聘，雇用した外国人技術者のこと．

【耐火構造】
　第7章を参照．

【耐火被覆】
　第7章を参照．

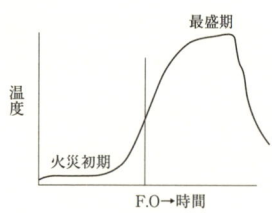

1.1.3 耐火構造建物の火災

近年我々の周りの建物は，住宅を除いて大半は耐火構造となった．これら耐火構造の建物は，火事が発生しても，木造とは違って容易には崩壊しない．

小さな出火原因によって発生した火事は，周辺の可燃物を巻き込んで時間の経過とともに大きな火事へと成長する．火事の成長を示す温度上昇や煙・ガス発生速度は一般に時間の関数で表される．火事が空間全域に広がる直前にこれらの物理量が急激に上昇する．これが**フラッシュオーバー**と呼ばれる現象で，このようになると人は生きていることはできない．

【フラッシュオーバー】
区画内の火事で，発生した可燃性ガスが一瞬で引火して，部分的な火事から区画内全域火事へと移行する現象をいう．フラッシュオーバーの前後で，ガラス窓は破損する．

したがって，人は火事がこの状態になるはるか前に，より安全な空間に逃げ出さなければいけない．これを円滑に行うための準備が避難設計である．住んでいる人に火事がどのように危険な現象であるかを周知した上で，建築的に明快な計画とすることが第一である．しかし，それだけでは万全ではないので，火事を確実に発見する感知設備，初期消火を確実に行うスプリンクラー設備，煙の広がりを抑える排煙設備など能動的（機械的）な支援も必要である．

そして火事は最盛期となり，1000℃近い温度となる．このような状態でも建物が崩壊しないようにするのが耐火設計である．

耐火構造建物の火事は，可燃物の種類・重量・荷姿や空気の取り入れ口である窓などの大きさによって，温度上昇の速度や継続時間などが変化する．

いずれにしても耐火構造の建物は木造建物とは違い，火事によって簡単に崩壊することはない．しかし，木造の建物に比べて気密性が高いので，煙や有毒な燃焼生成ガスからの避難が重要な課題となる．

フラッシュオーバー直前

フラッシュオーバー直後

最盛期

減衰期

（大内富夫撮影：(独)建築研究所実施）

(a) 耐火建築物

(b) 木造建築物

図1.2 建築物の火災性状

1.1.4 建物の規模・形状と火災

建物が容易に崩壊しない工夫ができると，超高層ビルや地下深い建物，ドームなど大規模な空間が建設されるようになる．

一方，火事が発生すると消防自動車が来て，取り残された人の救助と消火活動を行う．このとき，はしご自動車が建物の外壁にはしごをかけて消防活動している写真はよく目にすると思う．このはしご車は60mクラスのはしごを持つ車両の出場もあるが，一般的に，はしごが届く高さは30m程度である．また，最近ではヘリコプターが活躍する場面も多くある．特にはしご車が届かない30m以上の高さの建物では低い建物に比べて自分で守るための工夫を多く用意することが必要である．このため，階段室を適切な位置に安全な構造に作っておくことが特に大切となる．

火事の煙や熱はちょっとした隙間があれば，上へ上へと広がる性質を持つので，その勢いを遮断する工夫（**層間区画**などと呼ばれる）が必要となる．

この勢いを遮断する役割の一つが廊下とそれに繋がる階段の前の付室と呼ばれる空間で，**特別避難階段**に設置が法律で規定されている．

地下街や地下鉄など交通機関の駅舎など地下空間のある建物では，煙が充満しやすい．地上に逃げようと階段を上る人のスピードよりも，煙の方が早い．消防隊が突入したくても煙が下から上がってくれば手の打ちようがない．このようなことから煙対策も重要になる．

また，平面的に大きな面積の建物も増えている．そして，建物形状や周辺の道路状況にもよるが，一般には広い範囲に火事が拡大すると消防活動は困難になる．昭和7（1932）年，日本橋の白木屋百貨店で火災があった．この時代の女性の服装はまだ着物（和服）が主で，下着（下穿き）をつける習慣が一般的ではなかった．このため，避難ができず多数の人が亡くなった．このときから，ある一定の面積に防火的な性能を持つ壁やシャッターなどで区画することや，階段などの竪穴を塞いで他の空間を区画するなどの防火的な考え方が導入されるようになった．

はしご車（東京消防庁提供）

消防ヘリコプター（東京消防庁提供）

【**特別避難階段**】
5.1.2項参照．

白木屋火災（東京消防庁：火災から学ぶ「百貨店編」より）

韓国大邱(テグ)市で発生した地下鉄火災（消防研究センター）

1.1.5 建物用途と火災

　昔は怖いものの代名詞として「地震・雷・火事・親父」という言葉があった．地震や雷は火事の原因にもなることを考えれば，本当に恐ろしいものだったといえよう．しかし，昨今の技術開発はこれら怖いものの代名詞を死語としつつある．火事の主たる原因であった暖房や調理での裸火の使用が少なくなってきた．それはオール電化住宅などの普及や，喫煙の習慣が減ったことなどによるものとも思われる．代わりに，電気配線などの電気器具の普及に関連した火事やテロや放火などによる望まれない，あるいは意図的な火災が増加している．

　火災は，建物の用途に大きく依存する．また，空間の用途によって，そこに存在する可燃物の量や種類などは異なる．可燃物量が同じであっても，空間的に見てそれらが散らかっている場合とそうでない場合で火災が広がるスピードは違う．

　それ以上に大切なことは，建物の用途によって，火事が発生した場合に建物を利用している人々の行動能力や判断能力が違うことである．例えば，病院では，火事だと判断できない人もいる．また判断できても，介護がなければ避難・退避の行動ができない人もいる．グループホームや災害弱者施設も同様である．災害弱者が社会へ進出する時代となり，**ハートビル法**が制定され，幾分建築的な対応はなされるようになったが，災害弱者にとっては周りの人の支援なしでは災害時の避難は困難である．したがって，社会的仕組みの充実も重要である．

　また，建物利用者の数も大事な要素となる．百貨店や劇場，展示場など不特定多数が集まる建物では，避難計画を含めた建築計画全般の良し悪しによって，限られた避難経路からの円滑な避難が困難となりがちである．さらに，就寝を伴う施設であるホテルや住宅など，就寝中の避難についても配慮しなくてはならない．

【ハートビル法】
　高齢者，身体障害者等が円滑に利用できる特定建築物の建築の促進に関する法律

1.1.6 火事と火災

　本書では,「火事」と「火災」という言葉が頻繁に出てくるが,その使い分けについては統一していない.

　消防法や建築基準法では,左記の条文例のように「火災」という用語が使われている.また事後の報告などに「火災」という用語も使われているが,法律条文には「火事」という言葉は出てこない.

　しかし,想定外や管理に失敗した燃焼を発見した人の第一声は「火事だ」と叫ぶことが一般的である.この時点では,火気(燃焼)管理の失敗原因や事象が「過失による事故」なのか,「悪意を持った放火などの事件」なのかはわからないし,被害の結果もわからないので,火の事故と事件を一括りにして火「事」と呼ぶことは,極めて論理的である.

　また,古い俗言に「怖いもの」の代表として,「地震,雷,火事,親父」があった.この言葉は,ハザード(原因・経過)とリスク(結果)をきちんと使い分けている.「どのくらいの温度で,どのくらい継続したという火事の大きさ」は「震度やマグニチュードなどで表す地震の大きさ」に対応する危険要因(ハザード)を表す言葉として捉えるとわかりやすい.したがって,「火災」は「震災」に対応することとなる.すなわち,火事はハザード量であり,火災はリスク量を示すこととなり,「火事」によって,人命や財産などに被害が発生して初めて「火災」となると考えれば合理的であると思われる.

　したがって,上記の建築基準法や消防法は,何らかの被害の発生を前提として,従来の仕様書規定で被害の再発を防止・制御する方策を例示していると理解すればリスクの低減について規定しているといえる.

　しかし,性能型設計を導入した建築基準法では性能確認の方法について規定しているが,本来ハザードを想定し,リスクを一定範囲に押さえるという趣旨からいえば「火災成長率」,「通常の火災の継続時間」などという言葉は本質的には「火事の成長率」,「火事の継続時間」とすべきであろう.例えば,昭和17年に出版された内田祥文先生の「建築と火災」などを見ると,「火事温度の継続時間,火事標準時間温度曲線など」と適切な表現になっている.

　なお,牟田紀一郎博士の「建物の火災と安全のはなし(昭和58年,鹿島出版会)」では,「「火事」は現象の進行形,「火災」とは読んで字のごとく火の災と書くから,これは火事の結果が私たち人間の生活に好ましくない変化を与えてしまったという完了形といえる.」としている.

消防法:第1条において,「この法律は,火災を予防し,警戒し及び鎮圧し,国民の生命,身体及び財産を火災から保護するとともに,火災又は地震等の災害による被害を軽減し,もって安寧秩序を保持し,社会公共の福祉の増進に資することを目的とする.」として,火災という言葉が使われている.

建築基準法:例えば,耐火性能の定義として「通常の火災が終了するまでの間当該火災による建築物の倒壊及び延焼を防止するために当該建築物の部分に必要とされる性能」としている.

火事(原因・経過)進行形 / 火災(結果・被害)完了形

コラム　火事の「臭」,「音」,「色」

　福本喜繁博士の「火と人生（河出書房, 科学新書53, 昭和19年）」で,「火災」と「火事」について,「火災」なる文字が最初に表れたのは禮記で, 月令に「孟秋行夏令, 則多火災」とある. また「火事」は維摩経である, として文字の由来について触れている. さらに, 我が国における最古の火災（放火）として, 古事記の木花之佐久夜毘賣の物語である「……戸なき八尋殿を作りて, その殿内に入りまして, 土以て塗塞ぎて, 産ます時に方りて, その殿に火を着けてなも, 産ましける. 故, その火の盛に燃ゆる時に生ませる子の名は, 火照命, ……, 次に生まれませる子の御名は, 火遠理命……」をあげている.

　さらに, 同書では, 火事・火災対策の要諦は早期発見にあるとして, 鈴木清太郎博士の研究について触れている. 鈴木博士は, 火事の「臭」と「音」と「色」について調べている. 以下にその部分を抜粋する.

　「火臭」. ものが焦げると「きな臭い」と云います. これで出火を未然に防いだ事例は沢山あります. 焼けるときの臭気は物体特有のもので, それによって何物が燃えたのかを判断し得るのです. 英人クレープン伯は火事狂でロンドンに火災があるごとに飛び出したと見えて, その乗馬は遠隔の火事を臭気によって知り, 主人を乗せて直ちに火事場に馳せつけたとのことです.

　「焼音」. 江戸の明暦の大火では,「人のなく声, くるまの軸音, 焼け崩るる音に内添えてさながら百千の雷（いかづち）の鳴り落つるもかくやと覚えて云々」とあり, また, 文化3年3月4日芝大火の例などを引用して, 火事音を焼音といっている. 焼音は叫声, 落下音, 車音などの合成音のように解されているが我が国, 西洋ともに雷鳴があるように云っています. 真の雷鳴もあったようで, 関東大震災の火事にも雷鳴があったとの報告があります. 焼ける物体によって音をことにするものであります. 火事の大きさで音響も量的に違うばかりではなく, 質的にも違う.

　「火色」. 大火の際には昼をも欺く白光を発し, 1666年のロンドン大火では, 午後9時セントポール寺院の尖塔の延焼の際は1マイル離れた所にて細字の書物を読みえたほどで, また関東大震災では9月2日午前1時半頃火勢最強であって, 日本橋区の高層家屋から噴出する火炎は白色光でした. 樫, 楢, 檜, 杉などを燃焼して分光器で見ると, 檜を除いては全て相当ソーダを含有すると見えて顕著なD線を出している. 松葉, 杉葉, 芝生などもD線を出す. 従って火色中にはD線を以って黄色づけられた部分もあることと考えられる.

【燃焼炎色と木造焼失戸数の関係】

淡暗赤色　半戸焼
（522℃）
暗赤色　1戸余焼
（700℃）
赤色　両隣へ全焼
（850℃）
輝赤色　4, 5戸燃焼中
（950℃）
橙色　4, 5戸以上に延焼
（1100℃）
白熱　材木倉庫火災
（1300℃）
輝白熱　材木倉庫火災
（1500℃）

1.2 建物によって異なる火災成長の状況

　少量多品種の代表例「建物」は，電化製品などの量産品とは異なり，同じような利用目的であっても投入費用や敷地条件などによって，構造，形や規模など建築的な状況が異なる．また，利用目的と空間規模が同じような建物でも，住む人や使う人によって空間の使い方は違う．空間を整理整頓して使っている人と雑然と散らかしたままでいる人がいた場合，火災は後者の人の部屋を狙い撃ちする．

　火事は，「可燃物」と「空気」と「管理に失敗した火源」が共存して，周りに被害を与え，時々刻々変化しながら成長する現象である．

　空間の使い方によって可燃物の種類や量，配置，出火原因としての火源は空間個々で異なる．一方，火災空間に持ち込まれ，燃焼を維持するために必要な空気の量は窓の大きさなど建築的な条件による．

　また，火事発見後の消火活動などの対応やあらかじめ用意されていた防火設備の働き具合によっても火事成長の状況は変化する．

1.2.1 火災は時系列的な現象である

　生産・調理・暖房・喫煙・信仰など，使用目的が明らかな管理された「火」は生活に欠かせないものであり，そこから放出される熱エネルギーは制御範囲内であることから誰もが簡単に消すことができる．この有益な「火」が何らかの不手際で管理外の燃焼状態となり，周りに害を及ぼすものが火災である．

　火災の出発点も，この小さな燃焼エネルギーの放出から始まる．燃焼は，熱・光・ガス・煙などを伴う．可燃物によって燃え方は異なり，例えば布団などが燃えると少量の熱と多量の煙・ガスを生成する燻（くん）焼火災となり，液体や紙・衣類の燃焼は火炎を伴う有炎燃焼となる．

　火源が同じ規模であれば，周りにある可燃物の状態が気体，液体，固体の順番に着火しやすい．火源の管理とともに可燃物の管理が重要なのはこの理由である．

　早い時期に発見して適切な対応を行えばその被害範囲は小さくてすむ．身近な人が早く消火することが火災被害を小さい範囲にとどめる一番の方法である．

　しかし，気が動転して初期の対応がうまくいかなかった場合や，初期消火のための機械的な対策の維持管理状態が悪くてうまく働かなかったりすると，カーテンや布団，家具など周りの可燃物に延焼範囲を順次拡大する．この間に煙が天井下に次第に溜まり，人の生存を脅かしだす．

　ここまでは，木造住宅も一般の耐火構造の建物も同じような燃焼である．

　時機を失すると火炎は壁や天井に到達し，構造が木造ならば屋根が燃え抜ける．耐火構造の場合にはやがては部屋全体を煙やガスが覆い，窓ガラスが破れてフラッシュオーバーと呼ばれるあっという間に空間内部の温度が上昇するフェーズを迎え，割れた窓から黒煙が噴出する．そして可燃物が燃え尽きるまで1000℃近い温度で燃え続ける．

　建物に備え付けられている消火設備は初期に役立てるためのもので，燃焼の範囲が小さいうちは簡単な器具で消火することができるが，火事が成長してしまうと公設消防による消火活動に頼らなければならない．

1.2.2 火災はどんな時や場所に発生しやすいか

　毎年一番多い出火件数の住宅火災について，その事故記録を見ると，「台所でてんぷらを揚げているとき，電話が鳴って，その相手をして長話しているうちに火災になってしまった」，「寝タバコをして布団を焦がしてしまった」，「ソファに横になってタバコをすっていたが寝てしまって」，「テレビのコンセントの周りの綿ほこりから火が出ていた」など，生活の中のちょっとした油断や隙間で火災が発生していることがわかる．

　また，「暖房器具の転倒や不適切な使用方法（洗濯物を直接載せて乾かす）で」，「子どもの火遊びで」，「仏壇のろうそくが倒れて」，「フロ釜の空焚きで」などといった原因もある．

　事務所などでは，「タバコの吸殻を屑かごに入れてしまった」，「パソコンなどのたこ足配線のコンセントから火が」，工場では「研磨機の火の粉で」，「静電気のために」などがある．

　以上のように出火原因と出火場所は，普段の生活と密接に関係がある．最近では，調理や暖房手段が代わって，コンロなどの裸火の使用は少なくなり，また喫煙の習慣も制限され，出火原因に変化が見られ，建物火災全体としてうっかりミスなど失火としての出火件数は減少傾向にある．反面，社会不安の増大などから意図的な放火が増えている．

　放火は，周りに人がいないなど「人」や「時間」，「場所」の隙間・死角で発生しやすい．

　我々の周りの一般的な建物にはそれほど大きな火源はないので，どんな火災でも，最初は誰でもが消火できる程度の小さい火源から始まることを肝に銘ずべきである．

　したがって，火災に対する安全の目標を設定し，安全対策を検討する場合，最初に空間ごとにどのような原因の火事がどのような頻度で起きる可能性があるのか，次いで出火原因の周りにどのような燃えやすいものがあるのかを考えること，が合理的な安全設計を進めるために大切である．

1.3 建物の目的と火災に対する安全

建築を火災から守る目的は，建物を利用する人々の安全の確保である．次いで，建物，財産，情報，歴史・文化伝統の保全，思い出など，守るものは多様である．

1.3.1 建物の目的（快適性，利便性，美しさ）

火災に対する安全性能は，建物が持つべき根幹的な性能の一つではあるが，如何に関連法規で多くの縛りがあったとしても，それがすべてではない．

どのような建物の建築主も火災に対する安全だけを考えて建物を建設することはない．例えば，企業は利益を追求する目的で，生産施設は商品を効率的に製造するために，自治体は住民サービスのために，文教施設は教養を高め豊かさや安らぎを与えるために，病院・福祉介護施設は病気や老いを癒すために，それぞれ建設される．そして人々は安らぎと癒しのために住宅を建てる．

大括りの言葉でいえば，建築設計とそれに引き続く建設行為は，建築主が望む目的に対して「豊かさ（ゆとり，調和，多彩，意思が感じられること）とインパクト（未来への叡智が鋭く反映していること）のある空間を創出する行為」である．したがって，火災安全設計も，「快適性，利便性，美しさ」など建築主が目的とする空間を創出する一つのステップと理解し，これらの目的を優先し，バランスよく技術力を駆使してその一端を担わなければならない．

建築行為を支える基本用件（図1.3）は，空間・人間・時間であり，どの言葉にも「間」という文字がはいっている．空間は空域を仕切った場であり，空と空とのつながり，つまり，間合いが建築の良否に関係する．人間も同様で，人と人との連関が人の本姿である．時間はもっと直截的で過去・現在・未来という時刻の連続を示す．未来を切り捨ててきたこれまでの建設行為が環境問題を生んできた．そして，防火の観点において避難しやすい建物は，居室—廊下(第一次安全区画)—付室(第二次安全区画)—階段へ至る動線が軽快に仕上がっていて，**各空間が巧みな「間」取りとなっ**ていることである．つまり，「間」が建築防火の要であることを示唆している．

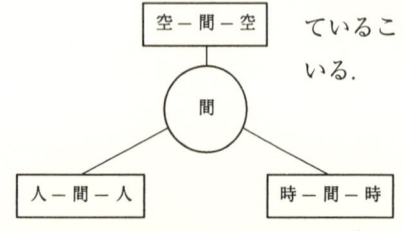

図1.3 建築における間の概念[1]

1.3.2 我々の周りにあるさまざまな危険

　我が国は災害列島である．巨大地震がいつ発生しても不思議ではない．富士山など休火山の噴火も懸念される．そして，毎年のように巨大な台風に襲われ，その前後の集中豪雨と地すべり災害の発生，日本海側地域での豪雪災害，落雷被害の発生しやすい地域，地震後の津波など自然災害が目白押しの列島である．

　これらの災害の多くは，単体建物レベルの問題ではないが，建物ごとの手当ても忘れてはならない．このとき，その地域特性としての各種自然災害の発生頻度・発生強度などに着目した**リスク分析**的な考察を行って総合的に見てバランスの良い安全の確保を考えることが大切である．リスク分析の一つの方法として**FTA**がある．確かに巨大地震は広い範囲に大きな被害を同時に与える．国全体の損失としてみれば，巨大地震は大きな災害である．しかし，個々人の視点でみれば，自分の建物が，地震で倒壊する可能性と火災で全焼する可能性のどちらが大きいのか興味のあるところである．巨大地震は数百年の再現期間で発生し，火災は毎年頻繁に発生し，そのうち1割くらいは大きな被害を伴い，年間1500人以上の人命と直接的な損害として1500億円規模の財産が損なわれている．

　確かに失火などに起因する通常時の火災が大火に拡大するようなことは最近では幸いにもなくなった．しかし，阪神淡路大震災のように地震の後に同時に多数の箇所で火災が発生し，道路が閉塞して消防活動が十分に行われずに密集した古い木造市街地で被害が広範囲に及んだ例もある．

　また，自然災害ではないが建物の中でもさまざまな事故が起きる．階段からの転落や風呂場での転倒など日常災害と呼ばれるものであり，社会の高齢化が進むとこの事故件数は増大するであろう．さらにビルにおけるエレベータ事故や回転ドアによる事故は記憶に新しいところである．

　以上のように我々の周りにはさまざまな危険がある．建物個々の特性を勘案し，どの危険要因を除去するのがその建物にとってどのくらい有効かを検討し，限られた建築投資の中でバランスよく対処していくことが必要である．

【リスク】

リスクの定量化：リスク事象の発生確率と及ぼす影響を評価すること．

リスク分析(Risk Analysis)：リスク因子を特定するため，またリスクを算出するための一連の情報のシステム的使用を意味する．以下の3ステップの作業となる．

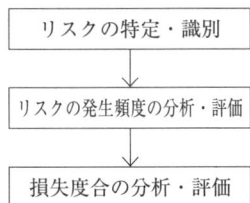

FTA：フォルトツリー解析(Fault Tree Analysis)とは，故障・事故の分析手法．日本語では故障の木解析という．発生頻度の分析のために，原因の潜在危険を論理的にたどり，それぞれの発生確率を加算する評価手法．

1.3.3 火災から何を守るか

「都市や建築物の火災安全計画を検討して，適切な対策を準備すること」の第一の目的は，人命の安全確保であることはいうまでもない．

しかし，時代や建物の用途によって，火災から守るべき対象は違う．江戸の火災では，建物が木と紙で燃えやすかったが，平屋か2階建てであったから直ちに屋外に逃げ出すことができて，都市大火以外では死者の出た火災は意外にも少ない．そこで幕府は，都市大火を抑制するための施策をたびたび公布した．そして，第二次世界大戦直後は，都市生活の拠点としての木造家屋火災を減らすことを意図した建物の不燃化推進の方が人命安全よりも上位にあった．

建物の不燃化が進み，ビル火災が増えて建物内部で焼死よりも煙による死者が増えてくると，人命安全が火災安全の第一の目的となり，煙の拡散を制御するための設備や階段などの竪穴の防火区画を充実するなど具体的な対策が1970年に建築基準法の中に組み込まれた．また高齢化社会や災害弱者の社会進出に対する人に優しい安全も検討されだした．

近年，コンピュータの発達に依存した情報化社会となると，火災によって情報を失うことが多くなり，その損失は企業経営などに大きな影響を及ぼすようになっている．コンピュータは熱や煙に弱く，逃げることもできないので，人よりも火災に弱いのである．すなわち，コンピュータ・情報の防護が必要となる．

また，豊かさや癒しの観点から，個人の思い出や次世代への責務として文化財や自然環境を火災から守ることなども着目されてきた．

企業では，企業経営の安定した存続と社会に対する責任達成（**CSR：企業の社会的責任**）のため，火事や地震による直接損害の低減に加えて，事業中断を小さくすることを目標とし始めた．

いずれにしても，建物単体として個別の安全目標を明確にすること，ならびに社会の一員として地域・集団や次世代に対する責任としての安全目標との調和を多方面の角度から検討することが必要な時代となった．

【**CSR(corporate social responsibility)：企業の社会的責任**】

企業は社会的存在として，最低限の法令遵守や利益貢献といった責任を果たすだけではなく，市民や地域，社会の顕在的・潜在的な要請に応え，より高次の社会貢献や配慮，情報公開や対話を自主的に行うべきであるという考え．

活動内容はさまざまで，従来的な「関連法規の遵守やコンプライアンス」「よい製品・サービスの提供」「雇用創出・維持」「税金の納付」「メセナ活動」などを含める向きもあるが，典型的なCSR活動としては「地球環境への配慮」「適切な企業統治と情報開示」「誠実な消費者対応」「環境や個人情報保護」「ボランティア活動支援などの社会貢献」「地域社会参加などの地域貢献」「安全や健康に配慮した職場環境と従業員支援」などがある．

1.3.4 人間は火災に弱い

　物が燃えると熱や煙・ガスが放出される．人間や動物など生き物はこれらに対して極めて脆い．人間の祖先が火を道具として利用する方法を見つけて猛獣から身を守り，さらに戦う道具としたことは周知である．

　高温の空気の中では人はほんの数分しか生存できない．例えば，高さが1m程度に成長した火炎から3m離れた位置に立つ人の皮膚の温度は，輻射熱で150℃にも達するという．熱に対して男性よりも耐える力が勝っているといわれている女性であっても2分間ももたない．そして，180℃の空気温度では，30秒で大やけどを負う．

　物が燃えると材料によって白い煙や黒い煙が発生する．この煙の色や濃さは，視界をさえぎるなど，視覚的な害，生理的な害，心理的な害の原因となる．使い慣れた空間であっても，パニックを起こす原因となる．また，廊下に漏れた煙の速度は人の歩行速度とそれほど違いはないが，煙が階段に入ると非常に早い速度で追いかけてくる．避難設計において煙の発生や拡散状況に特に着目しているのはこのためである．

　一酸化炭素や塩化水素など有毒なガスも発生する．物が不完全燃焼すると発生する無臭の一酸化炭素は，血液中の血球ヘモグロビンと堅く結合して，酸化ヘモグロビンの生成を阻害し始め，一定量を超えると呼吸障害，運動障害の原因となる．ポリ塩化ビニルやポリウレタンなどを含む家具が燃えると塩化水素やシアン化水素が発生する．低い濃度のうちは咳き込んだり，むせたり，目を刺激する程度ですむが，濃度が高くなると呼吸器系に支障を及ぼし呼吸障害を起こし仮死状態や死亡の原因となる．

　人間の健康状態，アルコール消費量，心臓などの疾患などによってこれらの影響度合いは異なる．

　管理に失敗した燃焼によってこのように悪意のあるものが発生する．とはいえ，何がどれだけ発生するかは，使われている材料の組成や形状によって千差万別である．さまざまな材料や家具などの燃焼特性データを集め，設計に反映することが大切となる理由がここにある．

1.3.5 火災の被害—直接損害と間接損害

　火災の損害は，直接的なものと間接的なもの，金銭の大小で表せるものと表され難いもの，影響が比較的短期的なものと環境汚染など長期的なものに分けられる．

　火事が発生し，初期対応に遅れたり，準備した対策が役に立たなかった場合には，人命が損なわれたり，建物や家財などが失われる．これらを一般に直接損害と呼ぶ．建物や家財などは新たに修復することはでき，またその損害を金額に置き換えることはできる．しかし，人命や文化財など社会的な損失，個人の思い出，書類や電子化した知識やデータなどの情報の喪失は，金銭であがない難い．

　被害の規模によっては，建物や装置を再建するのは時間がかかる．この間に発生する損害を間接損害という．住宅が全焼すると，建物が再建されるまで，住民はどこかに仮住まいして不便な生活を過さざるをえない．同様に，企業が火災に遭うと，復旧期間中は業務活動を停止せざるをえない場合が発生する．その間収益を上げることができないばかりか，待機状態の人々へ賃金を払う必要も生じる．また他の施設への移転などの費用も必要になる．さらに信用の低下，顧客離れなど企業活動再開後の売り上げ低下なども起こる．

　また，火災は，大規模になると環境汚染の原因になる．短期的には有害物質や刺激臭が大気中に広がって周辺住民へ大きな迷惑を及ぼす可能性や，大げさにいえば気候変動の原因となって世代を超えた悪影響も懸念される．

　建物の計画・設計段階に，火災の直接損害と間接損害を，対象建物の固有の問題として定量的あるいは定性的に想定・把握し，その被害をどのレベルまで許容するか，利害関係者が協議・合意（リスクコミュニケーション）することが今後大切となる．ここに，建築主はすべての利害関係者に関連情報を開示する，いわゆる**説明責任**を果たすことがリスクコミュニケーションの基本となる．

　さらにこの合意を出発点として，建物運用段階で，建物の使い方や維持管理の仕方に配慮することが，防災設備などの充実以上に火災被害を低減する大きな駆動力となると信じる．

【**説明責任**(Accountability)】
政府・企業・団体などの社会に影響力を及ぼす組織で権限を行使する者が，株主や従業員といった直接的関係を持つものだけでなく，消費者，取引業者，銀行，地域住民など，間接的関わりをも持つすべての人・組織（利害関係者，stakeholder）にその活動や権限行使の予定，内容，結果等の報告をする必要があるとする考え．

1.4 火災に対する安全の備え

1.4.1 火災に対する安全の備えのいろいろ

火災に対する備えはいろいろであるが，その空間に予想される火災のシナリオのうち，どこまでの被害を許容するかによって備えの選択に幅がある．一般に備えの選択は，最低限の基準として関連する法規を遵守することから始まる．どのような建物であってもさまざまな出火原因と成長のシナリオを持つ火災が発生するために，最低の基準を守るだけでは万全でない場合や反対に過剰な備えとなる．

どのような原因のものが，どのような頻度で起こるのかを知ることが本当に必要な備えを選ぶ作業の第一段階として大切である．

放火を除いた火災の原因は，人為的なミスや電気やガスなど熱エネルギー関連機器の故障・設計ミスである．これらの失敗要因を皆無とすることは困難である．そこで，簡便のためにいかなる空間でも火災は発生するものとし，経験を踏まえて用途ごとに通常発生する最大規模の火災を想定して備えを選ぶ場合が多い．今後は，出火原因と成長シナリオの発生頻度について考慮した設計が望まれる．

選択作業の第二段階は，出火原因の周りにどのような可燃物が，どのように配置されているかに関連する情報を整理することである．

次いで，対象とする建物の構造，形状，規模，開口部条件など火災の成長を支配する条件を整理する．

以上の情報が確定すると「火事が発生したら，どのような規模の火災に成長する可能性があるのか」が計算で予測することができる．

この火災の成長可能性を「どのレベルにとどめると良いか」の建物固有の安全目標を，利用者の人命安全確保，他者への迷惑の発生や事業の継続などの総合的な視点から，例えば，関連法規や企業の経営状態を示す**キャッシュ・フロー**などを参考にして定めるとよい．

例えば，人命安全に関しては，空間の接続状況や避難施設の状況など避難を支配する建築的な条件と建物・空間を利用する人の人数や行動能力・判断能力を考え合わせて，発見・誘導，煙の制御，避難設備などの建築的な対応や，設備的な対応を安全のために用意した費用との兼ね合いで選定することになる．当然，出火原因や可燃物に関しては人的な対応の如何による．また，企業経営に対する影響などは，保険など金銭的な準備によって補いうる部分もある．要するにどのような備えを持つかの基本は，火災の被害をどの程度まで許容できるかに尽きる．

【キャッシュ・フロー (cash flow)】
　企業活動によって実際に得られた収入から外部への支出を差し引いて手元に残る資金（現金・預金）の流れのことである．現金収支を原則としているため，将来的に入る予定の利益に関しては含まれない．欧米では古くからキャッシュ・フロー会計に基づくキャッシュ・フロー計算書 (Cash flow statement, C/F) の作成が企業に義務付けられている．日本では，1999年度からは，上場企業は財務諸表の一つとしてキャッシュ・フロー計算書を作成することが法律上義務付けられている．

1.4.2 建築的および設備的な備え

　火事を大きな被害に発展させる原因の多くは人為的なミスである．まず，空間を乱雑に使うこと，火源（火元）の取り扱いが適切でない，設置した防火設備の維持点検が十分に行われていない，などからはじまって，発見が遅れた，消火に失敗したなどなど，予防段階の事前対応から事故発生時の対応まで，火事の成長を"支援"してしまうのは人間である．

　言い換えると，大元の事前の備えと直後の対応さえ適切に行えば，火事は大きく成長することはないのである．

　しかしながら，関連法規では，居住者の努力に対する**インセンティブ**や責任の所在を明確にしていない．また，何を安全確保のために優先的に行えばよいかなどについてもまったく手掛けていない．その結果として，特に住宅では相変わらず火災が発生している．

　人間はミスを犯す動物である．したがって，人的な対応には限度がある．そこで，ミスを犯させにくくするような建物を提供し，ミスを犯したとしても被害を局限化するための設備を用意して，人間の弱点を補う．どこまで補うかの目標レベルを設定し備えを選択するのが，火災安全設計である．

　例えば，急激な火災成長を防止するための内装材料の選択・制限，煙や火炎の拡大を防止する防煙区画や防火区画，早期発見のための火災感知器，初期消火のためのスプリンクラー設備，避難を助ける避難誘導放送設備，煙の拡散を制限する煙制御設備，安全な余裕のある明快な避難経路や避難施設など，公的な消防がアクセスし，使用する設備など，建築的および設備的な安全対策が，建物ごとに設定した火災安全目標を達成するために，対投資効果を考慮して，また，関連法規がガイドラインとして示す最低基準などを遵守して選択する．

　しかし，設計段階にだけ安全検討意識を高めても，建物利用段階で適切な使用や維持管理が行われなければ，設計で意図した安全が確保できないのはいうまでもないことである．どのような理由でそれぞれの安全対策を選定したのかについて，建物利用者にわかる言葉や表現で伝達する努力が不足しているように思う．これが折角安全対策が施された建物で事故の減らない理由の一つである．

【**インセンティブ**(Incentive)】
　英語で奨励・刺激・報奨という意味をさす言葉．狭義では一定の条件を満たすことを条件に，報奨金をつけた契約のこと．

1.4.3 保険などによる金銭的な備え

人間の生活がどのように変化しても，酸素は必要である．また，火源や可燃物も我々の周辺から除去することはできない．さらに人間はミスを犯す生き物である．したがって，火事の発生を完全に防止することは絶対的にできない．また，出火後のソフト・ハードのリスク回避・低減対策が行われても，やはりミスの積み重ねによって望ましくない規模の被害へと拡大する場合がある．失われた人命や思い出，文化遺産などの復活は不可能であるが，金銭的な備えがあれば，多大な費用が必要となるとしても建物や生産ラインなどは復元可能である．

被害にあったとしても，潤沢な資金を保有していれば，事故後の復旧や早期の操業開始が可能となる．しかし，いつ発生するかわからないことに，十分な資金を独力で準備できないのが一般的である．そこで，**リスクの転嫁**という概念がある．

その典型が火災保険である．保険加入者がそれぞれ応分の負担金を供出し，火災の直接損害や休業期間に失われた利益の補填に負担金を当てるのである．保険契約者が支払う負担金額（保険料率）は，過去の経験によって建物構造や用途・規模・防火対策設置程度などを基に算出されている．保険料率は，純率と保険会社が継続的な経営を維持するために必要な事業費（利潤を含む）としての付加保険料率の和である．純率が，純粋の意味でのその建物（物・もの）の火災危険度に相当する．建物所有者は，火災後に従前の状態に回復するために受け取ることを期待する最大の金額（保険金）のおおよそ1/1000程度の金額を毎年保険会社に支払っている．

最近は地震保険なども販売され，地震後に火事が発生した場合の被害に備える商品もある．

さらに発展したものとして，投資家を対象として一定の規模の地震被害が発生したときに必要な資金を迅速に提供してもらう地震リスクの証券化の動きもある．

【リスクの転嫁】
　リスクの転嫁とは，リスクの影響をリスク対応の責任とともに第三者へ移転する試み，一般的にリスクを外部に転嫁する際，保有と転嫁のバランスを考える．つまりどこまでリスクを自己保有しどこからリスクを他者（保険など）に転嫁すればよいかということ．

1.4.4 法律の役割と限界

　都市や建物の中の多数の人々が安全で快適な生活をお互いに迷惑をかけないで維持していくためには，人々の合意のよりどころとなる何らかのルールが必要である．

　火災安全に関しても，憲法に定める基本的人権を守ることを出発点に建築基準法や消防法などが安全目標と達成手段の合意のよりどころとして規定されている．

　ただし，これらの法令はあくまでも安全と快適な生活を送るための最低基準である．この基準は過去の重篤な火災事例を経験として，その再発防止を意図して多くは定められた．具体的な事故防止策が仕様書的に建築許可条件として政府が与えるものとして，国民の合意ではなく規定されてきた．

　しかし，先に述べたように建物はそれぞれ独自の安全目標を持ち，自己責任として目標達成のために努力すべきである．

　2000年の建築基準法改正によって，性能規定が導入され，建築物が備えるべき性能が明示され，その技術的基準が定められた．また，技術的基準を達成するための具体的方法として，従来と同様な例示仕様と数値計算による性能検証方法が提示された．

　後者は「避難安全検証法と耐火性能検証法」と呼ばれるものであり，建物固有の条件を考慮できるため，例示仕様に基づく設計に比べ合理化が可能となった．

　これからは，建築基準法で規定された「与えられた安全，許可条件としての安全」から一歩進んで，より本質的な安全の確保が可能な性能設計に向けて研究開発が必要であり，これに対する建築主の意識改革も必要である．それにより「自己の責任として安全性を買う」時代の到来が期待される．

　しかし，性能設計は，より高度の専門的な技術が要求され，従来の「法律に書いてあるからこの設備が必要です」と設計者が顧客に説明した方法では，性能設計は納得してもらえない．建物発注者や利用者と設計者が，「安全目標を明確にし，それをどのように達成するか」について，それぞれの役割と責任範囲を明確にして，納得のいくまで協議し，安全を作りこんでいく時代となった．専門家は素人である顧客にわかりやすく説明する責任が増えたのである．

1.5 火災に対する安全性能

1.5.1 火災の危険性は日々変化する

　火災安全性能を支配する要因は多岐にわたり，そのそれぞれは日々変化している．また安全の目標も変化すべきである．

　ヨハン・ハウツブロム著，大平章訳の「火と文明化」（法政大学出版局）第6章「古代ギリシャ・ローマにおける火」のpp.143～145に「古代ローマ世界における火事と消火活動」の節があり，そこに興味深い記述がある．以下に抜粋・引用する．

　　　紀元前31年から紀元後410年の間に大火災が40件あったという．このうち，8件がアウグストウス帝の治世（紀元前31年―紀元後14年）に発生したという．このとき，ローマは人口100万人を超える都市となっており，隣棟間隔など防火区画に関する規定があったにもかかわらず，共同住宅は密集し，大量の木材と簡単な漆喰で建設されていた．このころ建築十書を著したヴィトルヴィウスは「松明のように火がつくようにつくられている」と述べている．

　　　紀元前450年頃から建物の高さ制限や隣棟間隔を2フィート半以上とするような規定が市条例にあり，再三公布されたようだが実行は乏しかった．また，アウグストウス帝は家の最大高さを70フィートに定めたが，これもすぐに破られた．その後帝政時代に，避難脱出を助けるものとして，通りと同じ高さの屋根付き回廊を貸家群に義務付けた．さらに共同住宅の借家人には手桶に水を常備させ，自由に火をおこさせることを制限し，罰則として追放を貸借契約に盛り込んだ．

　　　これらの状況を，当時の風刺詩人ユウェナリスはローマの中心部の生活は「火事と倒壊する家屋の果てしない悪夢」を彷彿させ，次のような文を詠んだ．

　　　「私は，火事とそれにともなう夜中の大混乱がさほど日常の出来事とならないような場所に住みたい．あなたの住む3階のアパートに煙があがってくるまでには（しかもあなたはまだ眠っている），階下に住むあなたの勇敢な隣人は水を求めて叫び，身の回りの品を安全な場所に移している．もし警鐘が1階でなれば，最後に焼かれるのは，ずっと高い所で，巣を作っているハトの間でくらしている屋根裏部屋の間借り人であろう．外気とかれ自身を隔てる屋根瓦のほかには彼には何も無い．」

　この風刺詩人の詩が記述された時代と我々の住む現代とで火災に対する対策面でどれほどの違いがあるのだろうか．ある意味でまったく進歩していないといえる．

1.5.2 空間の使い方の変化と建物利用者の変化

A．空間の使い方の変化

空間の使い方は，同じ用途であっても日々変化する．

使い方が変われば，火災の主役である出火原因や可燃物の配置・種類・量などが変わって，その結果として火災の成長過程も変化する．したがって，火災に対する安全の目標も見直す必要があり，場合によっては大規模な改修が必要となる．

最近，コンバージョンと呼ばれる用途の変更が頻繁に行われるようになった．

例えば，事務所が共同住宅に変わる例がある．このとき，変更した用途に適した消防・防火設備を増強することはできるが，一般には避難のための階段の位置や個数を変えることは難しい．階段の蹴上げや踏み面などに至ってはさらに変更し難い．住宅は，事務所に比べて1フロアあたりの避難者の数は少なくなるが，就寝施設であること，子供や老人など迅速な行動が困難な人々が多数存在すること，可燃物量が大きくなることなど，変更により要求される安全性能の変化を適切に把握し，安全性が低下しないように工夫することを忘れてはいけない．

B．建物利用者の変化

住宅のように比較的同じ人間が継続的に使用する建物であっても，人命安全確保の対象である各人が加齢によって判断能力や行動力が低下する．また家族構成の変化も安全に影響を及ぼす．飲酒や就寝からの覚醒レベルによっても避難能力が低下する．

ハートビル法の普及により，身体的な弱者の社会進出が活発に行われるようになった．不特定多数が利用する施設はもとより，企業活動の場にも一定の比率で高齢者とともに進出してきている．エレベータやエスカレータは通常の上下階移動には便利な道具ではあるが，避難への適用を考えるとまだまだ解決すべき課題が残っている．

1.5.3 材料や設備の安全点検と更新

　建物を構成する材料や利便性・快適性を提供する一般の設備を含めて火災安全を支援する設備は，時間が経つと性能が低下する．

　これらの材料や設備は常に適切にメンテナンスを行わなければならない．ただ設置しただけでは必要なときに必要な役割を果たすことはできない．

　建築基準法で定期調査報告を，消防法で定期点検報告を提出させているのは，設計段階に設定した性能が，建物の利用目的を終えるまでの期間にわたって，いつでも有効に機能することを期待しているためである．その結果を踏まえて適正に機能するように設備の修理や更新が望まれる．

　また，**アスベスト**のようにある時期，耐火被覆材料としてこれ以上ない優れた材料であるともてはやされたものであっても，使用できなくなり除去を義務付けられたりするものや**シックハウス**の原因物質として内装材として使用できなくなるなど，その後の社会情勢や環境問題などで，材料や設備によっては使用が制限されたり，除去を余儀なくされるものもある．

　材料や設備の点検や更新だけではなく，建物が正しい使い方であったかが重要な課題となることが火災事故に多い．

　火災事故の後に，原因と責任の究明が行われ，刑事，民事の裁判によって責任を問われる．例えば，死者44名を出した新宿歌舞伎町の雑居ビル火災では建物所有者の責任に関する裁判に約5年を要し，この間，対象の建物は，営業活動はもとより復旧工事などもできない状態が続いている．この例では建物所有者に対して，階段を避難経路として確実に保全していないなど，安全確認を怠ったことが裁判での論点となった．この例に限らず，火災安全対策の維持管理が裁判ごとの中心となる場合が多い．川治温泉ホテルやホテルニュージャパンなど多数の死者を伴った火災ではこのことが常に問題となった．

【アスベスト】

　アスベスト（asbestos）とは，ギリシャ語で「滅びざる物」の意味で，昔から燃えない魔法の材料として断熱材や防音材など広く建築材料として利用されてきた．ところが近年，アスベストの多量の吸引による呼吸器障害（じん肺，中皮腫）が報告され，使用が規制されるようになった．

【シックハウス】

　近年，新築または改築後の住宅やビルにおいて，居住者がさまざまな体調不良を訴える健康障害が報告されている．これは，化学物質を発散する建材，内装材が多用されるようになったことに加えて，建物の気密性が向上してきたことによるものである．シックハウスの原因の一部は，木質材料の接着剤，内装材や塗料から発散するホルムアルデヒドやトルエン，キシレンなどにあると考えられている．（大宮ほか，建築学の基礎7　建築防災　共立出版，2005より引用）

1.5.4 火災の危険を自分の問題として考える

　プロメテウスが火を人間にもたらし，それを契機として人間は火を使う技術を発展させた．しかし，いくら技術が発展しても，いまだに火を確実にコントロールできていない．

　この最大の理由は，火災安全を自分のものとして考える習慣や考えるための教育・情報が十分に用意されていないためである．「空気と安全」は与えられるもの，「法を守れば安全」といった間違った情報が先行している．「住宅を購入する場合に何を目安に優先して選ぶか」というアンケートを約400人に対して行った．尺度として上げた10項目のうち，日照時間や利便性は男女・年齢に関係なく優先順位が常に上位で，避難や耐火性など非日常的な項目については6，7位にあった．また，火災に対する安全性の物差しについても，被害の大きさの可能性や確率で示すなどリスクを定量化したものよりも，法律に合格していることが馴染みやすい結果であった．

　回転ドア，エレベータ，シャッタ，シュレッダなどの挟まり事故，浴室乾燥機や調理機器などからの出火など，大きな事故の後で謝罪の記者会見が行われ，法改正に至るのが日本の事故処理の常である．いずれも後追いである．事前に事故を想定し，どのレベルまでを許容するかのコンセンサスを得る努力がなされていない．またそれぞれに利便性などの裏にどのような危険が潜んでいるかの情報の開示がなされていない．

　安全性の表示例として公のものでは住宅性能表示制度がある．また，ホテルや物販店など不特定多数が利用する施設の火災に対する安全性について，㊞マークを表示する制度が過去にあった（平成18年10月1日から優良防火対象物認定表示制度に移行）．客は，マークの有無を比べて，表示があれば安全な施設であると判断してホテルなどを選択してきた．新しい表示制度は，すべての防火対象物を適用範囲としていることが特徴で，所定の性能を有していることを消防機関の評価の結果として表示を認めるものである．

　ここで大切なことは，誰がどのような権限や責任のもとで，どのレベルの情報を，何を媒体として与えるかである．安全にかかわる情報が適切なタイミングでこの例のように与えられれば，一般の人は何かを選ぶ意思決定に際して，その情報を活用して安全を身近な話題として捉えるようになるであろう．

参考文献

1)　日本火災学会編：火災と建築，共立出版（2002）

第2章　火災は意外と多い
―火災の実態―

　火災の実態は，消防白書などにより統計的に把握でき，日々の報道写真や生々しいインタビュー記録から火災の恐ろしさが実感される．歴史的に見ると，まず市街地大火が頻発していたこと，続いてビル火災による大量死が注目を集め，最近では人口の高齢化が進み住宅火災による死者数の急増がみられる．

2.1 市街地大火の歴史―昔はまち全体が燃えた

社会生活の規模が拡大してくると，日常的にまちの大火が発生するようになる．特に血縁・地縁・宗派による共同社会，封建制による従属的社会を経て，工業が発展する近代的市場経済社会になると，高い効率性を求めて限られた区域にビルや住宅が密集していく．しかし，必ずしもそれに合せて建築防火や消防防災の技術が発達したわけではないので，市街地大火は連綿と繰り返されてきた．以下に欧米や日本の大火について述べる．

2.1.1 都市の形成と大火の発生

建物が密集してまちが拡大していくと，強風や地震の時に大火が発生する危険性が増すことは，都市化の証でもあった．戦火でまちが焼かれ，大火に至るケースは，木造の日本だけでなく耐火造の欧州も例外ではなかった．図2.1は米英空軍の爆弾・焼夷弾攻撃で焼滅したドレスデン市（ドイツ）の状況である．また，ニューヨーク市世界貿易センター（WTC）がテロによる火災（図2.2）で崩壊したことを目の当たりにしたことから，何らかの手段でビルや市街地が高熱に曝され大火に至る可能性も否定できない．さらに，**長周期地震動**に伴う防火区画の損壊が高層ビルの大火災に発展する事態も懸念されている．

【長周期地震動】
地震発生時のさまざまな地震動のうち，特に数秒～数十秒の周期で揺れる震動で，高層ビルに大きな被害をもたらす可能性が懸念されている．

図2.1 空襲を受けたドレスデン市（ドレスデン軍事史博物館）―ビル群のまちでも焼滅する

図2.2 炎上する世界貿易センター（demel.net ⓒ Scott Demel, 1977-2004）

2.1.2 欧州における都市大火

まず，都市の近代化が先行した欧州の例を挙げておきたい．**皇帝ネロ**の放火とされるローマ大火（64年）をはじめ，ワイマール大火（1618年），モスクワ大火（1571年，1626年など）の古典的記録でも，木造都市の火災に対する脆弱性が述べられている．1666年9月1日の深夜に発生したロンドン大火[1]（図2.3）は約1週間燃え続け，焼損域は市域の85%（436エーカー（$1.76 km^2$），15,000戸）に及んだ．大火の後，チャールズ2世は木造禁止令を神の啓示として発し，行政官がこれを厳格に履行した結果，現在の不燃都市が実現した．防火思想の展開に関しては，1755年に発生したリスボン市（ポルトガル）の地震火災について，「社会契約論」の著者であるジャン・ジャック・ルソーが，「都市の過密化が原因であるという自覚の基に復興に着手することが神の意志に叶うことである.」と説き，科学の視点からヴォルテールの天誅説を否定したことは注目される．1812年，ナポレオンが侵攻したモスクワでは9月14日から3日間にわたり放火火災が続き，消火活動がなされないまま全市の木造の7割に当たる約7,000戸が焼失したと記録されている．18世紀後半から19世紀になると，欧州ではイギリスを中心とする産業革命の進展により都市の規模が拡大し，製鉄用木炭・建物や家具用の材料・薪などとして木材が大量に消費され枯渇の危険に直面したため，建物造りでは石やレンガが用いられるようになった．ロビン・フッド物語[2]に出てくるシャーウッドの森のように森林が豊かであった17世紀頃までの欧州の図書には，森林・木材の育成・管理に関するものが多い．その後，鉄鋼やセメントも豊富に出回るようになって都市の不燃化が進行した結果，大火は起こらなくなった．

【皇帝ネロ】
ネロ・クラウディス・カエサル・アウグストゥス・ゲルマニクス（西暦37年〜68年）：ローマ帝国第5代皇帝．14年間の皇帝在位中，64年のローマ大火において放火犯としてキリスト教徒を迫害したことなど数々の暴挙を重ねたことから暴君と呼ばれるようになった．

図2.3 大火時のロンドン市の模型
（Thorp of London, 1908, ロンドン市博物館）

2.1.3 米国における都市大火

1776年に建国したアメリカ合衆国も近代化の過程でニューヨーク，ボストン，シカゴ，サンフランシスコなどの都市には木造の建物が密集して大火が頻発し，これらはGreat Metropolitan Fire（都市大火災）と称されていた．1871年に発生したシカゴ大火[3]では，ランプから出火して1,687エーカー（6.83 km^2）を焼失し，被災者10万人，死者約300人を出した．南北戦争（1861～1865年）後のシカゴは，五大湖に面する地の利もあり急速に発展中で，この大火後は近代建築が次々に建てられ，都市づくりの世界的モデルともなった（図2.4）．1906年に発生したサンフランシスコ大震火災[4]では，北東臨海部にある市の中心部の約50カ所から出火し市域の3/4に及ぶ2,600エーカー（10.5 km^2），28,188棟が焼失し，死者は498人に及んだ．建物の被災状況をみると，多くの木造が焼失したほか，鉄筋コンクリート（RC）造では内部が焼損し，ブロックやレンガで耐火被覆した鉄骨造ではそれらの脱落で鉄骨が火熱に曝されて大破した建物も多い（図2.5）．なお，東京や横浜のビルでサンフランシスコ大震火災の被害を教訓として建てられたものは，1923年の関東大震災で焼けビルとして残り，被災者の居住，救護施設，復興事業の拠点などとして活用された．

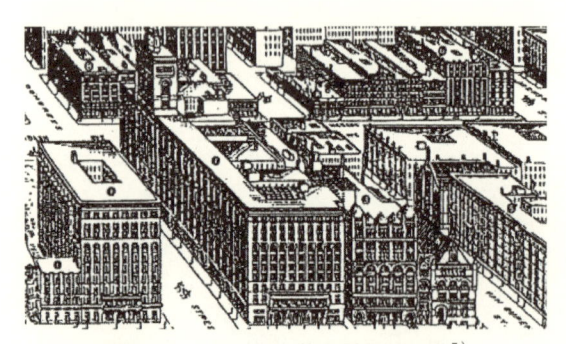

図2.4 シカゴ大火後の新興ビル群[5]

図2.5 大火直後のサンフランシスコ市（バンクロフト図書）

2.1.4 明治までの日本の大火

　明治のころに日本を訪れた外国人は,「木と紙」の文化の一環として都市の姿を捉えた. それも糸目などに代表される繊細なディテールが好まれたため, 細く薄い材料で造られた数寄屋や茶室を日本美の象徴として賞賛した. その反面, こうした木と紙でも粗略に造られた家々が密集した市街地では大火が頻発した. 例えば, 徳川期 264 年間で江戸の町では, 長さにして 15 町 (1.64 km) 以上も焼けた大火が, 約 100 回, つまり 2 年半に 1 度は発生していたことになる. なお, 外国の比較的寒冷な気候下にある国では, 太く, 分厚い製材で壁が造られ, 開口部も小さいため, 類焼に時間がかかり大火時の延焼速度は緩慢であったといえよう. 例えば, 延焼動態に関する記述からロンドン大火と日本の明暦の大火における平均的延焼速度は, 前者が後者の約 1/10 ほどである. 当時は, 消火用具などに両者の大差はなかった. 明治期になるとポンプ車・屋外消火栓などの消防装備や設備が導入され普及し始めたため, 大都市で大火に発展する火災は少なくなっていった. 江戸時代の主な大火を表 2.1 に, 明治期の大火を表 2.2 にそれぞれ示す.

表 2.1 江戸時代の主な大火[6]

大火名	発生年月日 (月日は旧暦)	焼失域など	備　　考
明暦の大火 〔江戸〕	明暦 3 (1657) 年 1 月 18, 19 日	焼損域 20 km², 武家屋敷 930 戸, 町域 800 町, 死者約 10 万人	本郷丸山本妙寺, 翌日, 伝通院, 麹町から烈風下で出火. 前年 11 月から翌年 1 月にかけて 80 日近くも降雨なし. 大量死: 浅草門付近数万人, 霊厳島墓地約 1 万人など. 江戸城の五層の大天主炎上. 将軍家綱西の丸へ動座.
妙知焼 〔大坂〕	享保 9 (1724) 年 3 月 21 日正午	408 町が焼失 (三郷の 2/3)	南堀江橋橘通 3 丁目から強風下で出火. 大坂三郷全域に飛火. 翌 22 日の午後 4 時鎮火.
目黒行人坂大火 〔江戸〕	明和 9 (1772) 年 2 月 29 日	長さ 24 km, 幅 4 km で千住まで延焼. 600 余町, 死者 14,700 人 (北嫂遺言)	大円寺から出火. 麻布―櫻田―神田橋―湯島―下谷―浅草―金杉―千住, 翌日夜に本郷から出火, 三河島―田畑―馬喰町―伝馬町―日本橋―中之橋広小路で鎮火.
天明の大火 〔京都〕	天明 8 (1788) 年 1 月 30 日	37,000 軒, 65,000 世帯	京都史上最大の火災. 団栗辻子 (四条大橋の南) の民家から早朝出火. 強い東風で火は鴨川を越え西へ. 町の約 75 ％が焼失. 御所, 二条城, 東西の本願寺も焼失[7]. 御所は寛政 2 年 (1790) 松平定信により再建. 安政元年 (1854) に再び焼失, 翌年再建, 現在に至る.
丙寅 (ひのえとら) の大火 〔江戸〕	文化 3 (1806) 年	530 町焼失 死者約 1,200 人	芝・車町 (港区高輪 2 丁目付近) の材木屋付近から出火. 京橋―日本橋―麹町, 神田―下谷―浅草まで延焼. 幕府御救小屋建設, 被災者の仮の宿, 食事処に使用.
新町焼 〔大坂〕	文久 3 (1863) 年 11 月 21 日	115 町	南船場付近から出火. 中央区船場, 上町を中心に焼失[8].

表 2.2 明治期の主な大火[6]

発生場所 (現区名)	発生日時	焼失戸数など	備考
銀座（祝田橋） (東京都中央区)	明治5 (1872) 年 2月	2,920戸, 死者3人	和田倉門付近の旧会津藩屋敷から出火, 大名小路―銀座―三原橋―木挽町―築地と延焼, 銀座レンガ街建設の契機となった
東福田町 (東京都千代田区)	明治6 (1873) 年 12月	5,000戸	紙くず屋から出火
数寄屋橋 (東京都中央区)	明治9 (1876) 年 11月	8,550戸	数寄屋橋―京橋, 松屋町―大通りまで延焼, 維新以来の大火と称された
黒門町 (東京都千代田区)	明治11 (1878) 年 3月	5,200戸	放火
松枝町 (東京都千代田区)	明治14 (1881) 年 1月	10,637戸	明治初期最後の大火で, 神田―薬研堀―本所千歳町―深川森下町まで延焼, 橋本町スラムが焼失し一掃された
富山市餌指町 (富山県)	明治18 (1885) 年 5月	6,226戸, 52カ町 焼死8	ランプから出火
富山市中野新町 (富山県)	明治32 (1899) 年 8月	6,000戸, 22カ町	烈風下, 市の中心部焼失
函館市東川町 (北海道)	明治40 (1907) 年 8月	12,400戸, 34カ町	ランプ転倒
空心町 (大阪市)	明治42 (1909) 年 7月	11,365戸, 死者6	北区の大部分焼失
新吉原江戸町 (東京都台東区)	明治44 (1911) 年 4月	6,590戸	吉原―下谷―山谷が焼失
難波新地 (大阪市)	明治44 (1911) 年 1月	5,300戸, 死者3	銭湯の煙突の火の粉

2.1.5 大正から現在までの大火

大正期以降，東京，大阪などの大都市ではビルも増え大火は激減したが，老朽木造の密集地が数多く残されていた地方都市では経済の高度成長期まで大火が続いた．昭和51（1976）年10月に発生し，1,774棟，152,105 m² を焼損した酒田市大火が季節風やフェーン現象で生じる最後の市街地大火であるとの見方もある．出火元である木造映画館の風下側周域は鉄筋コンクリート造などで囲まれていたがそれらの間に細長い木造の物販店舗があったこと，また窓の破損により火気が入った中層百貨店が全館炎上し破損した**ファサード**の大窓から多量の火の粉が風下に飛散したことが木造密集域への延焼拡大を助長する原因となった（図2.6）．消防力が手薄な状況下にある震災や戦災でも窓が破損して耐火造に火が入ると同様な状況になり，大火後に焼けビルが散在する状況となる．焼失戸数2,000戸以上の大火を表2.3に示す．

【ファサード】
建築の正面．普通は正面玄関側の立面をいうが，外観として重要な面であれば，側面や背面もこの呼称とすることもある．（建築大辞典，彰国社）

図2.6 酒田市大火で焼損した大沼デパートのファサードとアーケード通り

表2.3 大正期〜現在までの焼失2,000戸(棟)以上の大火 [9), 10)]

発生場所	発生日時	焼失戸数など
沼津市	大正 2（1913）年 2月	2,400戸，死者9人
東京三崎町	大正 2（1913）年 3月	2,430戸
米沢市	大正 6（1917）年 5月	3,127戸，死者2人
横浜市	大正 8（1919）年 4月	3,000戸，死者10人
関東地方，地震火災	大正12（1923）年 9月	447,128戸，死者99,331人
沼津市	大正15（1926）年12月	4,500戸，死者9人
奥丹後地方，地震火災	昭和 2（1927）年 3月	4,999戸
函館市	昭和 9（1934）年 3月	22,667戸，死者2,165人
静岡市	昭和15（1940）年 1月	5,121戸
戦災の例（東京下町域）	昭和20（1945）年 3月	約27万戸，死者約10万人
飯田市	昭和22（1947）年 4月	3,690戸，死者5,168人
福井市，地震火災	昭和23（1948）年 6月	3,851戸，死者3,769人
能代市	昭和24（1949）年 2月	7,240棟，死者3人
鳥取市	昭和27（1952）年 4月	3,299棟，死者3人
北海道岩内町	昭和29（1954）年 9月	6,965棟，死者33人
酒田大火	昭和51（1976）年10月	1,774棟，死者1名
阪神・淡路地方，地震火災	平成 7（1995）年 1月	全半焼住宅7,467棟，死者6,434人（焼死約30%）

2.1.6 これからの大火防止を考える

　大火防止を考える視点として，建物の構造，建物の密集度，火気の種類，地理的条件（強風や地震の有無・頻度），消防力などが挙げられる．過去の大火の規模や延焼速度をみると，概して日本の大火は，欧米のそれと比較して急速かつ大規模に拡大する例が多い．その理由として，日本の市街地は粗略な木造住宅が密集していたのに比して，欧米の市街地は一般に厚手の木材や石・レンガで造られた建物が多くを占めていたこと，日本は季節風・台風・フェーン現象・地震など大火を生じやすい地理的条件下に位置していること，火気として薪・炭などの裸火が普及し，管理されたガス・電気などのエネルギーの開発が遅れていたこと，都市の急速な近代化に対しビルの防火措置や消防設備等の設置が遅れ気味であったことなどが指摘できる．

　1910年代以降，大都市における大火が激減する理由は，大正浪漫といわれる好景気が続き耐火造が盛んに建てられたこと，建築防火や消防防災に関する技術・法規制が充実していったこと，家庭用の電気・ガス器具が普及したことなどが挙げられる．しかし，経済の高度成長期（1960年代）まで，地方都市の多くはこの恩恵に必ずしも浴しなかったため大火が頻発していた．また，阪神・淡路大震火災以降，長周期地震動下における高層ビルでの同時多発火災が，従来の市街地大火に匹敵する大規模ビル火災へつながる可能性があるとの課題も提起されている．以下に，これからの大火防止対策を箇条的にまとめて記す．

　［これからの大火防止の視点］
　1) 老朽木造家屋が密集した市街地をなくすこと．
　2) 建物・地域の外周および内部の防火区画に関する設計コンセプトを明示し，延焼拡大の防止を図り避難の安全性を確保すること．
　3) 地域のどこで出火しても消火活動が可能であること（消防活動困難区域をなくすこと）．
　4) 建物の防火・防災にかかわる構造・設備上の維持管理を励行し，類焼防止を徹底すること．
　5) 地震時における火気の管理に関する信頼性の向上を図ること．
　6) 長周期地震動による建物の防火区画の損傷程度を検証できる手法を開発すること．

2.2 今でも火災は多い—火災統計

　図2.7は，第二次世界大戦後の昭和21年から平成17年に至る5年ごとの建物からの出火件数の推移を消防白書に基づきまとめたものである．当初は，15,000件程度であったが，昭和28年に2万件，35年には3万件をそれぞれ超え，昭和48年に一時的に42,551件とピークに達し，その後現在まで35,000件台となっている．このうち放火を除いた件数は約29,500件で，その約60％である17,000件は住宅からの出火である．また，平成15年度の内閣府の調査によれば，全国の住宅の総ストック数は約5,400万戸で空き家率が約13％であるから現住住宅数は約4,700万戸である．したがって，放火を除いた1戸当たりの出火率は約3.6×10^{-4}件/戸・年となる．また，火災統計上の出火率である人口1万人当たりの年間出火件数は，最近4.5～5.0で推移している．なお，平成10年の総務省の調査では，居住世帯のある住宅ストック数は図2.8に示すように4,392万戸で内閣府の調査よりも少な目である．居住届けがあっても，現住でない住戸があるためと考えられ，この場合の出火率は3.9×10^{-4}件/(戸・年)となる．

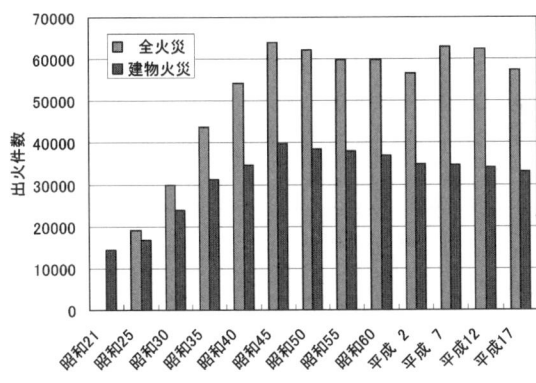

図2.7 5年ごとの全火災および建物火災の件数（昭和21年～平成17年）

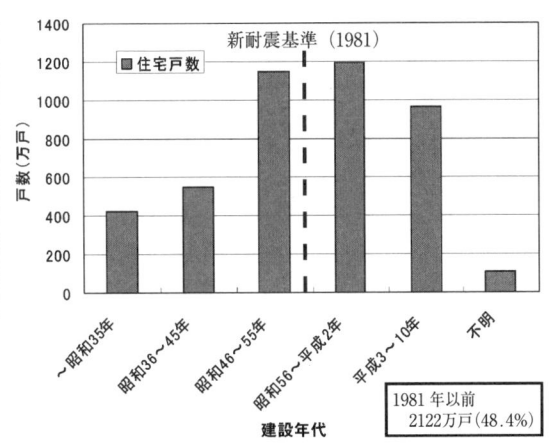

図2.8 住宅のストック戸数（平成15年8月社会資本整備審議会資料より作図）

2.2.1 最近の火災の種類と特徴

火災の種類は統計上,建物・林野・車両・船舶・航空機・その他に分けられている.消防白書に示す出火件数からみたこれらの最近の割合は,平成元(1989)年,平成10(1998)年,平成17(2005)年の3年で比較すると表2.4のようになる.したがって,建物からの出火件数が約60%,車両が10%強,その他が20%強である.船舶火災は少なく,航空機火災はほとんどない.その他の火災は,紙くずや布類などが燃えたもので大部分は「ぼや」火災であるが件数は多い.一般に火事といえば建物火災を指すことはこの統計からも明らかである.

表2.4 火災種別出火件数の割合(%)

年度(平成)	総出火件数	建 物	林 野	車 両	船 舶	航空機	その他
元年	55,763	63.1	5.2	10.3	0.2	0.007	21.2
10	54,514	59.7	3.5	13.7	0.2	0.006	22.9
17	57,460	57.5	3.9	11.5	0.2	0.006	26.9

2.2.2 ビル火災の特徴

建物はその使用(占有)状態から住宅とその他に分けるのが一般的である.オフィスに代表される住宅以外の建物は約336万棟(図2.9の元データより)である.消防白書[10]によれば住宅以外の建物からの出火件数は約40%であるから最近は3.4万×0.4,すなわち13,600件の出火件数となる.したがって,1棟当たりの出火率は1.36/336,すなわち約4×10^{-3}件/(戸・年)となり,かなり高い値である.また,住宅以外の建物火災に

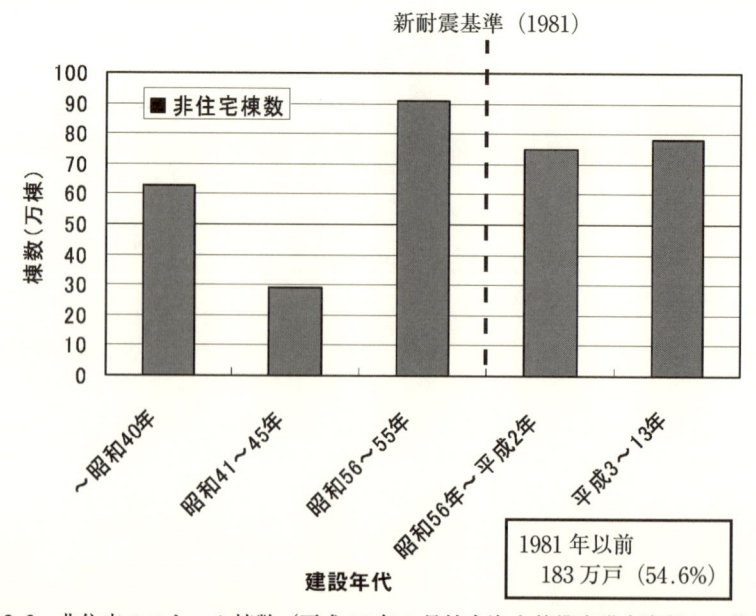

図2.9 非住宅のストック棟数(平成15年8月社会資本整備審議会資料より作図)

2.2 今でも火災は多い

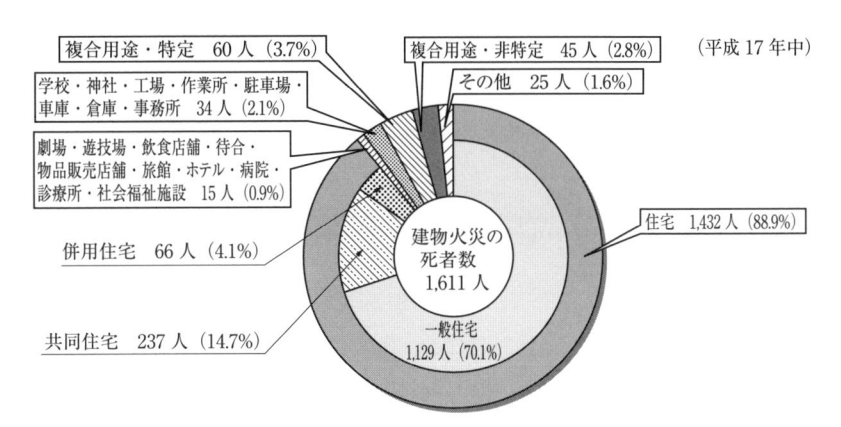

図2.10 建物火災による死者数[10]

(平成17年中)

建物火災の死者数 1,611人
- 複合用途・特定 60人 (3.7%)
- 複合用途・非特定 45人 (2.8%)
- 学校・神社・工場・作業所・駐車場・車庫・倉庫・事務所 34人 (2.1%)
- その他 25人 (1.6%)
- 劇場・遊技場・飲食店舗・待合・物品販売店舗・旅館・ホテル・病院・診療所・社会福祉施設 15人 (0.9%)
- 住宅 1,432人 (88.9%)
- 併用住宅 66人 (4.1%)
- 一般住宅 1,129人 (70.1%)
- 共同住宅 237人 (14.7%)

における死者数は，年間150人前後で，住宅での死者数の約1/10である．図2.10は平成17年における建物火災における死者発生の状況で，住宅以外の建物の火災による死者数の内訳は，物販店舗・オフィス・住宅・駐車場などを組み込んだ複合用途建物が約3％，学校・駐車場・工場などが約2％，物販店舗・ホテル・遊技場・病院・飲食店などが約1％，その他約1.5％となっている．また，出火件数は住宅に比べて少ない．その主な理由は，不特定あるいは特定多数の人々が利用する用途が多いビルでは，建築基準法では特殊建築物として建物の耐火性・区画防火性・避難安全性など，消防法では特定防火対象物として消防用設備等・防火管理などに関する規定を専用住宅の用途よりも厳しく定めているためである．その背景には，昭和7年12月の日本橋白木屋百貨店火災の他，表2.5に示すような火災の歴史がある．その概略を述べると，市街地が拡大する昭和30年代以降，まず病院や社会福祉施設の火災で多数死が発生した．防火区画が手薄な木造の大規模建築物が残存していた時代とも重なる．昭和40年代後半から60年代前半にかけては旅館・ホテルで多くの死者が出た．営業上の理由で規模拡大が盛んに行われ，木造の旧館からRC造の新館へ火煙が拡大し惨事となった例が目立った．昭和40年代後半には大規模物販店舗の火災で大量死が発生した．千日ビル火災では死者118名を出した．昭和50年代には中小規模遊戯飲食店舗などの火災が発生し多くの死傷者が出た．これらのビルは収容人数が少ないことや避難完了時間が短いこともあって，大規模なものよりも防火対策は緩和されているため危険性が指摘されていた．平成13年に発生した，延べ面積500 m² 程度の新宿歌舞伎町の明星56ビル火災では44人もの死者が出る惨事となり，階段（避難経路）が一つしかない，火災報知設備がない，防火管理も杜撰という防火上の問題点などが指摘され，平成14年に消防法の一部が改正され防火管理・違反是正の徹底，罰則強化などが図られた．また，建築基準法施行細則でも定期報告様式が改定された．

第2章 火災は意外と多い

表2.5 主なビル火災の概要（その1）（昭和30～40年代）

事業所名	発　生	構造・焼損面積	死者数	備　考
聖母の園養老院 （横浜市）	昭和30(1955)年2月17日 4時34分	木造2階建・ 870坪	99人 （職員2人も含む）	懐炉の不始末，非常口なし，要介護老女143人
衣笠病院 （横須賀市）	昭和35(1960)年1月6日 21時	木造2階建・ 2,666 m²， 131床焼失	16人 （成人患者：6，新生児：8，看護婦：1，見舞い客：1）	分娩室，石油ストーブの油出をよくするため針金を取りに行った直後に出火．防火区画なし
菊富士ホテル （群馬県水上町）	昭和41(1966)年3月11日 3時40分	2,640/7,645 m² （旧館木造4棟全焼 1,240 m²）	30人 （26，要保護者：4）	新館1階警備室で居眠り中にストーブ転倒させた．階段室の防火シャッター開放状態
池坊満月城 （神戸市有馬温泉）	昭和43(1968)年11月2日 2時30分	耐火一部木造 4/2・ 6,950/11,258 m²	30人 （28，乳幼児：1，高齢者：1，；死者各所に分散）	旧館木造2階サービスルームから出火．区画貫通埋め戻し不備，防火戸すべて不閉鎖，自火報・屋内消火栓は新館のみ既設置，改善勧告10数回，急傾斜地に相次ぐ増築
磐光ホテル （郡山市，磐梯熱海）	昭和44(1969)年2月5日 21時10分頃	RC3階・6,269.5 m²	30人 （3階：2，1階パラダイス：25，その他：3）	松明に石油ストーブの火が引火．防火区画なし．新館との間シャッターあり延焼防止．非常口施錠，全館停電，火災報知器スイッチoff，烈風下，大広間天井が炎上落下
寿司由楼 （和歌山市）	昭和46(1971)年1月2日 1時03分	木造4階（旧館）	16人	2階大広間付近，自火報未設置，警報設備等の設置基準強化，防火管理者や共同防火管理の措置命令等（消防法一部改正）法第97号
千日ビル （大阪市）	昭和47(1972)年5月13日 22時30分頃	RC7/1・ 8,763/25,923 m²	118人 （すべて7階の客・従業員，一酸化炭素中毒：93，飛降：22，胸部圧迫：3）	3階内装改修者のタバコかマッチがワゴン車の衣類に着火？，複合用途の防火管理強化
済生会八幡病院 （福岡市）	昭和48(1973)年3月8日 午前3時20分頃	RC5/1・ 888/15,511 m²	12人 （4階の老女患者：10，飛降：1，搬送末期癌患者：1）	蚊取り線香の不始末．一階外来診療棟婦人科診察室出火．カーテン—天井—ダクトから4階へ火煙急速拡大，消防車アクセス困難地域
大洋デパート （熊本市）	昭和48(1973)年11月29日 13時15分	RC7/1・ 13,500/20,400 m² （3階以上）	104人 （買物客：48，従業員：53，工事関係者：3）	不明（2階から3階への階段室のダンボールが炎上）．スプリンクラーなど工事中．11月工事完了．1階に慰霊碑設置．翌年倒産廃業．防火管理者起訴—無罪

表 2.5 主なビル火災の概要(その2)(昭和50〜平成10年代)

らくらく酒場 (沼津市)	昭和51(1976)年12月26日 1時30分	3階建鉄筋コンクリート造 256/342 m²(2,3階)	15人 (無施錠東非常口前:8,3階への階段:1,店中央:1など,死者内訳:客9,従業員6)	1階階段室ダンボール放火.開口部ベニヤ板閉鎖.カーテン—天井—ダクトから4階へ火煙急速拡大,消防車アクセス困難地域
川治プリンスホテル (栃木県藤原町)	昭和55(1980)年11月20日 15時15分	4階建鉄骨造 3582.42 m²	45人 (4階:29,3階:5,2階:4,1階:7)	増改築多い.浴室壁付近で鉄柵溶接火花から壁内延焼,廊下天井から館内へ延焼,シャッター閉鎖なし,屋上避難効奏.自動火災報知設備工事中.適マーク制度の契機
ホテルニュージャパン (東京都千代田区)	昭和57(1982)年2月8日 3時24分	10階建鉄骨鉄筋コンクリート造(地下2階) 4,186/46,697 m² (9,10階)	33人 (飛降:13,客室内:14,廊下:6)	たばこ(9階客室),三叉廊下で避難に支障,外国人多く避難指示不徹底,スプリンクラー・防火区画不備
旅館大東館 (静岡県東伊豆町)	昭和61(1986)年2月11日 1時55分	3階建木造 788 m²,グランドホテルへ類焼673 m²	24人 (客:23,従業員:1,客は3階から脱出した夫婦以外全員寝床で死亡)	1階パントリーのガスコンロによる長期低温加熱(表面ステンレス),非火災報頻発で地区ベル切断中.新旧館一体管理も連携不備
老人ホーム松寿園 (東村山市)	昭和62(1987)年6月6日 23時20分	3階建鉄筋コンクリート造 450(2階)/2,014 m²	17人 (男:3,女:14)	2階リネン室出火,自火報作動,全員自力避難困難者(1,3階では介添え避難成功),消火器による初期消火失敗,介護員夜間2名のみ
長崎屋尼崎店 (尼崎市)	平成2(1990)年3月18日 12時30分頃	5階建鉄筋コンクリート造(地下1階) 814m²(4階)焼損	15人 (5階従業員食堂:12,ゲームセンター:3)	4階のカーテン売り場付近で出火,放火の疑い.北側煙感知器連動防火戸がダンボールで閉まらず.
明星56ビル (東京都新宿区歌舞伎町)	平成13(2001)年9月1日 0時56分頃, 覚知1時1分	鉄骨鉄筋コンクリート造(地下2階) 83.1×2/500m² (3,4階)	44人 (3階:16,4階:28,男:32,女:12)	放火の疑い(3階のエレベータ前),階段が一つ,防火戸閉鎖障害あり,階段に多数の物品存置,防火管理不徹底

2.2.3 住宅火災での死者発生

住宅は，一般（戸建）住宅・共同住宅・併用住宅に分けることができる．さらに共同住宅は賃貸と分譲に分けることもできる．中でも，マンションと呼ばれるものは，比較的高級な分譲共同住宅を指すことが多い．

国土交通省の調査によれば，住宅（共同も含む）のストック数が現住ベースで約4,700万戸，そのうち木造戸建住宅は約2,450万戸であり，戸建住宅に占める木造の割合は約80％である．したがって，戸建て住宅は約3,050万戸となる．また，総務省の住宅・土地統計調査によれば戸建以外の約1,650万戸のうち木質アパート・長屋などの小規模共同住宅が約15％，賃貸共同住宅（団地）・分譲共同住宅（マンション）などの中高層共同住宅が約35％を占めている．建物からの出火件数は図2.7に示したように約35,000件/年で，その約60％は住宅からの出火であり，建物火災による死者数の約90％は住宅火災によるものである．そのうち，約80％はほとんどが一般（戸建）住宅で発生しており，約15％は共同住宅，約5％は1階に店舗等のある併用住宅で発生している．最近の消防白書による建物の構造別死者数のうち木造での死者が約1,050人であり，一般住宅の死者は約1,130人である．したがって，火災による死者数のほとんどは木造戸建て住宅で発生していると考えてよい．この事実は，階層別の死者発生数からも裏づけられる．消防白書によれば恒常的に1階での死亡者数が約70％，2階が約25％を占めていることからもわかる．図2.11は住宅火災の件数および死者発生の推移を示したもので，平成16年から平成17年にかけて死者が1,038人から1,220人へと約1.2倍に急増している．その主な理由は，火災死者数に占める高齢者の割合，特に後期高齢者の死者数が増加していることなどである．また，建物火災による損害額は，全火災の約95％を占め約1,220億円である（表2.6）．このうち，一般住宅が約35％，共同および併用住宅がそれぞれ約5％である．また，工場は約

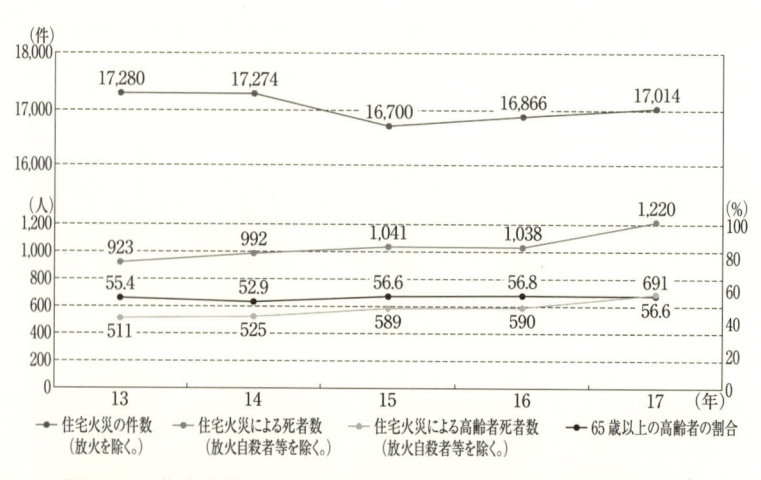

図2.11 住宅火災の件数と死者数の推移（放火自殺者を除く）[10]

20％，倉庫および複合用途はそれぞれ約5％，オフィスは約2％を占めている．また，焼損面積別の出火件数を見ると小火がおおよそ26,000件で約80％を占めている．このように，損害額では住宅火災が建物火災による全損害の約43％を占め，その他では工場の損害が目立っている．建物火災の大部分は焼損面積が50m² 未満，損害額が10万円未満の小火であるが件数が多い分，累積損害額が大きくなっている．

表2.6 建物火災の区分別損害額等 [10]

建物区分	出火件数(件)	焼損床面積(m^2)	損害額(百万円)
一般住宅	12,402	646,582	46,292
併用住宅	1,046	75,477	4,505
共同住宅	5,303	54,847	5,354
小計	18,751	776,906	56,151
劇場等	18	186	13
公会堂	59	1,817	183
キャバレー等	28	508	88
遊技場等	112	3,736	1,344
性風俗特殊営業店舗等	3	56	2
料理店等	44	3,929	425
飲食店	601	14,381	1,984
物品販売店舗等	534	19,780	2,751
旅館・ホテル等	189	6,981	527
病院等	187	1,018	168
社会福祉施設等	105	798	103
幼稚園等	12	778	65
学校	384	5,906	433
図書館	6	195	49
特殊浴場	9	300	4
公衆浴場	16	509	127
停車場	53	77	13
神社・寺院	158	10,317	836
工場・作業場	2,184	207,733	27,170
スタジオ	10	1,219	127
駐車場	99	1,949	111
航空機格納庫	0	0	0
倉庫	638	79,576	6,329
事務所	780	34,426	2,083
特定複合用	2,484	43,504	5,307
非特定複合用途	1,107	36,615	4,786
地下街	1	0	0
準地下街	0	0	0
文化財	4	176	42
その他	4,473	247,958	11,110
合計	33,049	1,501,334	122,330

2.2.4 これからの火災の傾向と対策

統計データから今後の火災の傾向を考えると，まず一般住宅火災による死者発生を低減することが重要である．特に高齢者の割合が約55％を占め，75歳以上の後期高齢者の死亡率（10万人当たりの死者数）が極めて高いことも注目される．ビル火災では，2.2.2項で記したように死者発生数は住宅火災の10分の1程度であるが，1棟当たりの年間の出火率が 4×10^{-3} と高いことが挙げられ，高齢者の人口増加・孤立化の進展・都市共同住宅への集中などが火災死の増大につながることが懸念される．

A．住宅火災の今後

住宅火災で死に至る経緯を示したのが図2.12であり，逃げ遅れが約63％を占め高齢社会の進展とともにこの傾向はさらに高まるものと考えられる．逃げ遅れの内訳をみると，①病気などで避難困難，②熟睡中，がそれぞれ約25％，③急激な火災の成長，④消火活動によるもの，がそれぞれ約10％を占め，⑤泥酔，⑥乳幼児，⑦物の持ち出し，⑧身だしなみ，⑨狼狽などが数％のオーダーとなっている．その他は約25％であり，火災時におけるさまざまな人間行動が含まれている．逃げ遅れ以外では，着衣着火が約6％，再進入が約2％，その他が約28％となっている．全体でもその他の占める割合が大きいことは，死に至る経緯の複雑さを反映している．しかし，死者を大幅に減らすポイントは，いち早く火災に気づくことにあり，これによって逃げ遅れる人を少なくする手立てが必要である．

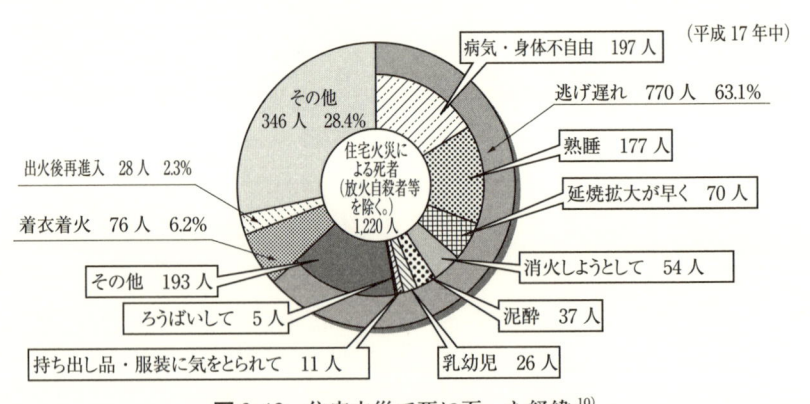

図 2.12 住宅火災で死に至った経緯[10]

（平成17年中）

- 病気・身体不自由 197人
- 逃げ遅れ 770人 63.1％
- 熟睡 177人
- 延焼拡大が早く 70人
- 消火しようとして 54人
- 泥酔 37人
- 乳幼児 26人
- 持ち出し品・服装に気をとられて 11人
- ろうばいして 5人
- その他 193人
- 着衣着火 76人 6.2％
- 出火後再進入 28人 2.3％
- その他 346人 28.4％
- 住宅火災による死者（放火自殺者等を除く。）1,220人

そのため東京都では，都知事の諮問を受けて住宅火災における死者の低減のために有効な対策項目について，図2.13に示すようにまずいち早く火災に気づくことが重要であるとした火災予防審議会人命安全対策部会での結論を踏まえて火災予防条例の改正を行い，平成16年10月1日から，新築住宅を対象として住宅用火災警報器の設置を義務付けた．また総務省消防庁でも，死者数を現状の半分にすることを目指して各市町村へ条例の

制定を促し，全国的には平成18年6月1日からこれが義務化された．これらの条例によれば住宅用火災警報器の主な設置場所は寝室と階段室とされている．また，既存住宅については，平成23年6月1日より早い時期を目途に義務付けを推進するという．なお，住宅用火災警報器の設置効果については，すでにアメリカやイギリスの例があり，死者を約半分にすることに成功している．図2.14にアメリカの例を示す．

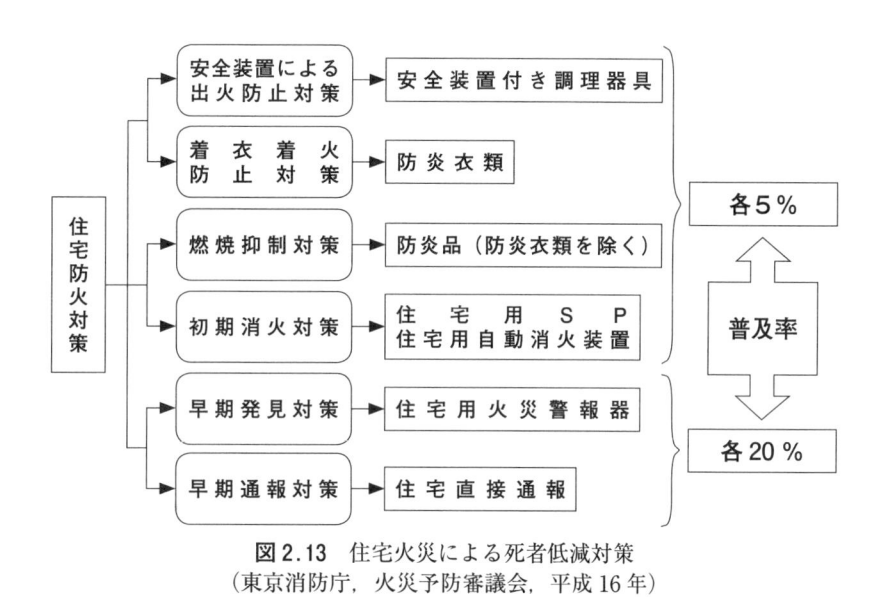

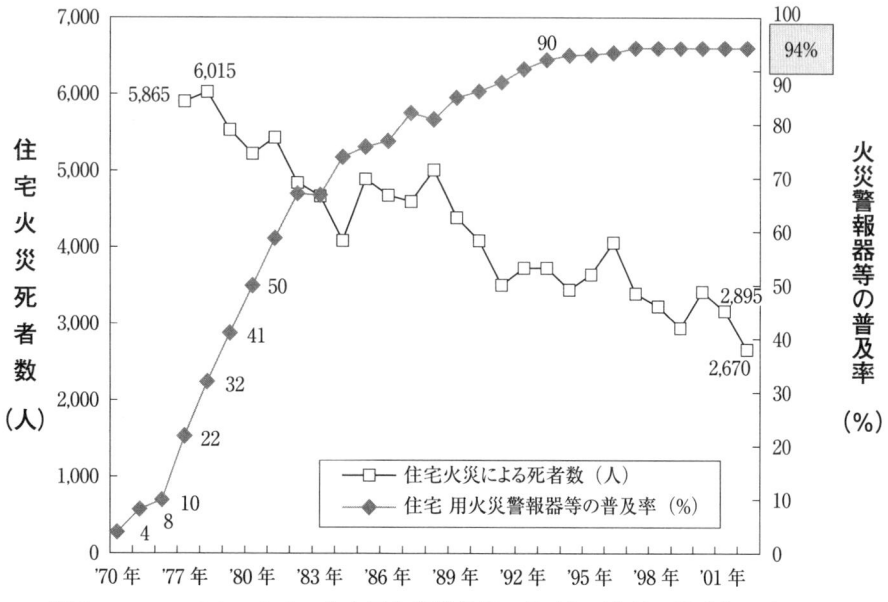

図2.13 住宅火災による死者低減対策
（東京消防庁，火災予防審議会，平成16年）

図2.14 アメリカにおける住宅用火災警報器の普及と死者数の低減状況（NFPA資料，消防庁作成）

B. ビル火災の傾向

図2.9で見たように非住宅のストック棟数は約336万棟で，このうち183万棟（54.6%）が1981年制定の新耐震基準以前のビルである．これを延べ面積ストックでみたのが図2.15であり，国土交通省の調査によればその主な内訳は事務所4.4万ha（26%），店舗3.7万ha（22%），学校3.4万ha（21%）で全体の69%を占めている．図2.16は超高層建築物（60m以上）の大臣認定数の推移を示したもので，平成8年から10年間で1.8倍に増えている．最近における大規模・高層・複合化したビルの建設の増大や高度成長期に数多く建てられた中小ビルの老朽化や空家率の上昇が都市部を中心に進んでいる．前者では，避難安全・火災拡大防止・消防活動支援を図るために，避難行動の解明・火災拡大現象の精緻化・消防活動の実態に関する研究および防災センターの機能強化・防火管理体制の拡充・消防活動拠点の設置などに関する法的整備が進められている．後者では，コンバージョンや増改築の際に既存不適格物件の防火安全性を向上させる施策が種々施されている．また，東京などの中核都市に人口が集中し，マンションや物販店舗を併設したオフィスなどの超高層建築物および60階前後の超々高層マンションの計画や建設（表2.7）が急増しており，長周期地震動による防火区画等の損傷や在館者の動揺による被害の拡大が懸念されている．

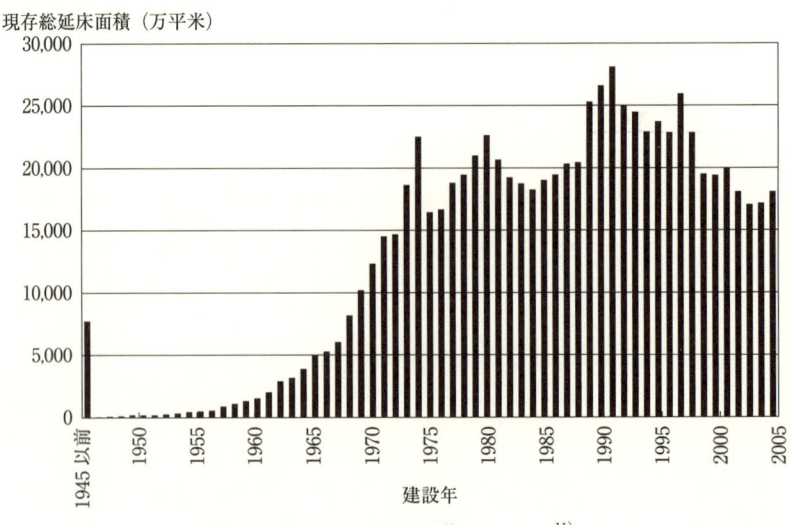

図2.15 ビルの延べ面積ストック[11]

図 2.16 超高層建築物の大臣認定数の推移（国土交通省）

表 2.7 超々高層マンション建設計画（不動産経済研究所，平成 16 年現在）

（東京都・さいたま市）

1	西新宿三丁目	（新宿区西新宿3）	66 階×2, 50 階	2,500 戸
2	武蔵浦和	（さいたま市南区）	61 階	750 戸
3	新宿西富久町	（新宿区西富久町）	60 階	1,120 戸
4	西新宿五丁目	（新宿区西新宿5）	59 階	950 戸
5	武蔵小杉駅前	（川崎市中原区）	59 階	794 戸（分譲中）
6	勝どき	（中央区勝どき6）	58 階×2	2,801 戸（分譲済）
7	月島	（中央区月島1）	55 階	750 戸
8	勝どき駅前	（中央区勝どき1）	55 階	712 戸
9	赤坂	（港区赤坂4）	54 階	129 戸
10	晴海三丁目	（中央区晴海3）	53 階×2	1,486 戸
11	勝どき駅前	（中央区勝どき3）	53 階	750 戸
12	豊洲	（江東区豊洲1～3）	52 階	1,438 戸（分譲済）
13	東池袋四丁目	（豊島区東池袋4）	52 階	608 戸
14	晴海二丁目	（中央区晴海2）	51 階	750 戸
15	虎ノ門Ⅲ	（港区虎ノ門1）	51 階	300 戸
16	湊二丁目	（中央区湊2）	50 階×2	1,000 戸

（大阪市・神戸市・広島市）

1	西本町	大阪市西区	60 階	500 戸
2	大阪北ヤード	大阪市北区	50 階	600 戸
3	湊町	大阪市浪速区	50 階	500 戸
4	御影	神戸市東灘区	50 階	408 戸
5	旭通り	神戸市中央区	50 階	560 戸
6	広島駅南口	広島市南区	52 階	450 戸

火災1件当たりの損害額では，建物火災が大きく，中でも工場・作業所火災による損害額が目立っている．最近の生産施設は，空間の大規模化やスーパークリーンルーム・高性能機器などの設置例が増えて，万一火災が

発生すると，たとえ小火でもガスや煙の発生で大損害を被る場合が少なくない．表2.8は最近の主な工場火災の例で，消防庁長官が調査権を行使したものである．

表2.8 近年の主な工場火災（長官調査権の行使事例，総務省消防庁）

発生年月日 (平成)	発生県	発 生 現 場	備　　　考
15. 8.10	岡山県	プラスチック工場火災	鉄骨造3/0プラスチック工場，延べ14,641 m²のうち約12,000 m²が焼損
15. 8.19	三重県	ごみ固形化燃料発電施設(RDF)貯蔵タンク爆発火災	ゴミ固形化燃料(RDF)の貯槽が発熱発火．消火中の消防職員2名殉職，他に傷者5名
15. 9. 8	栃木県	タイヤ工場火災	ゴム練り工程棟41,010 m²全焼，製品タイヤ165,000本焼損．溶接火花による出火の可能性が高い
15. 9.26	北海道	製油所：タンク火災（原油タンク）	2003年十勝沖地震に伴い，苫小牧の精油所の原油タンクが炎上．衝撃火花による出火の可能性が高い
15. 9.28	北海道	製油所：タンク火災（ナフサタンク）	2003年十勝沖地震に伴い，損傷を受けていたナフサタンクが炎上し，30日（約44時間）まで燃え続けた．静電気による出火の可能性が高い

2.3 放火による火災

最近の出火原因のトップは，図 2.17 に示すように放火または放火の疑いである．図 2.18 は，これを昭和 23 年から現在まで見たものである．

平成 17 年で見ると，放火が全出火原因の 12.6%を占め第一位であり，9 年間続いている．また，放火・放火の疑いによる損害額は，それぞれ 92.6 億円・73.0 億円であり合計 165.6 億円に上っている．放火の手段はライターが 77.4%と断然多く，放火の時間帯では午後 8 時頃から翌日午前 6 時頃までで全体の 90%を占めている．過去の例を見ても百貨店・スーパー・雑居ビル・住宅などへの放火で多くの命が奪われてきた．

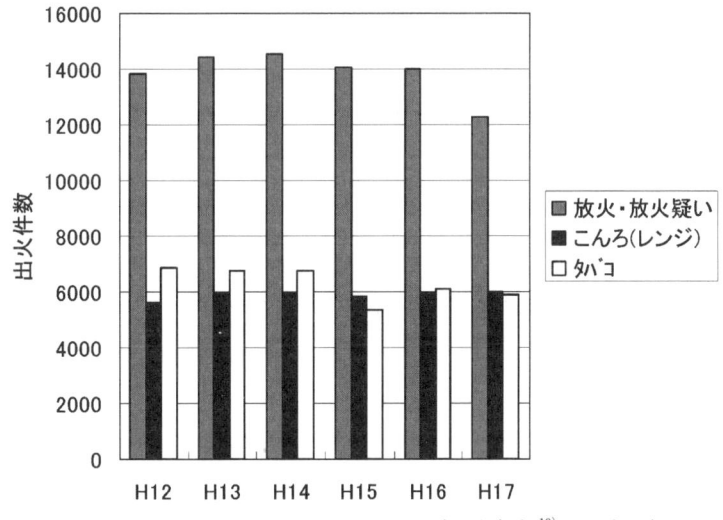

図 2.17 最近の 3 大出火件数の推移（消防白書[10]より作図）

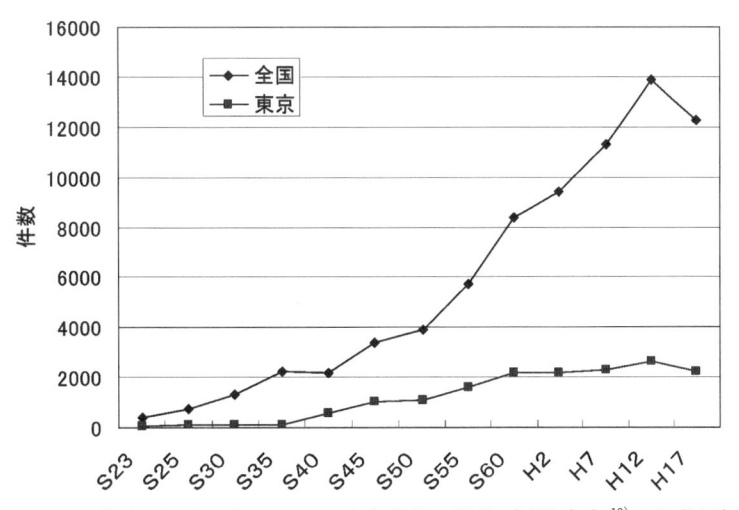

図 2.18 放火・放火の疑いによる出火件数の推移（消防白書[10]より作図）

2.3.1 放火やテロによる火災の特徴

　放火・放火の疑いによる主な火災は，表2.5に示した熊本市大洋デパート，沼津市らくらく酒場，長崎屋尼崎店，新宿歌舞伎町明星56ビルのほか，ドンキホーテ浦和花月店火災（平成16年12月14日発生）などの事例が挙げられる．惨事に至った主な原因は次のようにまとめられる．

① （一つしかない）階段室に放火
② 易燃性化学繊維が天井面近くまで堆積した場所に放火
③ 自動火災報知設備の不作動
④ 自動消火設備の不設置
⑤ 避難ルートが使用不能

などである．特に避難上重要な縦動線である階段が早期に煙で汚染されたことが多数死を招いた主因となっている．

　また，ニューヨーク市世界貿易センター（WTC）の炎上崩壊（2001年9月11日，死者2,829人），スペイン・マドリード地下鉄（2004年3月11日，死者191人）およびロンドン地下鉄（2005年7月7日，死者49人）での爆発火災などは，一般市民を標的にしたテロであり発生を予防することは極めて困難である．また，被害拡大を意図しているためそれを小規模に抑えることも難しい．したがって，発生した場合における人的被害の拡大を抑止するよう努めることが重要になる．二次災害を防止しつつ素早く救助・救命が可能な活動手法を探究することが大切であり，施設としては，被災者の避難あるいは脱出ルートの確保，救助隊の適切なアクセス，爆圧の解除，有害物質の緊急排除，情報通信網の堅牢性の確保などを図る必要がある．WTCのケースでは，1993年に地下3階でテロによる爆発火災が発生し7人の死者を出したことが，2001年のテロ火災での冷静な避難行動に寄与した反面，高層ビルは崩壊しないという常識が覆され，在館者や消防士に多大な犠牲をもたらした事実も銘記する必要がある．ただし，さまざまな形相をみせるテロ行為に対し建築物がどの程度の安全性を確保すべきかについては不明であるが，9.11の事件でWTCがどのように崩壊したのかは十分に究明しておく必要があり，米国国立標準技術研究所（NIST；the National Institute of Standards and Technology）などの研究機関による膨大な報告書がWEB公開[12]されている．

2.3.2 放火を防ぐために

放火の原因や理由については，社会的状況を背景とした行為者の心理的状態が深くかかわっている．したがって，放火火災を低減させるには社会心理学や精神神経学などに基づいて放火行為を分析し，対処法を検討していく必要もある．また，保険金目当ての放火もあり企業の経営状態も重要なチェック・ポイントの一つである．事実，ある会社の倉庫が火災になった例があり，かねてからこの会社が経営不振に陥っていたことを把握していた放火捜査班が，当該会社の倉庫を見張っていて保険金目当てに差し向けられた放火者を現行犯で捕らえたという．

2.3.3 放火・防犯対策の一元化

疑いを含む放火火災は，約14,000件/年で火災原因の1位を占め年々増加傾向にある．最近は，監視カメラ（ITV）を設置して放火や窃盗などの犯罪を防止する活動もまちぐるみで盛んになりつつある．また，監視機能の向上も図られつつあり，インターネット（WEB）カメラを用いて遠隔監視を行い，犯行の経緯を記録するだけでなく，消防や警察への迅速な通報や犯行直前に遠隔監視所から音声で誰何するシステムの開発も進められている．このように放火・防犯監視の一元化は，効率的かつ経済的であり地域の生活環境や店舗の安全・安心を向上させ消防団・自主防災組織・自治会などにおけるコミュニティーを活性化させるきっかけともなる．地域によっては小学校単位で安全パトロールを励行しているところもあり，ごみの取り片付けなども同時に実施されて，まちの美化にも役立っている．さらに，GISシステムにより地域の放火や犯罪の発生箇所をデータ・ベース化して再発防止対策に活用する動きもある．行政では，全国100カ所をモデル地区に指定して救出救護，情報連絡，避難誘導，防犯等のための資機材の整備に対し補助する施策も展開している．

2.4 建物の防火対策

[注1]
建築物の定義：土地に定着する工作物のうち，屋根，柱若しくは壁を有するもの，プラットフォームの上屋などの鉄道線路敷地内の施設を除く．(建築基準法第2条1号)

建築物は，「雨露を防ぐために建てられるもの」であるが，その定義は建築基準法第2条1号に定められている[注1]．したがって，現場事務所・サーカスのテント（仮設建築物），地下街・高架下の事務所・店舗，観覧場（野球場・競馬場など），アーケードなど建築物の用途・規模は多種・多様である．建物という一般的な表現は，建築物の定義範囲を超えるものであるが，防火対策を行う対象という意味では，法に規定する安全基準がベースとなるので，建築物という表現は建物と同じであると認識し運用したほうがよい．防火対策の面から，対象とする建物は，一般住宅・街中商店などの小規模建物，ワンルームマンション・雑居ビルなどの中規模建物，大型の工場・倉庫・分譲マンション・オフィス・複合ビルなどの大規模高層建物等に分けられる．通常，これらの用途・規模に応じて法的対策がなされている．しかし，対策が実効性を発揮するためには，関連分野を幅広くチェックする必要がある．図2.19は，2001年9月に発生した新宿雑居ビル火災を教訓として防災を含む地域環境の改善のために採り上げられた関連分野である．

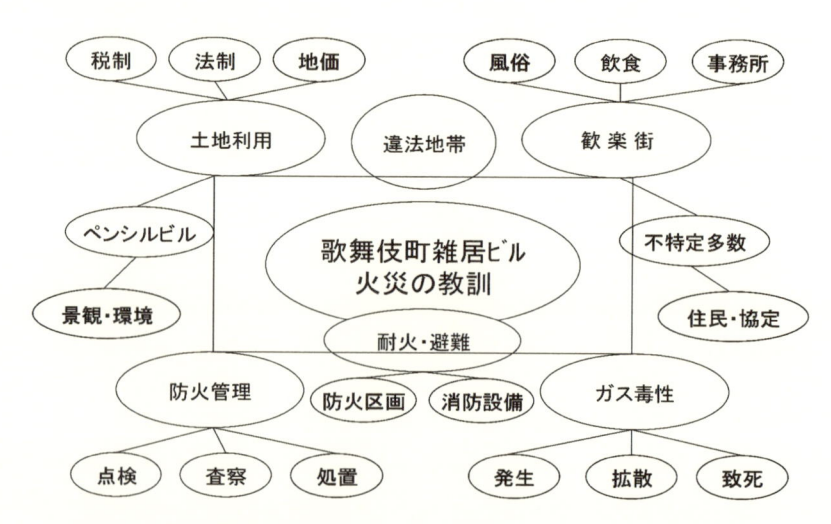

図2.19　新宿歌舞伎町雑居ビル火災に関連したまちづくり対策項目[13]

2.4.1 防火対策の基本

消防法では防火対象物の一部として建築物を位置づけている（消防法第2条2項）．火災は，消防法第7章「火災の調査」に基づき必要な事項を定めるとされた消防長訓令第12号（平成17年）の第7条に定義されている[注2]．したがって，防火対策は，火災の発生の予防，拡大の防止にかかわる必要な措置を構じて人命および財産の保護を図ることである．なお，火災は燃焼現象であるから爆発も含まれ，その定義は火炎の伝播速度が急速である燃焼を指し，音速を超えない場合（亜音速）を爆燃，超える場合（超音速）を爆ごうという．いずれも，強い衝撃波が発生し建物を破壊する場合もあるので，発生を防止することが最も重要な対策である．

建築物の防火対策は，図2.20に示すように建築物の防火措置，消防用設備等の設置，消火・救助活動に大別できる．前第一者は廊下（第一次安全区画）・付室（前室，第二次安全区画）・階段・バルコニー・防煙区画などの設置による避難経路の確保，および防火区画・耐火構造・防火設備などによる延焼拡大の防止や主要構造部の耐火性能確保を図るものでパッシブ対策ともいわれる．後の二者は火災感知警報設備・自動消火設備・避難設備・排煙設備・避難誘導灯などの設置による避難行動の支援および防火管理・消防活動による火災予防・避難救助・火災拡大の防止などを図るものでアクティブ対策と称される．消防用の設備機器などが未発達の時代，建築防火の基本は火気の管理（火の用心）と区画防火にあった．前者は火災が発生しないようにすること，後者は火災を所定の領域内に囲い込むことである．古来，木と紙の住まいといわれる日本の住宅は，石造やレンガ造の家と違って火を囲い込むことは難しく，火の用心が，最も大切な防火対策であった．戦地から妻に宛てた短信として名高い「一筆啓上　火の用心　おせん泣かすな　馬肥やせ」という表現[注3]は，こうした背景のもとに書かれた代表的な例であろう．

[注2]
　火災の定義：人の意に反して発生し若しくは拡大し，又は放火により発生して消火の必要がある燃焼現象であって，これを消火するために消火施設又はこれと同程度の効果のあるものの利用を必要とするもの，又は人の意図に反して発生し若しくは拡大した爆発現象をいう．

[注3]
　徳川家康の家臣本多作左右衛門重次が，天正12年（1584）に陣中から国元の妻へ送った手紙で要領を得た内容として知られている．（ただし，書簡は実在していないという．）

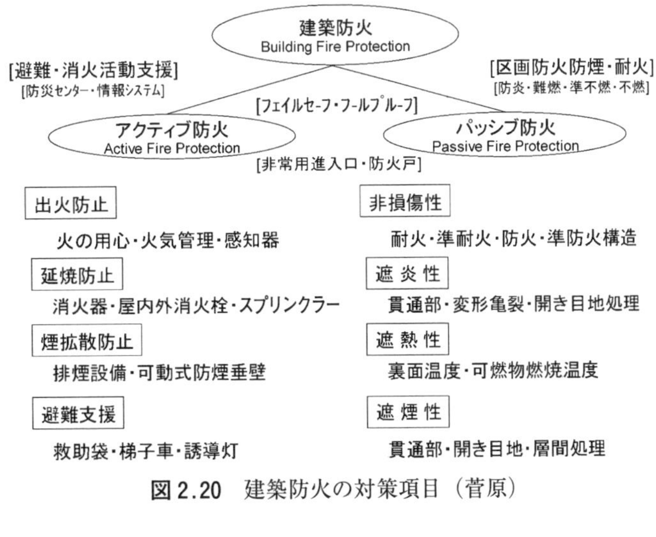

図2.20 建築防火の対策項目（菅原）

2.4.2 防火安全を検証する

　人命と財産を火災から守るための建築計画・設計の適切性をチェックすることが検証である．建築基準法第1条では，「この法律は，建築物の敷地，構造，設備及び用途に関する最低の基準を定めて，国民の生命，健康及び財産の保護を図り，もつて公共の福祉の増進に資することを目的とする．」と謳っている．また，消防法第1条では，「この法律は，火災を予防し，警戒し及び鎮圧し，国民の生命，身体及び財産を火災から保護するとともに，火災又は地震等の災害に因る被害を軽減し，もつて安寧秩序を保持し，社会公共の福祉の増進に資することを目的とする．」としている．したがって，火災に関しては，生命と財産を保護するための最低基準を定めているのが建築基準法，火災のほか地震等による被害を軽減することを謳っているのが消防法である．最低基準について消防法は特に触れていない．その理由は，法規定の対象が建築物に限らず，より広域にわたる被害の低減を図り，社会の秩序を維持することも目的としているからである（図2.21）．

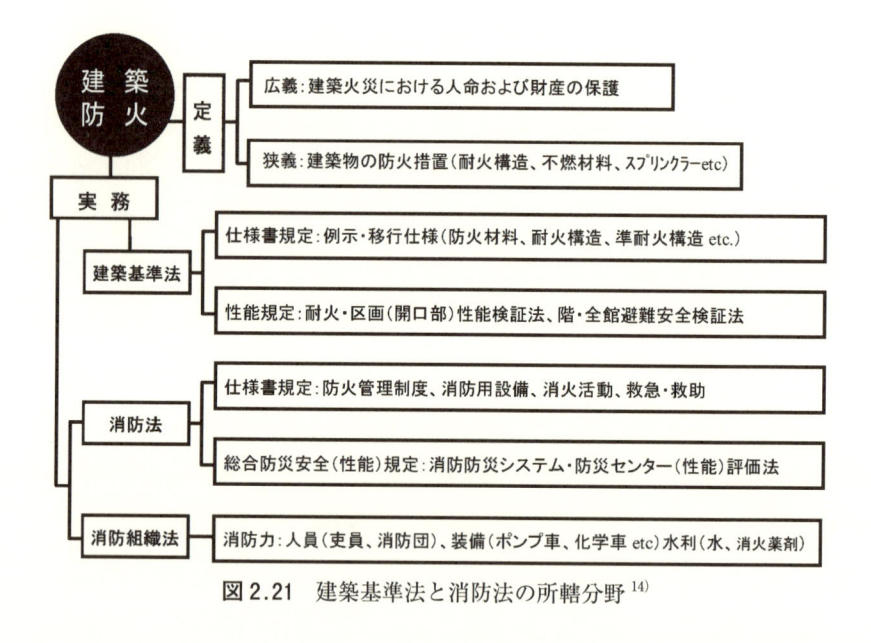

図2.21　建築基準法と消防法の所轄分野 [14]

　従来は，両法とも仕様規定により安全基準を定めていたが，現在は性能規定も合わせ取り入れ仕様規定と同等の安全基準を達成していることを検証することが可能となっている．性能規定による適合性の検証では，法定の手法を用いる場合（ルートB，主事確認あるいは消防長等の認定，客観的検証法）と独自の手法で行う場合（ルートC，国土交通大臣あるいは総務大臣認定）の二つがあり，既往の仕様規定による方法はルートAと称されている．建築基準法では，耐火性能および避難安全性能を検証すること

としているが，消防法の場合は，消防用設備等や消防活動支援システムが性能検証の対象である（図 2.22）．

建築基準法		消防法・消防組織法	
仕様規定	検証項目例	仕様規定	検証項目例
耐火建築物 不燃材料 耐火構造 特定防火設備 防火区画 防煙区画 （竪穴・水平区画） 避難施設（廊下・付室・階段・バルコニー） 内装制限 非常用照明・進入口	耐火性能 （区画防火性能） 避難安全性能 可燃物量（発熱量・速度） 発煙・蓄煙性能 火災継続時間 （燃料・換気支配） 煙流動予測 （見通し距離・有害ガス濃度） 第一次・二次安全区画	火災予防 （火の用心,放火監視） 防炎物品 消火設備 （スプリンクラー・屋内消火栓） 避難・救助 （自動火災報知設備，放送設備） 防火管理 （自衛消防隊,防災センター,消防計画） 消防装備 消防吏員・団員	初期拡大抑止設備 （客観的検証法：施行令第29条の4）パッケージ型消火設備 （総務大臣認定：消防法 第17条3項） 特殊消防用設備…設置・整備・点検は甲種特類消防設備士,整備・点検は甲種または乙種消防設備士 避難安全支援設備 消防活動支援設備 （押し出し排煙設備）

（建築基準法・消防法・消防組織法）

図 2.22 性能検証の必要項目例[15]

2.4.3 住宅の防火に努める

　最近,住宅火災による死者が急増している.図2.11で見たように,平成15年から放火自殺者を除く死者が1,000名を超え,平成17年は1,220名,平成18年は1,187名となっている.火災による死者数（放火自殺者を除く）は毎年約1,400名であるから,最近は約85%が住宅火災で発生していることになる.その約半数が65歳以上の高齢者であり,今後,人口構成の高齢化が急速に進むものと考えられるため,住宅の防火は主要な対策項目の一つと位置づけられる.住宅火災で死に至ったケースは図2.12に示され,それの原因と対策の分析例が図2.13である.これらの結果から,逃げ遅れを防ぐことが最も重要であることが判明したため,平成18年6月から,各自治体の条例で新築住宅の居室（寝室）や階段室に住宅用火災警報器の設置が義務付けられたことは既に述べた.

　総務省によれば,日本における高齢者人口は,約30年後の2040年で36,332千人（総人口の33.2%……現在は22.5%）と推計されている.現在,住宅火災で死亡している65歳以上の高齢者は約690名で,これが総人口に比例して2040年には10.7%増加するとすれば,高齢者の死者数は約765名となる.したがって,現在の死者数の半分である約345名を達成するためには,約420名減を目標にする必要がある.

参考文献

1) Gustav Milne：The Great Fire of London, Historical Publication LTD（1986）
2) ローズマリ・サトクリフ『ロビン・フッド物語』"The Chronicles of Robin Hood"：訳者：山本史郎，原書房
3) Mabel McIlvain：Reminiscence of Chicago during the Great Fire, The Lakeside Press of Chicago（1915）
4) Eric Saul, Don Denevi：The Great San Francisco Earthquake and Fire, 1906, Celestial Arts（1981）
5) Leonardo Benevolo：Storia Dell' Architecttura Moderna, Gius Laterza & Figli S. p. A.（1973）
6) 魚谷増男：消防の世界400年，全国加除法令出版（1965）
7) 国史大辞典編集委員会：国史大辞典，吉川弘文館（1996）
8) 大阪府立図書館 第46回大阪資料・古典籍室1 小展示（2002.3.24）近世大坂の大火
9) 山川秀好：日本火災史，商工社（1936）
10) 総務省消防庁：消防白書，平成18年版
11) 野城智也：いま住宅はどのくらいあるのか，Belca News（2000）
12) NIST NCSTAR 1：Federal Building and Fire Safety Investigation of the World Trade Center Disaster：Final Report of the National Construction Safety Team on the Collapses of the World Trade Center Tower（2005）
13) 菅原進一：小規模複合ビルの防火マネジメント，災害の研究33，日本損害保険協会（2002）
14) 日本火災学会編：火災と建築，共立出版（2002）
15) 菅原進一：安全・安心と防火管理，自主防災，東京防災指導協会（2006）

第3章 ものが燃える，火が拡がる，熱が伝わる
―火災の現象―

　火事になると，家が燃えてなくなる．鉄筋コンクリートの建物でも，建物内の家具等は燃えてしまう．そして，ものが燃えれば，炎の中は1000℃くらいの高温になる．このような高温にある程度さらされると，金属のように燃えにくい物質でも力学的な強度を失って崩壊することもある．鉄骨造の高層ビルは，構造を火から守るために柱や梁を不燃断熱材で護る（「耐火被覆」という）のが一般的であるが，2001年9月11日，ニューヨークのツイン超高層ビル・ワールドトレードセンターが飛行機によるテロ攻撃を受け，数十分の火災の後，崩壊してしまった．この建物は鉄骨造で耐火被覆もされていたが，飛行機の衝突で鉄骨柱等の耐火被覆が剥落し，飛行機の燃料の炎上に始まった火災によってその強度を失ったことが原因と考えられている．さらに，ビル火災で大勢の人が犠牲になったりするのは，煙による有害ガスのためであるが，「火のないところに煙は立たない」といわれるように，煙の発生も燃焼によるものであり，煙の発生量や有害ガスの発生の程度は，燃焼性状によって異なる．

　このように，燃焼は，火災による被害の根源となる現象である．もちろん，燃焼そのものが起こらないようにすることは大切な防火対策であるが，どんなに注意してもある程度の確率で火災は必ず起こる以上，建物や都市がこれだけ高密，大規模になれば，その被害を最小限に食い止める対策が必要である．そのためには，いったん出火したらどんな燃え方をするのかがわかるようにして対策を講じたり，被害を抑制できるように燃え方を制御することが重要である．この章では，こうした観点から，火事のときの燃焼現象を考えてみたい．

図3.1 火災で火炎が噴出する体育館

3.1 ものが燃える

3.1.1 火事のときの炎と「役に立つ」炎

燃焼は，火災の根源となる現象であるが，その一方では，人類は火を利用したことが，他の生物と一線を画して文明を築き上げる原動力となってきた．「燃焼」といえば，このように，災害とエネルギー源の両方が思い浮かぶが，現象の性格という面から見ても，火事の時の燃焼と人間に役立つ燃焼とでは，実は相当な違いがある．

例えば，台所に行ってガスレンジのスイッチを入れてみよう．青っぽい炎が輪のように整然と噴きだすが，火事のときの炎とは随分違って見える．火事といわれて思い浮かべるのは，図3.2に示す地獄草紙（12世紀，国宝）に描かれるようなおどろおどろしい炎ではないだろうか．ロウソクの炎になると，オレンジっぽくなる分，地獄草紙の炎に近くなるが，それでもじっと見ていると，ほぼ静止して明るい光を放っている．火事のときの炎が風に揺れたり，大きく息をしたりするのとは大違いである．ガスレンジは，エネルギーを効率よく取り出すために，あらかじめガスと空気を混ぜた状態で噴き出して燃焼させる．これに対して，ロウソクや火事の炎は，可燃物が熱せられて発生した可燃性ガスが周りの空気と混合して燃焼する．炎の中では強い上昇気流ができるため，周りの空気はそれを下のほうから補うように吸い込まれるのである．ロウソクの炎があまり揺らめいたりしないのは，気流が乱れない状態で可燃性ガスと空気が混合するからである．ガスレンジのような炎を，可燃性ガスと酸素が混合した状態で燃焼するという意味で**予混合火炎**といい，ロウソクや火事のときの炎は，可燃性ガスが空気中で拡散して酸素と混合して燃焼するという意味で**拡散火炎**という．また，ロウソクのように気流が乱れない火炎を**層流火炎**といい，図3.2に示したように激しく息をしたり，揺らめいたりする火炎を**乱流火炎**という．

人類が火を使い始めた頃は，火事のときとあまり違わない炎だったはずであるが，使い方がエネルギーから灯火などに多様化するに従って，用途に適した炎に改良されてきたということができる．火災では，この原初のままの炎をどう理解し，制御するかが課題となる点で，燃焼の有効利用とは相当に違う取り組み方が必要である．

図 3.2 地獄草紙(12世紀，部分　東京国立博物館蔵)

3.1.2 火事のときの炎の大きさや形はどう決まるか

　火事になったとき，炎は大きいほど周囲への延焼や建物構造への影響が大きくなると考えられる．それならば，炎の大きさや形は一体，何によって決まるのだろうか．

　炎が大きいということは，一般には燃焼が活発ということだから，発熱も大きいはずである．火事の時のような拡散火炎は，可燃物表面から放出される可燃性ガスが空気中の酸素と反応して形成されるから，燃焼発熱速度は，可燃性ガスの放出速度と単位質量当たり発熱量の積になると思われる．このうち，物質単位質量当たり燃焼発熱量のことを**燃焼熱**といい，一般の可燃物ではキロジュール/キログラム（kJ/kg）等の単位で表される．燃焼熱は物質の化学組成で定まるが，可燃性ガスの放出量は何に支配されるのだろうか．

　灯油のような液体が燃える場合を考えてみよう．このような液面燃焼で液面の上に炎が形成されると，液面が炎から加熱されて蒸発し，可燃性ガスが放出される．単位質量の蒸発に必要な熱を**蒸発潜熱**といい，L（kJ/kg）で表すと，炎から液面への加熱強度が q（kW/m²）のとき，単位時間に単位面積から蒸発する液体の量 m（kg/m²s）は，おおよそ加熱強度を蒸発潜熱で割ったもの，つまり $m = q/L$ となる．この考え方を固体可燃物にも適用し，可燃物 1 kg を分解するのに必要な熱量（**分解熱**）を改めて L で表すと，q/L が単位時間に発生する可燃性ガス量（kg/m²s）となる．このガスの燃焼熱を Qc（kJ/kg）とすると，炎から可燃物表面への加熱強度がわかっている場合，単位時間単位面積当たり発熱量は qQc/L（kW/m²）となる．仮に加熱強度 q が可燃物によって大きく違わなければ，燃焼熱と分解熱の比 Qc/L が大きい物質ほど，単位面積当たり発熱量が大きく，炎も大きくなると考えられる．図 3.3 は各種の可燃物について，Qc と L を求めたものである．灯油やガソリンのような液体燃料は，木材等に比べて Qc/L が 1 桁も大きくなっている．

　室内で火災が拡がっていくと，直上の炎だけでなくあちこちから熱を受けて可燃物表面への加熱が増加する．そうすると，可燃物単体で燃焼している場合からは想像できないほど発熱が大きくなることがある．

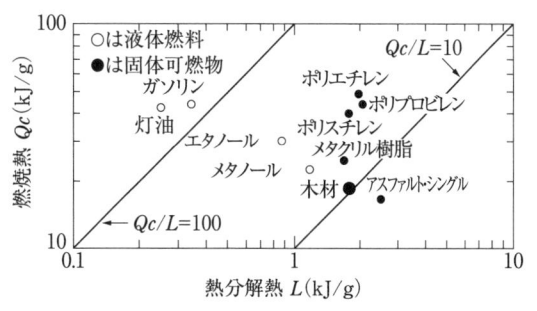

図 3.3　各種可燃物の燃焼熱と分解熱[1]

3.1.3 炎の高さと発熱量・燃焼物の大きさの関係

火事のときの炎は図3.2に示したように乱れているが，炎の高さを客観的に表すために，息をするように上下する炎の高さを逐次測定して，その平均値をとって**間歇火炎高さ**という．また，炎の下方には，炎上方でどのように息をしても常に炎が存在する領域があり，その高さを**連続火炎高さ**という．連続火炎高さは，間歇火炎高さの半分程度である．

炎の高さにはいろいろな要因が影響しそうであるが，火事では何が燃えるか正確にはわからない．エネルギー源としての燃焼を研究する場合と違って，何が燃えるかよくわからないところで防災対策に活かせる知見を見いださなければならないことが火災安全工学の難しいところであるが，これまでの研究によると，炎の高さは何が燃えるかにはあまり関係なく，ほぼ，燃焼面の大きさ・形状と発熱速度だけで決まることがわかっている．具体的には，発熱速度を Q(kW)，燃焼物の代表寸法（円形の場合は直径等）を D とすると，炎の高さ L_f(m) は，ほぼ

$$L_f/D = k(Q/D^{5/2})^n \tag{3.1}$$

という簡潔な式で表される．（　）内は，燃焼物から放出される可燃性ガスの運動エネルギーと火炎の高温に由来する浮力の効果の比を表し，(3.1) 式は，これが，炎の高さと燃焼物の大きさの比 L_f/D を決めることを示している．式の中の係数 k は炎の高さを間歇火炎高さとするか，連続火炎高さとするかで異なる値となるが，n は理論的に定まり，$Q/D^{5/2}$ が大きいとき 2/5，$Q/D^{5/2}$ が小さいとき 2 になる．実験で確かめると，図3.4のように，この関係は何が燃えてもおおよそ誤りなく成り立っている．この関係をあらためて (3.1) 式に代入すると，

$$L_f = kQ^{2/5} \ (Q/D^{5/2} \geqq 1116), \ \ L_f = k(Q/D^2)^2 \ \ (Q/D^{5/2} < 40) \tag{3.2}$$

となる．この式は，可燃物の大きさに比べて発熱速度が大きくなると，炎

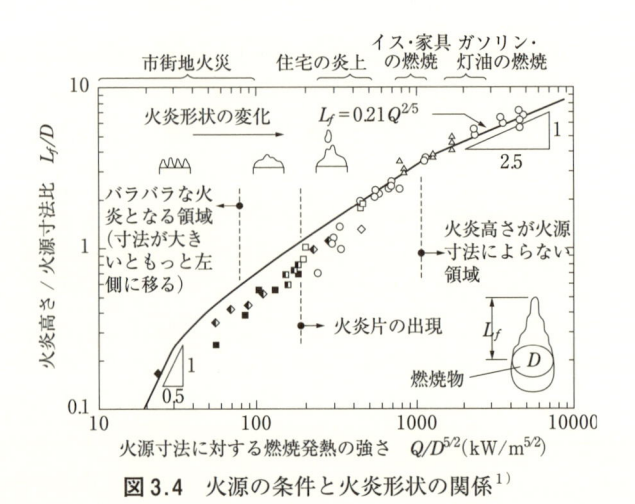

図 3.4 火源の条件と火炎形状の関係[1]

の高さは可燃物の大きさにかかわらず発熱速度だけで決まり，発熱速度が非常に小さいと，炎の高さは燃焼面単位面積当たり発熱速度で決まることを表している．擬人化していうと，発熱量が大きくて炎が高く伸びていると，火炎の先端では火源がどういう形だったか忘れてしまうため，その大きさが影響しなくなる．一方，発熱速度が小さいと，真ん中の炎からは燃焼面全体を見渡せなくなるため，燃焼面のどこでも把握できる単位面積当たり発熱速度で炎の高さが決まるということで，火炎は燃焼面上に散在するようなパターンとなる．後者の条件で，発熱速度が増加していくと，燃焼面中心部には次第に酸素が供給されにくくなって，可燃性ガスが上方に送り出されて上方で燃焼が起こりやすくなり，全体が一つの火炎に合流するが，後述するように，市街地火災ではこの火炎合流が大きな脅威になると考えられている．$Q/D^{5/2}$ がある程度大きくて，火炎が合流したときの k の値は，間歇火炎高さで 0.2，連続火炎高さで 0.080〜0.10 程度である．

3.1.4 ものが燃えたときの発熱速度はどう測定するのか

発熱速度は，炎の大きさ，つまり燃焼の激しさを決める最も重要な要因であるが，その予測や測定はどのようにすればできるのだろうか．燃焼発熱の測定など，燃焼からエネルギーを取り出すときには基本中の基本であるが，組成もよくわからない燃焼物が建物や野外で燃焼するような条件での発熱速度は，実は，人間の宇宙活動が継続して行われるようになった1980年代に入るまで，直接，測定することはできなかった．

火災を想定した燃焼発熱速度は，現在，**酸素消費法**という原理で測定されている．これは，どのような物質が燃えても燃焼に消費される酸素1g当たりの燃焼発熱量はほとんど変わらない（表3.1）という性質を利用して，燃焼でどれだけの酸素が消費されたかをガス分析で把握し，発熱速度に換算するという方法である．この方法により，制御されないで燃え盛る状態の発熱速度を具体的に測定できるようになったのである．現在，酸素消費法は，材料の防火性能評価等に広く利用されている．

この原理は，燃焼発熱測定の基礎であるだけでなく，炎の高さが，燃焼物によらず発熱速度と火源の大きさだけで決まるという事実を支える重要な性質である．炎の中では燃焼物から放出された可燃性ガスが炎に巻き込まれる酸素と反応し，可燃性ガスが消費し尽くされる高さまで炎が立ち上がる．つまり，炎の高さとは，酸素のほうから見ると，可燃性ガスを全部，燃焼させるに足りる酸素が巻き込まれるまでの高さということになる．放出された可燃性ガスを燃焼させるのにどれだけの酸素が必要かは，ガス量を発熱速度に換算し，表3.1の酸素単位質量当たり発熱量で割れば算定できる．

このように，炎の高さは，放出された可燃性ガスに対してどう酸素が供給されるかに支配されるので，壁際のように火炎への酸素の巻き込みが制限される場合には，室の真ん中で火炎が立ち上がる場合より火炎が長くなる傾向がある．

表3.1 主な可燃物の燃焼熱と燃焼時の酸素単位消費量当たり発熱量[2]

物質	燃焼熱(kJ/g)	酸素1g当たり燃焼発熱量(kJ/gO_2)
木材	17.78	12.51
葉(広葉樹)	19.3	12.28
段ボール	16.04	13.7
新聞紙	18.4	13.4
塩化ビニル	16.43	12.84
ポリエチレン	43.28	12.65
ポリスチレン	39.85	12.97
メタン	50.01	12.54
ノルマル・ブタン	45.72	12.78

3.1.5 炎と熱気流

炎の間歇火炎高さ以下程度の高さに可燃物があると，延焼する可能性がたいへん大きい．しかし，その更に上方にも高温の熱気流が届くし，避難安全性への直接の脅威となる煙も，炎とその上方で熱気流が空気を巻き込んで形成されるものなので，炎の周りの温度分布や煙の発生量を把握することは，火災安全対策上きわめて重要である．

炎より上方の熱気流は，周りの空気を巻き込みながら，その幅がおおよそ火源からの高さに比例しながら逆円錐状に上昇する．この熱気流は末拡がりで輪郭がもやもやとしているため，本来，羽毛を表す**プルーム**（plume）と呼ばれるが，プルームの温度 θ_0，風速（上向き）w_0 は炎の中心軸上で最大で，高さ z・発熱速度 Q に対して $\theta_0 \propto Q^{2/3} z^{-5/3}$，$w_0 \propto Q^{1/3} z^{-1/3}$ となり，温度は，火炎より上方では高さとともに急速に低下する（図 3.5）．

室内火災では，火災の拡大とともに天井下に形成される煙層の厚さが増し，立った人の頭の高さに達する頃には避難に支障を生じる．この煙層に煙を送り込んでいるのがプルームであり，プルームが運ぶ煙量は層の降下を左右する重要な条件である．プルームを流れる煙量 $M(z)$ (kg/s) は，周りの空気を巻き込むため，高さとともに急速に増大し，高さ，発熱速度との関係は $M(z) = k'Q^{1/3}z^{5/3}$ (kg/s，気温 27℃ の場合，$k' = 0.07$) となる．すなわち，火災のごく初期でまだ煙が天井付近にしか溜まっていない状態では，煙量は発熱速度にはあまり影響されない．次いでプルームが煙層に届くまでに多量の空気を巻き込むため急激にその厚さを増し，煙層が降下してプルームの衝突位置が下がるにつれて，煙層に供給される煙量は減少して煙層の降下は緩慢になる．しかし一方で，発熱速度は火災の拡大とともに大きくなるから，煙層への煙供給量が減少するということは，煙層の温度や有害ガス濃度は火災の進展とともに加速的に増加する傾向があることを示している．

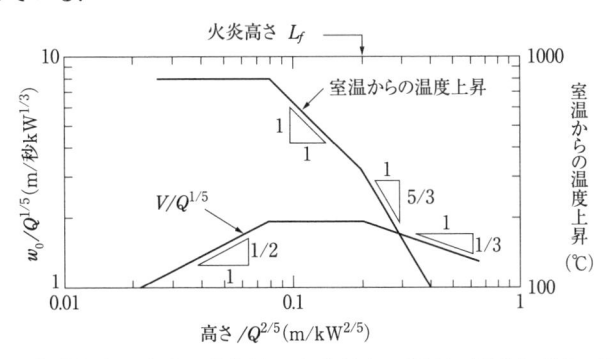

図 3.5 火炎とその上方の熱気流の中心軸上の温度・風速と高さの関係[1]

3.1.6 着 火

 台所で調理中に，ガスレンジの炎から衣服の袖口に燃え移る．このように，それまで燃えていなかった可燃物が燃え始めることを**着火**という．着火は，出火や火災拡大の理解に欠かせない重要な現象であるが，この例のように，口火になるものがあって燃え移る場合と，レンズの焦点を紙に当てて日射熱で火をつける場合とでは，火がつく温度に相当な違いがある．そこで，可燃物から生じる可燃性ガスが空気と混合し，これが口火によって火災を形成する現象を**引火**，口火となるものがなく，空気中で可燃物にエネルギーだけを与えて（火花や火炎を接触させなくても）自然に燃焼が始まる場合を**発火**と呼んで区別している．引火温度，発火温度を，生活に身近な物質についてまとめると，表3.2のようである．現在，建物火災の主な出火原因としては放火，コンロ，タバコ，暖房があげられるが，いずれも，何らかの口火から，家具，内装等に引火して燃焼拡大するものであり，建物火災では引火が問題にされる場合が多い．

 着火は，可燃物質が熱せられて分解等で放出された可燃性ガスがその表面近くに蓄積して酸素と混合し，温度上昇によって燃焼反応に至るということである．可燃性ガスの蓄積しやすさは，周りの気流の状態，ガス放出面の向きなどによって異なる．すなわち，可燃性ガスなど，高温の気体は密度が小さいので，常温の空間では上方に流れやすい．したがって，天井のような下向き面のほうが壁や床よりも可燃性ガスが蓄積しやすいため，同じ物質でも引火温度等は低下する．文献に示される引火温度等は，規格化された条件でのものであることに注意する必要がある．

 なお，引火も発火も炎をあげて燃焼し始めることをいうが，香や線香，タバコのように可燃物が赤熱した状態で炎を上げないまま燃焼する場合もあり，これを**燻焼**または**無炎燃焼**という．燻焼では，物質が分解して完全に酸化するに至らないガスが発生する傾向が強く，香や線香は，その芳香を楽しんでいるわけであるが，物質によっては人間に有害なガスを発生することもあるし，また，火災は燻焼から始まる場合も少なくない．

表3.2 主な可燃物の引火温度と発火温度[2]

物　　質	引火温度(℃)	発火温度(℃)
木材	260	400〜450
塩化ビニル	391	464
ポリウレタンフォーム	310	416
ポリスチレン	345〜360	488〜496
ポリスチレンフォーム	346	491
アクリル樹脂	280〜300	450〜462
ポリカーボネート	467	580
ナイロン	490	530

3.1.7 着火に至るまでの加熱の機構

着火のしやすさを決めるのは，引火温度や発火温度だけではない．着火に至るまでには，可燃物が熱せられて，その温度が上昇していなければならないから，加熱条件や，同じ加熱を受けたときの温度上昇のしやすさも，着火のしやすさを左右する重要な条件であるといえる．

分厚い固体の表面に，炎や日射熱などの放射熱が当たると，熱が内部に浸透したり，周囲の空気に逃げながらも，表面温度が上昇する．この伝熱性状は 3.3 節で述べるが，表面温度 $T(t)$ は，加熱の強さを q，物質の密度を ρ，比熱を c，熱伝導率 k，加熱開始からの時間を t，加熱前の表面温度を T_o，表面熱伝達率を h とすると，次のように誤差関数を含む複雑な式になる．

$$T(t) = T_o + \frac{q}{h}\left[1 - \exp\left(\frac{h^2 t}{k\rho c}\right) \cdot \mathrm{erfc}\left(\frac{h^2 t}{k\rho c}\right)^{1/2}\right] \quad (3.3)$$

表面温度 $T(t)$ に引火温度 T_{ig} を代入し， $a = h^2/k\rho c$ とおいて

$$\frac{q}{h(T_{ig}-T_o)} = \frac{1}{1 - \exp(at_{ig}) \cdot \mathrm{erfc}\sqrt{at_{ig}}} \quad (3.4)$$

と変形すると，表面が引火温度に達する時間（着火時間）と q の関係は，図 3.6 のようにかなりわかりやすくなる．図の横軸切片は，加熱が無限に続いてやっと着火する限界の加熱強度を表しており，この加熱強度以下では，どのようなに加熱が続いても着火に至らない．これは固体表面では対流等で熱が奪われているからで，この限界を**着火限界**という．

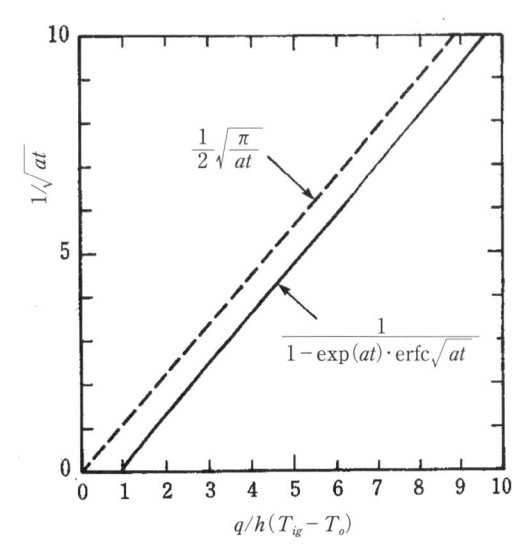

図 3.6 加熱強度と着火時間の関係

可燃材料の着火限界を求めるには，加熱強度を変えて着火時間を測定し，加熱強度を横軸に，着火時間の平方根の逆数を縦軸にとってデータを書き込み直線で結んで横軸切片を求めればよい．木材については，表3.3のようなデータが得られているが，着火限界は何 kW/m² 程度であろうか．ちなみに，日常の環境で最も強い放射熱は日射熱であるが，盛夏でも1 kW/m² 程度である．木材が日射熱で出火したりするようでは，そもそも植物は地球上に生存できないわけであるが，着火限界は，日射熱の何倍になっているだろうか．その値が自然界の防火設計の安全率を表していると見ることもできるだろう．

なお，q, h, T_{ig} がわかれば，図3.6横軸の値を計算でき，それに対する縦軸の値から at_{ig} が得られる．つまり，加熱強度と引火温度が同じでも，a の値が大きければ t_{ig} は小さい．すなわち，着火時間が短くなることがわかる．a は $k\rho c$ に反比例するから，着火時間は $k\rho c$ に比例することになる．

表3.3 木材の着火試験データの例

加熱強度（kW/m²）	着火時間（秒）
10	30分以内に着火せず
20	900
25	240
30	90
40	45
50	23

3.1.8 着火しやすい材料，延焼させやすい加熱源とは

　着火限界を超える加熱が続くといつかは着火する．しかし，着火が遅いほど出火防止等の対策を講じやすくなるし，加熱源がいつまでも発熱し続けるとは限らないから，着火時間も火災安全性に影響する重要な要因である．3.1.7項によると，着火時間は物質の $k\rho c$ に比例することになるが，$k\rho c$ をいろいろな可燃物について計算して引火温度とともにまとめてみると，図3.7のように物質によって引火温度等に比べて著しい違いがある．つまり，強い加熱を受けたときの着火時間は，物質の引火温度よりも $k\rho c$ に強く支配されると考えてよいことがわかる．$k\rho c$ は加熱される物質の表面温度の変化しにくさを表す指標で，**熱慣性**と呼ばれている．熱慣性が小さい物質は温度が低くても，人が触れるとその表面温度は速く皮膚温度に接近するため，あまり冷たさを感じない．内装には温かみを感じる材料が好まれることが多いが，それは熱慣性が小さいこととほぼ同義であり，それだけ着火しやすいことを意味している．火災安全性と快適性等の性能に矛盾が生じやすいのは，こういうところに原因がある．

　一方，火災で可燃物に着火させるのは，天ぷら油からの炎だったり，すでに炎上している家屋だったりするが，可燃物を着火させやすいのはどのような加熱源だろうか．図3.6からは，着火時間は，加熱強度の二乗にほぼ反比例すると思われる．つまり，加熱強度が2倍になると，着火時間は1/2になるどころか，ほぼ1/4になって，着火時間は加熱強度の影響を非常に強く受けることになる．出火や延焼の起こりやすさを加熱源側から見ると，短時間でも非常に強く発熱する物は周囲の可燃物に着火させやすいということである．このことは，逆に見れば，可燃物量が同じでも緩慢に燃焼するようにできれば，周囲への延焼危険は低下するということでもある．1980年代頃から木造建築の防火性能の改良が盛んに進められてきたが，それも，建物の燃え方を緩慢にして延焼危険を減らすというこの考え方に基づいている．

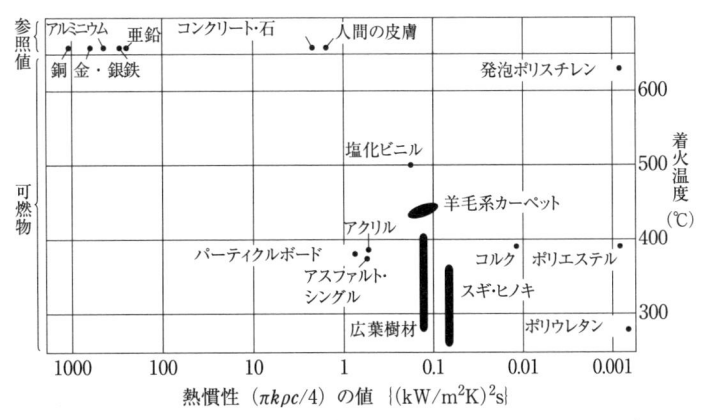

図3.7 各種物質の着火温度と熱慣性（ただし，ここでは $\pi k\rho c/4$ で表している）[1]

3.2 火が拡がる

3.2.1 可燃表面の燃え拡がり

可燃物の表面に着火すると，次第に燃え拡がっていくが，同じ物質でも，床のような上向き面に比べて，壁のように鉛直に立てかけた場合や天井のような下向き面のほうが速く燃え拡がる．着火後の燃え拡がりには，着火で形成される炎からまだ着火していない部分への加熱が重要な役割を果たすが，それは，この炎と着火した部分の周りとの位置関係が，表面の向きによって違うからである．

炎は高温で密度が小さいため，上向きに流れようとするから，上向き表面に着火すると炎は燃焼面から離れるように流れる．それに対して，壁や天井が燃え出すと，炎は着火した面に沿って拡がらざるをえない．このため，壁面や天井面では燃焼面より気流の下流側が強く加熱されて速く着火に至るのである．こうして内装等の燃焼によって生じる炎が長いほど，すなわち，燃焼発熱速度が大きいほど，その炎にさらされる内装表面が加熱されやすくなり，また，その引火温度と熱慣性が小さいほど，炎の加熱で早く引火温度に達しやすい．燃え拡がりの起こりやすさは，このように，部位，物質の発熱量，熱慣性が総合的に影響して決まる．それでは，燃え拡がりが起きにくい床と燃え拡がりが起こりやすい壁の中間，つまり斜面ではどのようなことが起こるだろうか．

斜面では，傾斜角が大きくなるとともに火炎と斜面の間に空気が巻き込まれにくくなって火炎自体が傾斜面側に倒れこむようになり，図3.8のように，燃え拡がりやすくなっていく．建物の中の可燃物で，内装の防火性能は特別な扱いを受けている．内装は可燃物量としては，ソファ等の大型家具と比べて，たかが知れているが，壁・天井というように，燃え拡がりやすい部分に連続して大きな表面を構成するため，一旦，着火したときの燃え拡がりが，一般的な家具等とは比べものにならないほど速くなりがちで，カーテンも室内火災拡大については壁と同じような性状を示す．

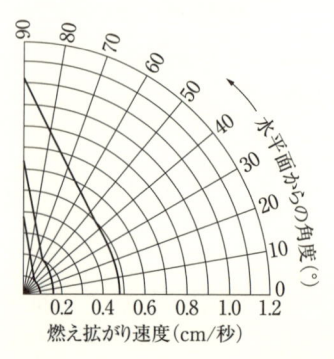

図3.8 斜面の角度と燃え拡がり速度の関係[4]

3.2.2 空間の構成と燃え拡がりやすさ

1987年,ロンドンのキングスクロス地下鉄駅のエスカレータで起こった火災は短時間にエスカレータ全体に延焼し,多数の犠牲者を出した.エスカレータはステップと両側の手摺の仕上げが木製だったため,出火して初期消火に失敗すれば火災拡大するのは不自然ではないが,火災拡大はいかにも急速で,世界的にも強い関心を集めた.

このエスカレータが激しく燃焼拡大したのは,火災拡大に影響する次の要因が複合的に現れたためと考えられている.

(1) エスカレータには約30度の傾斜があり,燃え拡がりやすかった.
(2) エスカレータは手摺で両側をふさがれていたため,空気が巻き込まれにくく,炎の傾斜を助長するとともに火炎が伸長した.
(3) 手摺も木造だったため,エスカレータのステップ・手摺が同時に燃焼し,燃焼面の増大により可燃性ガスの発生が増加するとともに,相互に放射加熱して,木材の燃焼を更に活発化させた.

(1)のように,本来,浮力で上昇するはずの炎が,空気を巻き込めないために固体表面に引き寄せられる現象を**コアンダ効果**といい,(2),(3)のように溝状の空間で燃焼が著しく加速される現象を**溝(トレンチ)効果**という.可燃材料が実際に使われる場面の燃焼性状は,材料の物性だけで説明できるものではなく,部位・形状によってその表面の加熱のされ方が大きく異なってくる.したがって,火災拡大性状を材料の性質だけからの予測とは大きく異なったものにする場合がある.このように,燃焼面をめぐる空間構成が燃焼性状に及ぼす影響は,燃焼が拡大して,熱・気流・可燃性ガスの発生等が複雑化するほど,顕著になっていく傾向がある.

図3.9 ロンドン・キングスクロス地下鉄駅エスカレータ火災の模型実験[5]
半円形断面の斜めトンネル状のスペースにエスカレータが並んでいた.エスカレータ駆動部で出火後,ステップ上に炎が噴出し,エスカレータを炎が走った.

3.2.3 フラッシュオーバー

可燃物が，室のような閉じられた空間で燃焼したときに起こる最も劇的な現象が**フラッシュオーバー**であろう（図3.1はフラッシュオーバー）．

フラッシュオーバーとは，室内の家具等から燃え拡がっていったとき，通常の居室ならば30秒から1分程度のごく短時間に室内の部分的な燃焼から室全体が火の海になる状態に遷移する現象をいう．フラッシュオーバー前の出火室内は天井下の煙層と下方のあまり温度上昇していない空気層に分かれていたのが，フラッシュオーバー後は全体が600〜1,000℃程度の高温になる．温度がこれほど急激に上昇すると，火災室内の空気は膨張して一時的に室内にあまり酸素が供給されない状態になる．このため，極度の不完全燃焼を起こして，一酸化炭素等の有害ガスを大量に発生する．人命に対する脅威は，フラッシュオーバーを境に，出火室とその周辺から，建物全体に拡がる．このような意味で，フラッシュオーバーは，火災安全対策上，極めて重要な現象といえる．

フラッシュオーバーが起こる様子を実験等で観察すると，炎が天井下に拡がって，床上の可燃物全体が強く加熱されて着火に至るという場合がほとんどである．炎が天井面に拡がるのは，ソファや洋服箪笥等の大型可燃物の炎上が引き金になったり，天井が可燃内装で，家具，カーテン等からの火炎で引火して一気に燃え拡がったりすることが原因である．ソファ等の大型可燃物は，火炎が天井まで届くと，その火炎からの加熱を受けて更に燃焼が加速されて，それだけでフラッシュオーバーを引き起こすこともある．フラッシュオーバーを発生しにくくするには，天井や壁，カーテン等の燃焼性の制御，大型可燃物の難燃化が重要である．

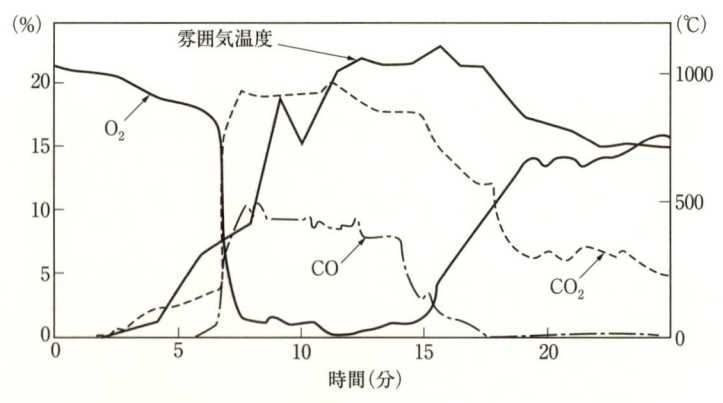

図3.10 室火災の模型実験で測定された温度，ガス濃度 [1]
点火後6分で温度急上昇し，酸素濃度の低下，CO_2濃度，CO濃度の上昇が見られる．

3.2.4 バックドラフト

　室火災で，突然，燃焼が拡がる現象としてはバックドラフトもある．フラッシュオーバーと混同されやすいが，フラッシュオーバーは，室火災が出火室の部分的な燃焼から室全体の燃焼に遷移する過渡現象であるのに対して，バックドラフトは，必ずしも，室全体が火の海になるわけではなく，火炎が扉等から繰り返し噴出するような周期性を有することが多い点が大きく違う．火炎が成長する時間もフラッシュオーバーは数十秒単位であるのに対して，バックドラフトは遥かに速いことが多い．

　バックドラフトが起こりやすいのは，定温倉庫のように窓がなく，断熱材等で室内を覆った空間である．このような室で火災になると，高分子断熱材の熱分解は進むが，窓がないため，燃焼に必要な酸素は十分には供給されない．そこに，消防隊等が扉を開けると，酸素を多量に含んだ新鮮な外気が室内に流入し，同時に可燃性ガスを多量に含む高温気体が扉から流出して大きな炎を形成するのである．しかし，フラッシュオーバーと違って，扉等から噴出する炎が室内の可燃物を加熱するわけではないため，室内の燃焼を加速するように働くとは限らないのである．

　フラッシュオーバーは，かつて，室内に蓄積した可燃性ガスが室温の上昇や窓からの空気の流入によって一気に燃焼して発生する，と説明されていた．室火災では確かに，このような燃焼が発生することがあるが，この考え方では，フラッシュオーバーは，窓や扉が最初から開いていて，煙層のガスが自然に排出される条件でも起こることを説明できない．この説明は，バックドラフトに類する現象を指すと思われる．

(a) ボックスの奥から火炎が広がり始める（実験開始19秒）

(b) 火炎が右面開口からの気流を巻き込む（実験開始21秒）

(c) 火炎が開口から噴出する（実験開始22秒）

図 3.11　バックドラフトの発生過程[8]

3.2.5 火盛り期の燃え方

フラッシュオーバー等によって火災室内が火の海になった状態を**火盛り期**，**火災盛期**などという．火盛り期になると，周囲への延焼危険が高まるだけでなく，構造部材が損傷したり，建物全体に煙が流動拡大する危険が大きくなる．火盛り期の火災性状について，火災安全対策上，最も重要なのは，その継続時間である．この火災継続時間は，一体，何にどのように支配されるのだろうか．

消火活動が行われなければ，火災は室内の可燃物が燃え尽きるまで続くだろう．仮に火盛り期の燃焼速度が一定，つまり，この燃焼が一定の速さで続くとすれば，火災継続時間は，室内の可燃物量を燃焼速度で割った値で表されるはずである．床面積当たりの可燃物量は用途によっておおよそ決定されるから，それを調査してデータベース化し，設計する室に対しては面積をその値にかければ，室に収容される可燃物量を予測できる．それに内装の可燃物量を加えれば，室内の総可燃物量になる．床の単位面積当たり可燃物の発熱量を**火災荷重**という．

それでは，火盛り期の燃焼速度は一体，何で決まるのだろうか？　火盛り期には室全体が火の海になるとすると，室内では，窓等から入ってくる空気に含まれる酸素に見合った分だけ，燃焼が起こると考えられる．火災時に室内が高温になると，窓，扉等の開口部には図 3.12 のような圧力分布が生じて，この差圧を駆動力として自然換気が生じる．風速は差圧の平方根に比例するので，開口部の高さを $H(\mathrm{m})$，面積を $A(\mathrm{m}^2)$ とすると，流入空気量は $A\sqrt{H}$ に比例し，酸素量もこれに比例する．酸素消費法で説明したように，どんなものが燃えても酸素 1 g 当たりの燃焼発熱量はほとんど変わらないから，火盛り期の燃焼が供給酸素量に支配されるならば，発熱速度は換気条件で決まるはずである．換気で流入する酸素が全部燃焼で消費されると考えると，結局，燃焼速度（ただし，木材以外の材料は燃焼熱で木材に換算）は，下式となる．$A\sqrt{H}$ は，火盛り期の性状を支配する基本的なパラメータで，**換気因子**または**開口因子**という．

$$R = k \cdot A\sqrt{H} \quad (\mathrm{kg}/\mathrm{分}) \qquad k = 5.5 \sim 6.0 \tag{3.5}$$

開口部が非常に大きくなると，可燃性ガスの発生量を十分賄う酸素が供給されるようになるため，自由空間と変わらない燃え方となる（図 3.13）．

3.2 火が拡がる

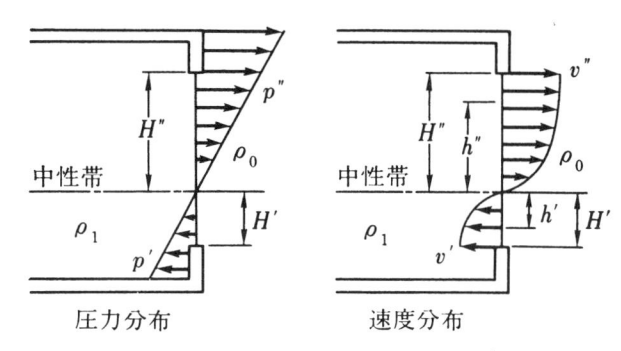

図 3.12 火災室開口部の差圧分布[7]

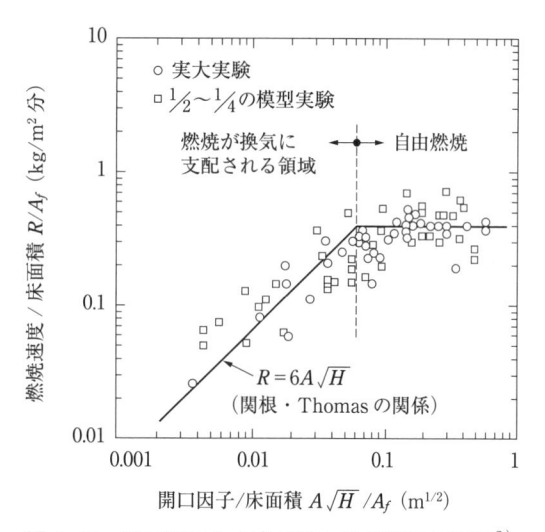

図 3.13 開口因子と火盛り期の燃焼速度の関係[3]

3.2.6 窓からの噴出火炎

　火盛り期の室内での燃え方が換気に支配されるのは，可燃性ガスの発生より酸素の供給が少ないからであるが，室内で燃焼反応にあずからなかった可燃性ガスは開口部から流出する．流出直後には屋外の豊富な酸素に接触するため，開口部の外で燃焼して炎をあげることも少なくない．

　中高層ビルは窓がどの階でも同じ位置にあることが多いので，この火炎が直上階の窓に達すると，上階への延焼を引き起こす原因となりやすい．また，建物が密集していると，近隣建物への延焼を引き起こすこともある．窓からの噴出火炎による延焼の危険性は，窓の形状によっても異なる．すなわち，集合住宅等のように窓が個々に設置されている場合，噴出火炎は室内から噴出するときの慣性で勢いよく噴出するため，火炎は外壁から離れながら上昇する．火炎は周囲から空気を巻き込んで上昇するが，カーテンウォールの事務所ビル等に多く見られる水平の連続窓からの噴出火炎では，外壁前に火炎が立ちふさがるような形になって空気が入りにくいため，火炎は外壁側からは空気を巻き込めなくなって外壁に貼りつくように上昇する．連続窓のような横長の窓では，その分，壁の上方が強く加熱されて上階延焼が起こりやすくなる（図 3.14 参照）．

　上階延焼防止対策として，建築基準法では，各階に高さ 90 cm 以上の耐火構造の腰壁か 50 cm 以上の庇を設けるようにしている．しかし，可燃物の量や表面積が大きいと，可燃性ガスが多量に発生して噴出火炎が大きくなり，腰壁等だけでは，延焼を遅らせて消防活動の負担を軽減する効果はあっても，確実に上階延焼を防止することはできない．

図 3.14　ファースト・インターステート銀行火災（1988）における噴出火炎（災害情報センター提供）

3.2.7 市街地火災

　日本の都市では，木造家屋が密集するため，市街地火災は，長い間，深刻な課題であった．市街地火災のほとんどは，乾燥した季節風やフェーン現象，あるいは地震を背景に発生している．市街地火災が，東日本や日本海沿岸に多いのは，季節風，フェーン現象の地域特性による．

　市街地火災では，火災性状という観点から見ても，建物火災のレベルでは想像しにくいことが起こる．建物が一棟ずつ炎上していたのが，合流して火炎が巨大化する火炎合流はその典型で，火炎合流が起こると延焼が更に加速されやすい．図 3.4 を見ると，$Q/D^{5/2}=80$ を境に炎がばらばらな状態から一つの炎にまとまっているが，これが火炎合流で，これより個々の建物の発熱速度が大きいと火炎合流しやすいことがわかる．

　火災旋風も，市街地火災で恐れられている特異な現象である．文字通り，火炎が竜巻になるというもので，関東大震災や第二次世界大戦末期の空襲等で多数，記録されている．旋風は，市街地風の分布に大きな乱れがあるときに局地的な低気圧が生じて発生するものである．市街地火災では，火炎によって局地的ながら著しい低気圧が発生するうえ，火炎が周りの空気を巻き込むため，地表付近では燃焼領域に向かって強い気流が形成される．炎上市街地の周りに大きな建物，河川等があると，風速・風向が乱されて，旋風が起こりやすくなる．

　火炎合流も火災旋風も，被害性が著しいものは，市街地での燃焼発熱があるレベルになって初めて発生するものと思われる．火炎合流の発生機構から見て，これらの特異な現象を防止するには，個々の建物の火災性状を制御して燃焼発熱速度が抑制されるようにすることが有効であろう．

図 3.15　関東大震災の際，東京・本所被服廠跡の避難所で発生した火災旋風
東京・本所被服廠跡の避難所では火災旋風により火災が拡大し 38,000 人が犠牲になったとされる．

3.3 熱が伝わる

3.3.1 火災と伝熱

　火災時の火炎は1,000℃前後の高温であり，煙でも200～300℃に達することが少なくない．燃え拡がり，建物や収納物の被害のほとんどは，こうした高温に曝露されることが原因で起こるが，火炎や煙が高温になるのは避け難いから，その損害の軽減策は，原理的には，熱源である火炎や煙を排除・抑制するか，火災からの伝熱を制御するかのいずれかに帰する．熱源の排除・抑制は，消火，煙制御等，装置等を作動させる設備によるアクティブな防災対策による傾向が強いのに対して，耐火性をもつ部材・材料からなる防火区画で建築物を細分化し，空間構成によって火災危険を軽減する対策は，伝熱制御の原理にもとづくことが多い．このため，建築的な防火対策の効果を検討するためには，伝熱学の基礎的な考え方を身につけておくことが望ましい．また，伝熱制御にもとづく防火技術，火災安全設計は，火災時の燃焼発熱の予測や測定，伝熱解析手法が整備されるようになった1990年代頃から急速に多様化してきた．

　伝熱，すなわち，熱エネルギーが伝わる仕組みは，よく知られているように，対流，伝導，放射の3種類に分かれる．

　この分類は，熱と物質の関係を表しており，対流は，物質が移動することによって，物質が持つ熱エネルギーも移動する現象である．これに対して，伝導は，物質そのものの移動は伴わずに，その内部を熱エネルギーが伝わっていく現象，放射は，物質そのものを媒介とせずに熱エネルギーが伝わる現象である．対流，伝導，放射の順に直感的な理解が難しくなるが，伝導は，氷に指を触れた時に冷たく感じる場面を思い起こせばよい．この時，指と氷の間に物質のやり取りがあるわけではないのは明らかで，指先は冷たくなっていて，温度の高い指先から氷に熱が逃げたこと，つまり，物質内に温度差があると熱は温度が高いほうから低いほうへ移動することを実感できる．また，放射のように物質を媒介としなくても熱が伝わり得ることは，太陽に照りつけられてじりじりと熱く感じたり，レンズで日光を集光すると紙が燃え出したりすることを思い起こせば実感できよう．

　火災における伝熱は，建物等の被害の源泉と認識されることが多いが，本来，それほど熱に強いわけではない鋼製の防火戸が火災に耐えるのは裏面からの放熱のためであるなど，伝熱をうまく使って防火性能を高める可能性にも注意して頂きたい．

3.3.2 対流による伝熱

高温の物体が移動すれば，それに伴って熱も移動する．このように，物質の移動によって熱が移動することを広い意味で対流という．一方，空気は温度上昇とともに密度が低下するから，空気に温度分布があると，高温の部分は軽いため上昇し，低温の部分は降下しようとして自然対流が起こる．このように，対流は伝熱の媒体となるだけでなく，伝熱に誘発されるという関係にある．流体中の密度差によって重力方向に作用する力が浮力で，空気では，その強さは温度差に比例する．日常生活で目につく浮力現象は，やかん等からの湯気の動きであろう．湯気の温度は100℃以下だから，1,000℃前後の炎は，湯気の10倍以上の浮力を引き起こすことになる．つまり，温度差が大きいほど，対流も激しくなり，それらによる熱の移動も激しくなることがわかる．

煙が建物の部材等に接して温度上昇を引き起こしたり，熱くなった部材から空気に熱が逃げたりするのも，主として対流による．部材と煙・空気の間には物質のやりとりがあるわけではないので，奇異に感じられるかもしれないが，煙が流れている時は，常に高温の煙が部材表面近くに流れており，壁等の近くの空気は，壁が熱ければ暖められて上昇気流を生じるため，壁表面は下方から上昇してくる空気に曝される．部材が曝される煙や空気は，このように絶えず動いていて，部材との間の熱の移動は，表面付近の空気の渦を通じて起こるのである．煙や空気が仮に完全に静止していれば，熱の移動は後述する伝導によることになるが，実際の部材表面付近の伝熱量が，空気の伝導から予想される値とは桁違いに大きくなるのは，伝熱が渦によって起こるからである．

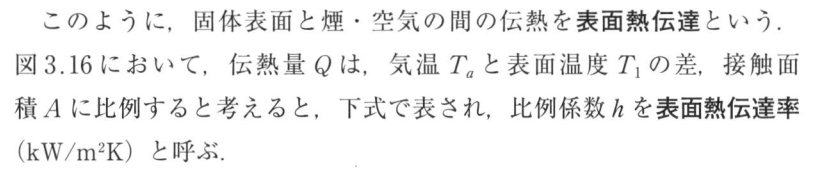

このように，固体表面と煙・空気の間の伝熱を**表面熱伝達**という．図3.16において，伝熱量 Q は，気温 T_a と表面温度 T_1 の差，接触面積 A に比例すると考えると，下式で表され，比例係数 h を**表面熱伝達率**（kW/m²K）と呼ぶ．

$$Q = hA(T_a - T_1) \tag{3.6}$$

表面熱伝達は，煙・空気の動きが激しいほど顕著になるから，h は，問題とする部材表面と屋内より屋外のほうが大きく，また，室内でも部位によって異なる値となる．例えば，天井が高温の場合，直下の空気は上方ほど温度が高いので，対流は生じにくくなって，h の値は小さくなる．表面熱伝達率が小さいと，対流による冷却が働きにくくなるため，火炎等で加熱された場合，着火や損傷の発生に至りやすくなる．

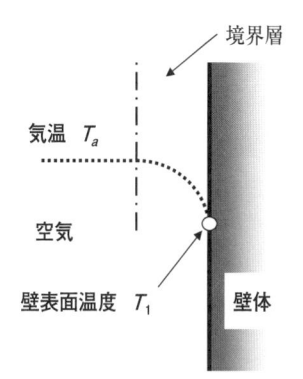

図3.16 高温の空気と壁の間の温度分布と表面熱伝達

壁表面近くで温度が変化する範囲を「境界層」といい，表面熱伝達が起こる．境界層は，空気の乱れが激しいほど薄くなり，表面熱伝達率も大きくなる．

表3.4 部材の表面熱伝達率の概略値

	表面熱伝達率 (kW/m²K)
外壁外表面(冬)	0.023
外壁外表面(夏)	0.017
屋根面	0.023〜0.035
壁室内表面	0.008
水平上向き面	0.009
水平下向き	0.006

3.3.3 伝導による伝熱

物質内の温度が一様でない時に，温度が高いほうから低いほうに熱が伝わる現象が伝導である．例えば，図3.17のような壁の表裏面に温度差があるとすると，流れる熱の量は，温度差，面積に比例すると考えられる．また，温度差が同じなら，壁が薄いほうが，厚い場合より熱が多量に流れそうなことは，壁は厚いほうが断熱がよいことからも推察できるだろう．これをまとめると，単位時間に壁を流れる熱量は下式で表される．

$$Q = \lambda A(T_1 - T_2)/D \tag{3.7}$$

比例係数 λ は**熱伝導率**（kW/mK）と呼ばれ，物質によって異なる値をとる．

壁を通した伝熱量を求める時には，壁両側の空間の気温はわかっても，壁表面の温度は直接はわからないことが多い．壁を通した伝熱は，壁内の伝導と壁両側の表面熱伝達より決まるが，表面熱伝達で壁表面に入る熱量と壁内の伝導による伝熱量は等しいと考えて (3.6)，(3.7) 式から表面温度 T_1, T_2 を消去して，Q を壁両側の気温差との関係で表すと，

$$Q = KA(T_a - T_o), \quad K = \frac{1}{1/h_a + D/k + 1/h_o} \tag{3.8}$$

となる．この比例係数 K を**熱貫流率**（kW/m²K）という．

建物内での延焼範囲を抑制するために防火区画が設けられるが，間仕切壁で防火区画する場合は，壁の片側を火災室温，他方を常温として，壁の非火災室側の表面温度が可燃物の着火温度に達しないように，壁厚，断熱材の設置等を設計することになる．

さて，図3.17のように壁内の温度勾配が一定となるのは，壁両側の空間の気温がある程度の時間一定の場合で，これを定常状態というが，火災の拡大は比較的短時間で起こる現象である．火災で物質が急激に熱せられると，まず，加熱される表面の温度が上昇して徐々に内部も温度上昇し始める．加熱の強さと時間が内部の温度分布にどう影響するかは，ステーキを焼く時，肉全体に熱を通すウェルダンにする時には弱火で長時間焼くのに対して，表面だけ焼いて内部は生に近いままのレアにするには，強火で短時間熱するのを思い浮かべればわかりやすいであろう．可燃物の着火は表面で起こるので，強い加熱を短時間でも受けると表面温度が早く上昇して着火しやすいのに対して，壁で隔てた隣室への類焼は，裏面温度が上昇するまで加熱が続くことによって起こるのである．伝導で熱が板を貫通する量は板厚の二乗に反比例するから，壁厚を確保することは延焼防止に大きな効果がある．

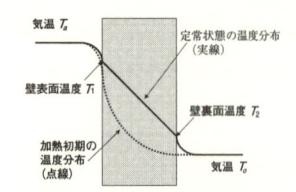

図3.17 温度差のある空間の間の壁の温度分布（伝導の例）

最初は点線のような分布だが，徐々に実線のような直線に近づく．

表3.5 身の回りの物質の熱伝導率（常温での概数）

物質名	熱伝導率（kW/mK）
針葉樹（スギ）	0.0001
広葉樹（ケヤキ）	0.00016
合板	0.0002
木炭	0.00007
コンクリート	0.0014
レンガ	0.0006
土壁	0.0007
ガラス	0.0008
鋼	0.04～0.05
アルミニウム	0.09
ポリスチレン発泡板	0.00004
石こう板	0.00017
空気	0.000025
水	0.0006

3.3.4 放射による伝熱

身近な存在で放射を代表するのは太陽熱であろう．太陽は，コインを持って手を伸ばせば隠れてしまうが，夏ならば，じりじりと照りつけて大変強力な熱源であることを実感できる．これは太陽表面が約6,000℃という高温だからで，このように，放射では，熱源の温度が絶大な意味を持っている．すなわち，物体が発散する放射熱（輻射能という）は，その絶対温度（摂氏に約273℃を加えた値）の四乗に比例するから，100℃で発散される放射熱を1とすると，1,000℃では135，太陽表面の6,000℃では実に約80,000にもなる．対流や伝導でも温度が高いほど伝熱は活発になるが，それでも温度差に比例する程度だから，火災時には放射伝熱の影響が特に顕著に現れることがわかる．

温度以外で放射伝熱を支配する重要な要因として，熱源や熱の受け手の表面の状態と熱源の見え方があげられる．例えば，白黒二枚の紙を並べて太陽にさらすと，黒い紙のほうが早く熱くなる．受ける熱は等しいはずだから，これは黒い紙のほうが白い紙よりも放射熱を吸収しやすいことを表している．物体に注がれる放射熱のうち，物体に吸収される熱の割合を**吸収率**といい，すべて吸収される場合に吸収率が1となる．各種物体の吸収率を表3.6に示すが，吸収率の大きい物質が黒っぽいのは，放射の一部である光を吸収してしまうからで，注がれる放射熱をすべて吸収する物質を，この意味で**黒体**という．吸収率が高い物体は，熱源としても多量の放射熱を発散する．ある物体の放射熱を同じ温度の黒体が発する放射熱で割ったものを**放射率**といい，吸収率と同じ値となる．

熱源の見え方が重要なことは，太陽に近い惑星ほど高温であることからも想像できよう．物体AからBへの放射伝熱を考えた時，物体Aが発してBに注がれる放射熱の割合は，このように熱源とその受け手の図形的な位置関係で決まり，「BからAを見る」**形態係数**という．Aから発した放射熱がすべてBに向かう場合，形態係数は最大値の1となる．

物体Aを熱源としてBが吸収する放射熱は，以上から，Aの絶対温度をT_A，放射率をε_A，Bの吸収率をε_B，形態係数をψとすると，

$$Q = \psi \varepsilon_A \varepsilon_B \sigma T_A^4 \tag{3.9}$$

となる．比例係数σは，放射伝熱の科学者にちなんで，ステファン・ボルツマン係数という．形態係数は，主な図形・位置関係については，数式や図表が用意されている（例えば，文献6)）．

表3.6 身の回りの物質の吸収率（放射率）

	吸収率(-)
鉋をかけた木材	0.9
レンガ	0.75〜0.93
ガラス	0.85〜0.95
研磨した鋼	0.066
圧延鋼板	0.66
錆びた鉄板	0.69
建築用アルミ板	0.09
コンクリート	0.8〜0.9

参考文献

1) 長谷見雄二：火事場のサイエンス，井上書院（1988）
2) 特殊建築物等調査資格者講習テキスト，日本建築防災協会
3) Harmathy, T. Z. : A New Look at Compartment Fires, Part I and II, Fire Technology, Vol. 8, p. 196, p. 326 (1972)
4) 平野敏右：紙の展炎機構，災害の研究，VIII
5) Moodie, K. and Jagger, S. F. : "Results and analysis from the scale model tests", The King's Cross Underground Fire : Fire Dynamics and Organisation of Safety, pp. 27-40, Institution of Mechanical Engineers, London (1989)
6) 日本火災学会編：火災便覧　第3版，共立出版（1997）
7) K. Kawagoe : Fire Behaviour in Rooms, Report of B. R. I., No. 27 (1958)
8) C. Fleischmann 教授の模型実験

第4章　火災の被害を小さくするために
―感知・消火―

　建物にはそこに生活がかかわっている以上，火災の発生を極力抑えることはできてもゼロにすることはできない．そのために，人命安全確保と建物の損害防止を計画するとともに，さらには間接的な損害の拡大を防ぐ観点も重要である．建築基準法，消防法で防火対策が規定されてはいるが，法令を遵守するにとどめることなく，建築主に安全な建物を提供し，一般利用者にとって安全な建築環境を提供するために目標を定めた防火対策を計画することが重要である．

4.1 火災の制御は早期発見から―火災の感知警報

4.1.1 建築物における状態―平常時と非常時

　建築物には日常時の平常状態とともに，地震時や火災時のように非常時の状態もある．そもそも建築物は生活行為を守るシェルターであって，それには，自然災害のような外力が加わっても平常状態にもどし，それを維持することが求められる．これが建築物の安全性能であり，このことは生活行為がかかわる火災についても同様である．すなわち，火災という非常時に対して，安全性を確保する機能として防火対策が位置づけられる．

　建築物の日常の機能のために必要な施設，設備には，階段などの**竪穴**や開放された開口部や空調設備など，火災時には火災拡大をまねく要素となるものも多い．火災時にはこれらをその事態に対応した建築物の状態，つまり非常モードにしなければならない．近年の高度に複合化された大規模建築物では一層この傾向は強くなっている．ここに，非常モードに早く移行させることが防火対策の鍵であり，この状態移行の**トリガー**となるのが火災感知である．

【竪穴】
　階段室，エスカレータ，アトリウム，パイプシャフトなど複数階にわたって吹き抜けている部分を竪穴といい，原則的として3層以上の場合は遮熱性，遮煙性をもった防火設備で区画することが規定されている．

【トリガー】
　引き金．ものごとを引き起こすきっかけを指す場合もあり，ここでは状態の移行などの変化を引き起こすきっかけをのことを意味する．

4.1.2 火災の感知と覚知

火災現象をどのように早期にキャッチするか，正しく感知するか．これは光や熱エネルギーを利用するための意図的な燃焼現象と意図しない燃焼現象である火災との識別が必要であって，古くて新しい課題でもある．これに対して，設置空間に適合する感知器，感知方式を選択することが重要である．

火災を感知するために，熱や煙による検知が一般的であるが，そのほかに炎から出る赤外線の検知の方式もある．このほかにも，COなどのガスの検知，臭い粒子の検知，さらには音による検知の可能性も追求されている．このような感知手段は，設置空間に適合した感知方式とするためと，火災をより早期に，確実に感知する目的で開発されているものである．例えば，厨房では煙や水蒸気が発生することも多いため，煙で検知する方式はむかず，温度による方式が選択される，などである．なお，火災でない状態で自動火災報知設備が作動した場合に「誤報」といわれることがあるが，機構上設定された物理現象を正常に検知している場合には「非火災報」というのが正しい．

火災感知器には図4.1のような種類があるが，現在一般に普及している火災の感知手段は煙感知器と熱感知器である．一般の建築火災では**燻焼段階**[2]があるため，煙感知器のほうが早く感知するが，非火災報とならないように室用途により種類と検知レベルを設定することが肝要である．

熱感知器はまさに温度を検知するもので，一定温度を越えた場合に発報する定温式と，温度上昇率が一定値を越えた場合に作動する**差動式**がある．煙感知器には光の散乱や減光によって検知する**光電式**，イオン電流の変化により検知する**イオン化式**がある．その機構により，炎をともなう燃焼に対してはイオン化式が，燻焼には光電式のほうが感度が良い．

火災であることの正確な情報が得られないと，消防機関119番への通報や，非常モードへの移行と各種設備の連動制御や，避難誘導を行うことができない．そのために，感知器の作動情報をもとに防火管理者が現地で火災を確認したのちに，各種防火対策の作動や避難誘導などを行う非常モードに移すことが一般的となっている．なお，感知器からの検知情報を処理する**自動火災報知設備**（図4.2）には，個々の火災感知器の位置を特定できるＲ型受信機と，ゾーンを特定するＰ型受信機がある．近年はより情報量の多いＲ型が普及している．

火災確認後に119番に通報し，消防が火災情報を把握した時点を消防覚知といい，火災覚知というとこれを指すことがある．

火災被害を最小限に留めるためには早期に各種設備を制御する必要があり，そのために火災を自動確定できるかどうかが課題となる．その対策として，自動火災報知設備において複数の感知器の作動により火災と断定す

【燻焼段階】
一般に火災は，燃焼が急激に発達する火災成長段階までに可燃物が焦げるなど徐々に燃焼が進む燻焼段階がある．この段階でも熱放出は少なくても，可燃性ガスなどや炭素粒子が生成される．これが煙である．

【差動式】
低温でも高温でもかまわず，温度上昇率により検知する方式である．火災とその他の現象を識別するために開発されたものである．

【光電式】
暗箱内の煙を光の散乱度合いにより検知する方式，あるいは送光部と受光部にいたる光の減光により検知する方式である．煙粒子の大きい燻焼状態の検知に感度が良い．

【イオン化式】
感知器の検知箱内の放射線源によって生じるイオンにより電流が流れている中で，煙粒子にイオンが付着して移動速度が遅くなって電流が減少する．この現象を検知する方式である．イオンは煙粒子に付着するので粒子数が多い炎を出して燃えている状態の感知に感度が良い．

【自動火災報知設備】
感知器の検知情報を処理して火災を断定し，当該部分の地図と感知情報を表示し，アラーム警報，スプリンクラー設備の作動表示，警報設備との連動など火災感知警報機能を持つシステムである．自己診断機能やシミュレーション機能など維持管理にかかわる機能を持つシステムもある．

る方式や，異種の感知器の作動で断定する方式など，新しい火災感知・覚知方式が開発され，実際の建築物に適用している例もある．

【119番】
　消防機関の情報センターに送信される電話番号であり，最寄りの消防署に電話がつながるものではない．

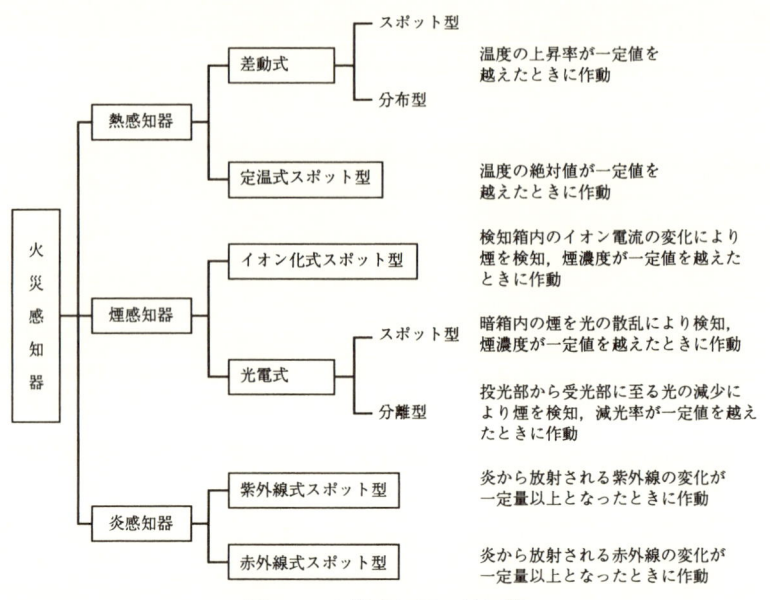

図 4.1　火災感知器の種類[1]

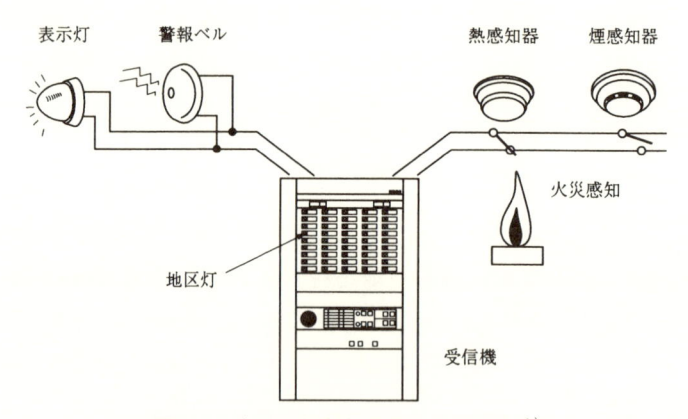

図 4.2　自動火災報知設備の基本機能[1]

4.1 火災の制御は早期発見から―火災の感知警報　　　　　　　　　　　　　　　　*83*

4.1.3 防火対策の作動時系列

　火災の確定に基づいて非常モードに移り，各種の防火対策が作動，制御される．その時系列の流れの概念を示したのが図4.3である．

　防火センター要員は，防災センターから感知情報の現場に駆けつけ，火災を確認し連絡するとともに，初期消火を行う．また，火災室の排煙設備を起動させ，在館者を避難誘導する．

　防災センターに残った係員は，119番通報を行い，さらに総合操作盤により設備を非常モードにして連動制御を開始し，避難誘導などの非常放送を行う．**自衛消防隊**は消防活動のそれぞれの役割を行う体制に入る．

　そして，エレベータの呼び戻しや空調設備の停止，防火戸の閉鎖など各種設備の作動状況を監視確認する．また，消防隊の到着時に引き渡す火災情報ならびに館内の使われ方など建物の諸情報をそろえるほか，建築物の防災計画書や消防計画などの防災にかかわる図書を用意する．

　これらの非常時の対応を的確なタイミングで行ってこそ被害を最小化できる．モデル建物でのシミュレーションの結果ではあるが，各種防火対策と被害予測値との関係をみると，スプリンクラー設備とともに自動火災報知設備が火災被害の低減に最も効果的というスタディもある[3]．それはすべての対策の起点であり，**防火システム**としての必要条件であるためである．

【自衛消防隊】
　各事業所の消防計画で定める自衛組織であり，消防法で規定されている．テナントが入っている建築物では共同防火管理体制が組織される．

【防火システム】
　火災安全を保つためには，一つの防火対策で可能になるものではない．各種の対策を体系的に作動させてこそ被害を最小限にできる．このような個々の防火対策の体系的組合せを防火システムという．

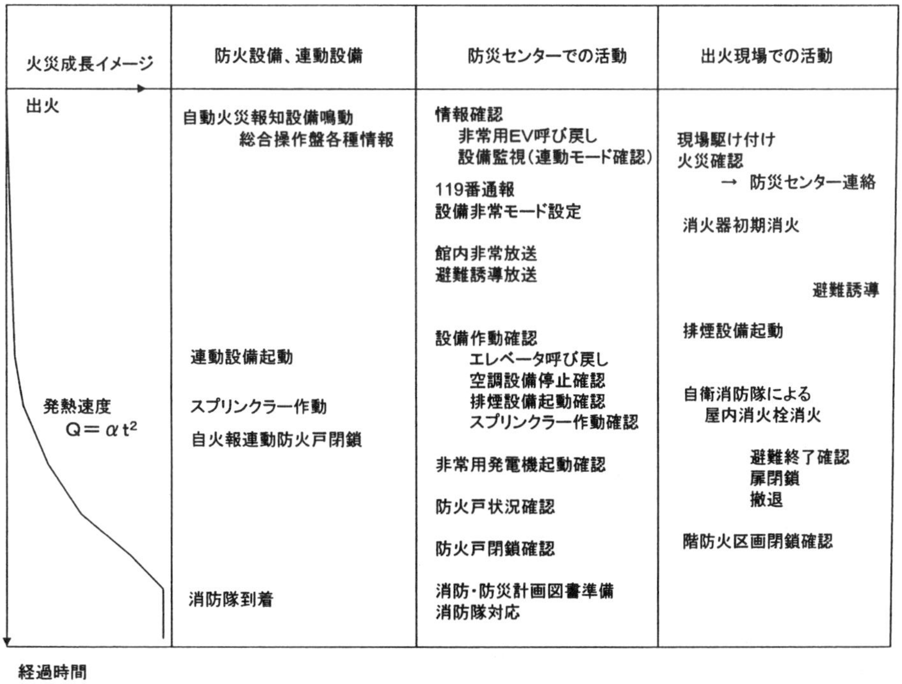

火災成長イメージ	防火設備、連動設備	防災センターでの活動	出火現場での活動
出火	自動火災報知設備鳴動 総合操作盤各種情報	情報確認 　非常用EV呼び戻し 　設備監視(連動モード確認) 119番通報 設備非常モード設定 館内非常放送 避難誘導放送	現場駆け付け 火災確認 　→ 防災センター連絡 消火器初期消火 避難誘導
発熱速度 $Q = \alpha t^2$	連動設備起動 スプリンクラー作動 自火報連動防火戸閉鎖	設備作動確認 　エレベータ呼び戻し 　空調設備停止確認 　排煙設備起動確認 　スプリンクラー作動確認 非常用発電機起動確認 防火戸状況確認 防火戸閉鎖確認	排煙設備起動 自衛消防隊による 　屋内消火栓消火 避難終了確認 扉閉鎖 撤退 階防火区画閉鎖確認
経過時間	消防隊到着	消防・防災計画図書準備 消防隊対応	

図4.3　防火対策の作動時系列

4.2 火災の原理，身近な消火設備―消火の基礎

4.2.1 消火の原理

　燃焼の3要素は，図4.4に示す酸素と可燃物と熱エネルギーであり，熱エネルギーは可燃物を分解して可燃性ガスを発生させ，酸化反応させる．さらに燃焼が継続するには連鎖反応を起こすことが必要で，これを含めて燃焼の4要素という．木材などの通常の可燃物の燃焼は，図4.5に示すように熱により可燃性気体（COなど）が発生し，それが空気中の酸素と反応して有炎燃焼となる．その熱によりさらに固体から可燃性ガスが発生するという過程である．この3要素のいずれかを絶てば燃焼は継続せず，また，酸化反応を化学的に抑制することによっても連鎖反応を抑えられて鎮火する．各種の消火設備はこの原理に基づいている．

　水をかけることは，熱エネルギーを奪い，可燃性ガスの発生を妨げる．一方，油火災などにも効果がある**ABC消火器**は，その粉末の化学物質によって反応を抑制する．泡消火器は酸素の供給を抑制する方式であり，CO_2などの不活性ガスは空気中の酸素濃度を下げて反応を妨げるものである．

　日常生活の中で出火の多い天ぷら鍋火災に対する身近な例をとると，引火と同時に天ぷら鍋に多量の野菜を投入すると温度が下がって火を止めやすくなる．また，濡れた座布団をかぶせると酸素を絶って鎮火できる．

　なお，マグネシウムなどの**金属の酸化反応**のように特殊なものはこのようなわけにはいかない．消火水と激しく反応するものもあるので，酸素を絶つことでしか消火できない．このような金属には，ナトリウム，リチウム，マグネシウム，アルミニウム，チタンなどがあり，粉末では爆発を引き起こすこともある[5]．これらには乾燥砂など，特殊な消火方法を適用する必要がある．

【ABC消火器】
　一般の木質系の火災，油火災，電気火災にも効果がある消火器がABC消火器として販売されている．ABCは国の規格であり，Aは木材や紙などの普通火災用であり冷却効果がある．Bは石油類などの液体や油脂類の油火災用で窒息および連鎖の抑制効果がある．Cは電気火災用であり，非伝導性がある薬剤を使っている．

【金属の燃焼】
　ナトリウム，マグネシウムなどの活性金属の酸化反応で，ナトリウムのように水をかけると水素を放出して爆発的に反応する現象も発生する．

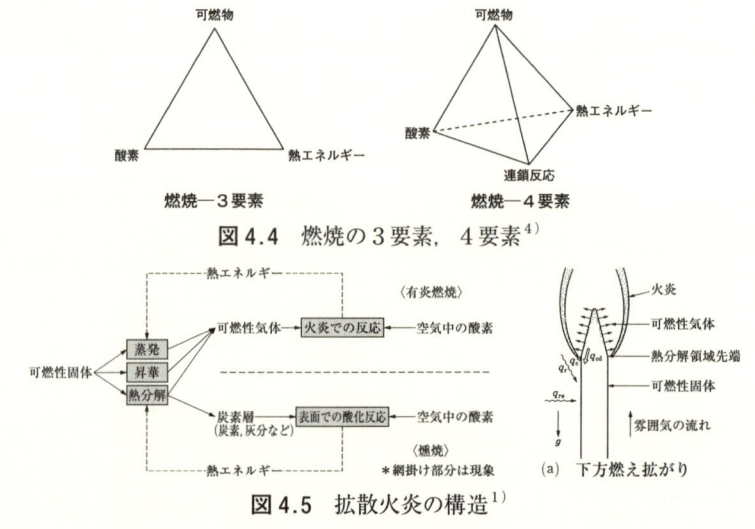

図4.4　燃焼の3要素，4要素[4]

図4.5　拡散火炎の構造[1]

4.2.2 消火設備の種類と適用

消火設備には，火災初期に働かせる初期消火設備と消防隊が使用する本格的な消火設備がある．初期消火設備には自動消火設備であるスプリンクラー設備のほか，在館者あるいは自衛消防隊が使用する消火器，屋内消火栓などがある．

最も手軽な**消火器の消火能力**は試験データでは発熱速度 1.9MW 程度まで消火できるが，実火災の状況下では事務所ビルで炎が天井に届く程度（およそ 500kW 程度）が目安とされている[3),10),12)]．訓練と限界についての知識をもって火災初期に操作すれば高い効果が期待できる．

スプリンクラー設備は図 4.6 のように，天井に設置される散水ヘッド，配管中の**アラーム弁**，ならびにポンプと制御装置などによって構成されている．ヘッド部分が例えば 72℃ に達すると散水し，アラーム弁の流水検知器で作動を検知してポンプが起動し，消火水が供給される．ヘッド部までの配管に水が満たされている閉鎖型湿式が通常のタイプであり，誤作動による水損を防ぐべき特殊な用途や凍結する部分用には乾式のタイプもある．スプリンクラー設備の散水量は一般に 70 リットル/分であり，その火災抑制効果は極めて高く，また信頼性も高い．実績ではその奏功率は 0.97 を超える[6)]．ただし，火災室空間にもよるので一概にはいえないが，放水する時点では消火器の消火の限界に近い燃焼となっており，煙も天井に層ができている状態である．

【消火器の消火能力】
　消火器の試験は気乾状態の木材を井桁に組んだ標準試験体の燃焼で試験する．その大きさにもとづいて，一定の消火性能により消火能力単位が指定される．

【アラーム弁】
　スプリンクラー配管中で流水を検知し，ポンプを起動するとともに，警報発報，作動表示を自動火災報知設備に連動する装置．

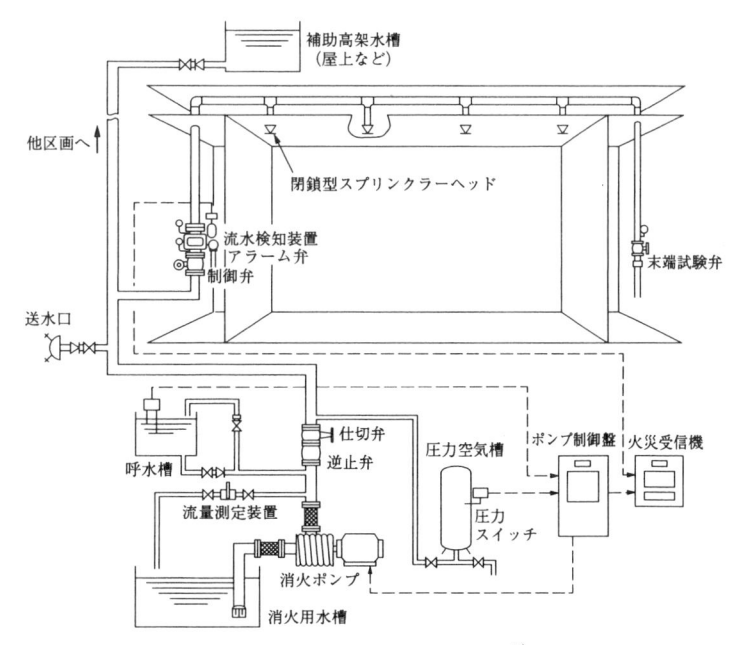

図 4.6 スプリンクラー設備[1)]

1号消火栓は自衛消防隊が使用するもので，消火能力は高い．しかし，その使用には通常3人（筒先2人，バルブ開放1人）で取り掛かる必要がある．その点，図4.7に示す**2号消火栓**は放水量は小さいものの1人で使用できるので初期消火にはむしろ有効な場合が多い．

特殊消火設備のなかには，電気火災や油火災，図書館の書庫など，水による消火を適用できない室に対して，CO_2消火設備や窒素消火設備など特殊消火設備が使われる．自衛消防隊によって在室者がいないことを確認し，区画を閉鎖したのち消火剤を放射する設備である．駐車場など開放された空間では泡消火設備が使われる．

なお，**ハロゲン化物消火設備**も過去には製造されたが，ハロンガスはオゾン層を破壊するために現在は製造されておらず，既存のガスを回収貯蔵したものを利用する方式のみ許可されている．

そのほか，天井の高い空間には**高天井型スプリンクラー設備**を，大きなアトリウムや屋内スタジアムのような大空間には放水銃など，空間規模によって特殊な消火設備が開発されている．

【2号消火栓】
　スプリンクラー設備と同様の散水設備の一種ともいえるもので，1人で操作できる簡便な点が特徴である．

【ハロゲン化物消火設備】
　ハロン1301を使っているもので，燃焼反応を抑制する効果があり，消火能力は高い．

【不活性ガス消火設備】
　CO_2消火設備や窒素消火設備などであり酸素濃度をさげて窒息消火する効果がある．

【高天井型スプリンクラー】
　高い天井用のスプリンクラー設備である．通常のスプリンクラーヘッドを高い天井部に設置すると，床面での散水密度が下がり消火効果が低減する．そのために，設置高さが6m以上になる空間には，放水型のスプリンクラーヘッドとし，粒子径が大きい散水ヘッドと，制御部を持った高天井型スプリンクラー設備とする必要がある．

水平距離　15 m
放水量　60リットル/分以上
圧　力　2.7〜7 kgf/cm^2
操作員　1〜2人以上が基本
放水時間　20分以上

図4.7　屋内消火栓（2号消火栓）

4.2 火災の原理，身近な消火設備—消火の基礎

4.2.3 消火設備の設置方法

　初期消火設備が適切に働けば被害を最小限に留めることができる．それには効果的な消火設備の設置方法と建築の使い方など適切な維持管理が欠かせない．

　スプリンクラー設備などの奏功率を高めるには，**散水障害**が生じないように配置や室内レイアウトを検討しなければならない．なお，現実には机の下など，直接水のかからない部分の燃焼には，火勢の抑制効果はあるものの完全に鎮火するわけではない点に注意を要する．

　消火器や屋内消火栓の配置では，単にホースが届く半径から設置位置を決めるのではなく，目につく場所，アクセスしやすい場所に設置し，適切なタイミングで使用できるようにする．一般に屋内消火栓を隠すような設置の仕方をしがちであるが，海外の建築にはこれをデザイン要素の一つとして計画している事例もあり，建築物の安全管理が利用者に安心感を与え，安全性を建築物の価値としている好例といえるであろう．

　なお，屋内消火栓は消火の性能は良くても，実質的に使用されないことも多い．その理由には2人ないし3人で使用しなければならず，その連携が取りにくいことと，水損を恐れて火が大きくならないと使用しないことがあげられる．被害を小さくおさめるには早期に使用するほうが優ることについて教育し，訓練を重ねることが望まれる．

【散水障害】
　散水障害とはスプリンクラーヘッドからの散水が可燃物にかかるのを妨げる場合をいう．例えば，ヘッド近傍に天井からの吊り下げ物や大きな什器により，それらがヘッドとの位置関係により有効に水がかからない領域が生じ，その部分がヘッドのカバーする散水域とされている場合のことである．

4.3 消防が活動しやすいように—消防活動

4.3.1 消防隊の進入経路

　消火器,屋内消火栓,スプリンクラー設備とそろっていても,完全には鎮火できるわけではなく,また,各種設備に100%の作動を期待することはできない.さらには,消火器や屋内消火栓は人による操作が必要なため消火の成功率は落ちる.また,消火できても煙が充満して避難救助が必要な場合もある.こうした事態があるために,最終的には消防隊による消防活動に頼らざるをえない.

　消防活動の支援施設設備として,まず,火災地点への進入経路を確保しなければならない.建築基準法でははしご車が架梯できる場所に,40m以内ごとに非常用進入口として直径0.75m×1.2m以上の窓が義務付けられている.11階以上の建物,あるいは地下3階以下の建物に対しては,進入経路として**非常用エレベータ**が使われ,その乗降ロビーは火災室にアタックする最前線の活動空間となる.そのために,非常用エレベータ乗降ロビーは防火区画によって火煙からまもり,さらに消防用の排煙設備が義務付けられている(図4.8).

　なお,建物への進入経路は,建築物の2面からアクセスできるようにすることが望ましい.消防隊が火災室の風上から進入することや,予期せぬ事態の際の退路を確保するという**消防戦術**に対応するためである.

　非常用エレベータは消防隊の使用するエレベータであり,火災時には一般の在館者が使用しないことが原則である.しかし近年,高齢者など自力避難に支障のある人のために,非常用エレベータを限定的に利用しようという論議も起きている.なお,現段階では自力避難できない在館者は非常用エレベータ乗降ロビーで待機させ,消防隊に救助してもらうことが適切と考えられる.

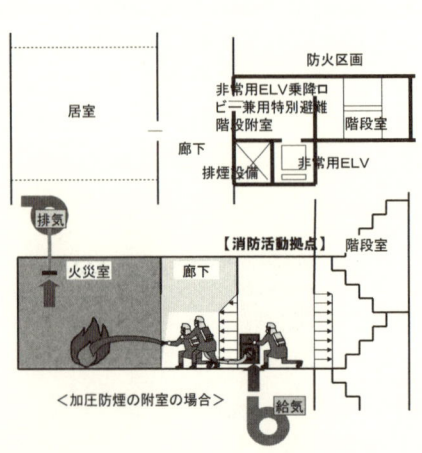

【非常用エレベータ】
　非常時に消防隊が専用に使う設備で,籠の大きさなどが規定され,消防運転(マニュアルでの運行,扉を開放したままの運行など)ができるエレベータであり,非常用電源による電源供給がなされる.附属施設として防火区画された乗降ロビーと排煙設備が規定されている.

図4.8　非常用エレベータ乗降ロビー[7]

4.3 消防が活動しやすいように―消防活動

4.3.2 消防隊用設備

消防隊用の設備としては，消防隊がホースを連結したのち送水する連結送水管設備が必要である．非常用エレベータが設置されるとその乗降ロビーに連結送水管，ホース，非常用コンセント設備，非常電話，照明器具などが設置される（図4.9）．

非常用エレベータ乗降ロビーは防火防煙性能を持った壁や扉による区画を行うほか，排煙設備（自然排煙も可）によって守られる．乗降ロビーを給気加圧することによって煙の侵入を防ぐ**加圧防煙**手法もある．これは乗降ロビーを安全に守る手法として一般的に優れている方式である．

昨今の地下街や大規模建築物の地下の連結など，都市の地下空間は拡大している．このような地下階の消防活動時にはトランシーバーも通じ難くなるため，**無線通信補助設備**を設置することが望ましい．

【加圧防煙】
遮煙する位置を境に，煙から守るべき空間に給気し，火災室側から自然排煙窓などの排気側を設けることにより，遮煙位置で2〜20Pa程度の圧力差をつくり，煙の侵入を防ぐ方式である．一般に，防煙効果は高いが，圧力差が過大になることを防ぐ機能（例えばリリーフダンパー）を組み込む必要がある．

【無線通信補助設備】
延べ面積が1000m²以上の地下街などに消防隊間の双方向通信ができるようにする設備で，無線機接続端子，共用器，漏洩同軸ケーブルなどによって構成されている．

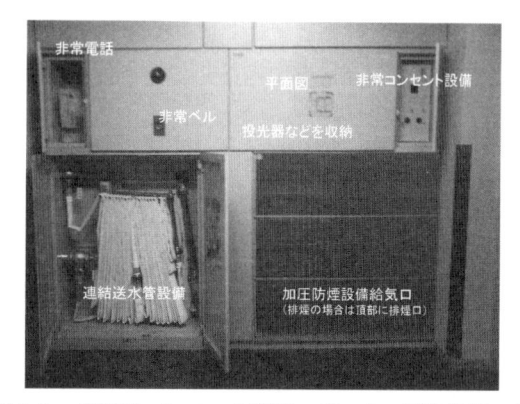

図4.9　非常用エレベータ乗降ロビー内の消防設備の例

4.4　いざという時に正常に作動させるためには—維持管理，予防・査察

4.4.1　防災設備の信頼性と維持管理

防災設備の大部分は平常時には作動せず，火災時のみに使われるものであるため，その信頼性が課題になる．表4.1は代表的な設備についての作動確率の例を記したものである．これらがシステムとして構成されてこそ建築物の防火性能をあげることになるので，個々の設備の信頼性をあげてシステムの奏功率を高めるために日常からの維持管理が重要である．

例えば，図4.10のように，吹き抜け周りの防火区画をシャッターで行うとした場合，設置される防火防煙シャッター6セットがすべて作動したときに成功といえる直列の関係である．この場合，個々の閉鎖確率が0.9の信頼性とすると，システムとしての閉鎖確率は0.9^6で0.53になってしまう．

なお，システムとして機能するにはハードの設備以外に人的要素が加わって機能を満たす．例えば，自動火災報知設備の火災覚知という機能としては防火管理者が火災を確認してこそ満たされるものであり，屋内消火栓も設備は故障していなくとも人によって操作してこそシステムとして機能する．スプリンクラー設備にしても什器の置き方により消火できない場合もある．

このように，システムとして維持管理しなければならず，法令で規定されている定期点検と定期報告は，防災設備のシステムとしての信頼性を維持向上するために必須のものである．

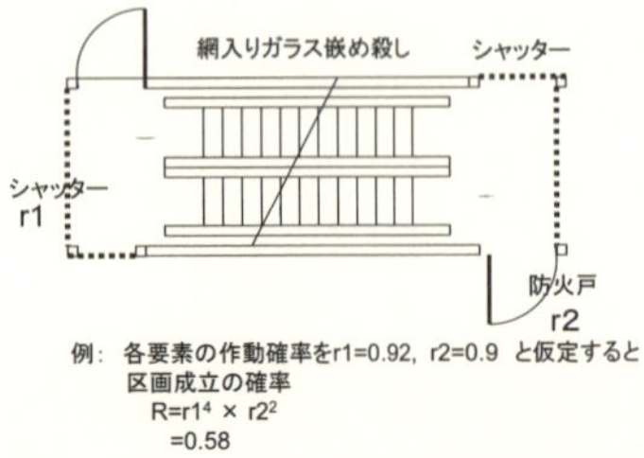
網入りガラス嵌め殺し
シャッター
シャッター
r1
防火戸
r2
例：各要素の作動確率をr1=0.92，r2=0.9 と仮定すると
区画成立の確率
R=r1⁴ × r2²
=0.58

図4.10　エスカレータ周りの防火区画

表4.1　防火設備の信頼性[8, 9]

防火対策・設備	機器の作動確率 P_1		従事確率 P_2	奏 功 率 P_3
	管理普通	管理悪い		
感知器（煙感知器）	0.95		—	—
感知器（熱感知器）	0.9		—	—
スプリンクラー設置	0.95	0.8	—	—
消火器	0.9		0.9	0.8
屋内消火栓	0.9		0.8	0.6
排煙設備（自然排煙）	0.8		0.6	—
排煙設備（機械排煙）	0.9		0.8	—
防火戸（常時閉鎖）	0.95	0.8	—	—
防火戸（自動閉鎖機構付）	0.9	0.75	—	—
防火シャッター	0.85	0.7	—	—
不燃扉（自閉式）	0.8	0.65	—	—

4.4.2 防火管理の重要性

防災設備のみでなく，建築防火対策を非常時に確実に機能させるには，上述のようにハード設備の信頼性維持のための管理のみでなく，非常時に確実に操作できるようにするソフトが重要で，この両者によって防災設備は非常時に有効になる．

そのために，まず，実効性のある防火管理体制を整える必要がある．複合用途建築物など複数のテナントが入居している場合の**共同防火管理体制**においても，非常時の実質的な指揮命令系統を明確にしておかねばならない．

防火管理について強調したいことは，一つは，当該建築物において火災がどのように進展，拡大するかイメージしておくことである[9]．これは防災設備の操作でも，在館者の誘導においても基本となる知識である．二つ目には，すべてに対処するのがベストではあるが，確実性をあげるにはポイントを絞った対処方法を訓練しておくことである．建物特性によって異なるが，まずは区画形成などの**フェイルセーフ**となるものを操作し，その次に個々の火災状況に対応することが基本である．建物の火災をイメージして非常時の対応計画をたて，どのように対処するか机上シミュレーションすることも効果的である[11]．

一般に，出火後初期の段階には火災の確認や**総合操作盤**の操作，119番通報，館内放送，電話応対など短時間に多種多様な対応をとらねばならない．非常時に的確にこれらすべてをこなすことは至難の業であることは，防災センターとまったく同じ模擬施設を使って防災センター勤務員を被験者とした実験にも現れている[10]．図4.11にみられるように，火災現場到着までの時間をみてもバラツキが大であることや，電話の問合せなどにより119番通報でさえも遅くなり，かつバラツキが大である．屋内消火栓の使用や排煙設備が起動されにくいこと，などの様子がわかる．つまり，日常からの非常時対応をイメージすることと訓練が重要であるといえる．

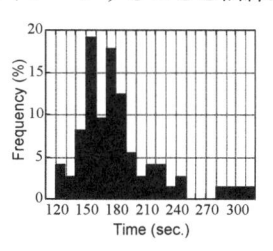

【共同防火管理体制】
消防法で規定されているもので，一つの防火対象物（建築物）に複数の事業所が入居する場合，共同防火管理として統括防火管理責任者をはじめとする防火管理体制を築く必要がある．また，各テナント内にもそれぞれ防火管理責任者と自衛消防隊を組織する必要がある．

【フェイルセーフ】
システム工学では，システムの異常発生の際に考えられるあらゆる事態において安全側となる操作，対策をいうが，この意味を広げて，失敗した場合にバックアップして被害を最小限にとどめる対策を指すこともある．システム設計で関連するものに，フールプルーフ（誰でも，どのような状況でも操作できる），リダンダンシー（同機能の多重の対策，冗長性），パッシブ対策（制御の必要のない対策）などの考え方が用いられる．

【総合操作盤】
火災感知器やスプリンクラー設備，防火区画，排煙設備など複数の防火対策を監視し，火災の発生，拡大を把握し，防火対策を制御する総合的な制御盤である．これに空調設備，電気設備など建築設備の監視制御機能と連携できるようにしたシステムもある．

図4.11 防災センター勤務員の非常時対応の実験結果[10]

発報から現場駆け付けまでの時間

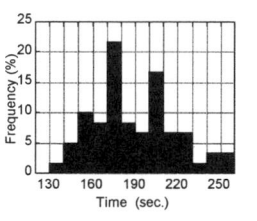

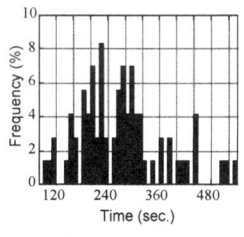

発報から消防通報までの時間

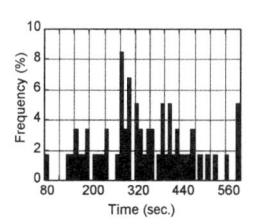

現場到着から屋内消火栓使用

現場到着から排煙起動までの時間

4.4.3 消防による予防・査察

　建築物の設計段階では防火対策についての建築確認と消防機関による**消防用設備等**の指導，確認が行われる．このほか，建築主への建築物の引渡しまでの間に消防設備の検査や引渡し後には消防計画作成の指導が行われる．これらを消防における予防という．消防用設備等が法令に適合しているのみでなく，建築物固有の特性に対して的確につくられているかどうかが重要である．

　建築物供用中は，消防機関の査察が定期的に行われる．これは，建物を使用している段階での安全性のチェックであり，消防計画に基づく自主的な維持管理，訓練とあいまって，より安全性の向上につなげるためのものである．東京都では平成18年度より定期的に資格者が性能的にチェックする制度も制定されている．

　なお，一定の基準を満たしている場合，建物所有者からの申請により図4.12の優良特定防火対象物の認定マークを受けることができる．建築物の火災安全性の一端を公開するもので，建築主の安全性への意識向上と利用者への情報開示として普及が期待されている．

【消防用設備等】
　消防法で規定される用語で，術語として使う場合は消火設備などの消防用設備のみでなく，管理体制などのソフトも含むものであり，「等」がつく．

建物の全ての部分が法令を遵守している場合　　3年間継続して遵守した場合　　旅館・ホテルの新適マーク

図4.12　防火セイフティマーク

参 考 文 献

1) 日本火災学会編：火災と建築，共立出版（2002）
2) 日本火災学会編：火災便覧第3版，共立出版（1997）
3) 東京消防庁火災予防審議会：建築物の防災特性に応じた防火安全性の評価（延焼拡大抑制の評価），東京消防庁（1999，2001）
4) 日本火災学会監修：火災と消火の理論と応用，東京法令出版（2005）
5) 長谷川和俊：危険物の安全，丸善（2004）
6) 山下誠治，塩谷暢生：我が国のスプリンクラーの消火効果，火災，Vol.44，No.5（1994）
7) 総務省消防庁予防課：防火対象物の総合防火安全性能評価基準のあり方検討会報告書　平成16年度版（2005）
8) 掛川秀史，井上義郎，倉井克行：定期点検データにもとづくスプリンクラー設備の作動信頼性の分析，1997年度日本建築学会大会論文梗概集，No.3015，日本建築学会（1997）
9) 掛川秀史，井上義郎：定期点検データにもとづく屋内消火栓・泡消火設備の作動信頼性の分析，1998年度日本建築学会大会論文梗概集，No.3045，建築学会（1998）
10) 矢代嘉郎，海老原学，野竹宏彰：火災フェイズの概念にもとづく自衛消防活動の評価に関する研究（その1，2），日本火災学会研究発表論文（1997）
11) 青木義次，富松太基：やさしい火災安全計画—設計上の盲点と解決策，学芸出版社（1999）
12) 東京消防庁監修：自衛消防活動，㈶東京防災指導協会（1992）

第5章　火・煙から人をまもる
―火災時の避難安全―

　建物を使用する人々のために，建物の設計者や管理者らは，火災時の避難安全上の対策に留意しなければならない．避難安全のための対策は，個々の建物の空間や利用者の特徴などを踏まえた上で具現化されるべきものである．建物利用者を火災からの危険に曝すことなく避難させる対策を的確に着想するためには，火災時の『人』と『煙』の動きについて正しい知識を身につけることが求められる．

新宿・歌舞伎町雑居ビル火災
（東京消防庁提供）

5.1 人を安全に避難させる

5.1.1 避難安全の考え方

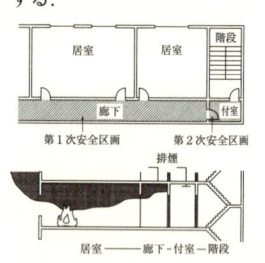

建物を計画する際,最優先されるべきことの一つに,火災時に建物利用者の人命を守るため,避難安全上の対策を検討することがあげられる.建物は,敷地条件や周辺環境,施主の要望など,さまざまな状況を背景に計画が行われる.すなわち,個々の建物に対し実施される避難安全のための防火対策もさまざまとなる.この対策を検討する避難計画では,各建物の空間や避難者の特徴を踏まえ,建物で起こりえる火災時の人の動きや煙の流れなどを予測し,それらを総合的に検討し実効性のある対策を具体化する必要がある.

火災から建物内の人々を保護するためには,適切な避難手段が提供されていること(表5.1),また,救助活動のための計画が適切に行われていることなどが求められる.避難計画では,建物内の何処で火災が発生しても,人々が安全な場所に避難できる経路を建物内に配置することが原則となる.避難経路は,居室から階段に至るまで,出火の可能性のある居室と防煙的に区画された**安全区画**(第1次安全区画)からさらに安全な区画(第2次安全区画)へ順次移動できるよう計画されていることを確認する.そして,救助活動を行う際に使用する進入経路の配置や構造に配慮した計画とすることも求められる.

【安全区画】[1)]
　安全区画とは,避難経路上にある範囲で火災からの煙や熱の影響を防ぐ対策がとられている範囲である.安全区画は,避難する方向(例えば,居室→廊下→階段室付室→階段室)に従い,段階的に火災からの安全性を高くし,避難に使用できる時間も長くなるよう計画する.

表5.1　避難手段の提供を達成するための機能的要件[2)]

機能的用件	主な性能評価の方法	関連する法令など
①火災に起因する危険が避難者に及ばないこと.	・避難性状予測 ・煙性状予測	・階段への歩行距離 ・避難経路の幅 ・排煙設備 ・内装制限 など
②火災時に避難可能な経路が確保されること.	・避難不能となる人の発生確率等	・2以上の直通階段 ・重複歩行距離 ・敷地内通路 など
③避難経路は連続し,明快であること.	・連続性の評価 ・明快性の評価	・歩行距離 ・行き止まり部分 など
④避難経路が避難に支障のない構造,設備を有すること.	・滞留人数の予測	・内開き戸の禁止 ・避難経路の最小幅 ・非常用の照明装置 など

5.1.2 避難経路の計画

避難経路を計画する際の基本的事項を以下に整理する.

A. 避難経路の配置（2方向避難と連続性・明快性）

避難計画上，建物利用者の存在する場所から安全な場所へ至る独立した2つの避難経路，すなわち，2方向避難の確保が必要である（図5.1）．広い居室で複数の出入り口がある場合，出入り口は相互に離して配置するなどの配慮が必要である．また，避難経路は，居室―廊下―階段（**避難階段・特別避難階段**）というように避難経路を連続させ，かつ避難中に迷うことがないよう明快に配置する．

B. 避難経路の幅・広さ

避難者が群集となった場合であっても，避難経路は迅速かつ混乱なく避難できる幅を確保し，避難経路の途中でネック部分を設けず，過大な滞留が生じないような広さを計画する（図5.2）．

C. 避難経路の保障

避難経路は，火災時に煙や熱が容易に侵入しないよう計画する．そのためには，避難経路の周壁や避難経路に面して設けられた扉などは，燃えづらく，熱を伝えづらい材料とし，隙間などに火煙の伝播防止対策を施すことが必要である．特別避難階段の付室などは，火災室から階段への火煙の伝播を防止する上で有効である．

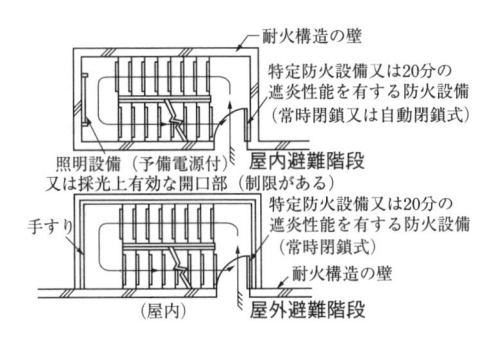

【避難階段・特別避難階段】
建築基準法では，大規模な建築物や不特定多数の人が利用する建築物などに対し，避難上，火煙に対し安全性の高い階段として以下の図のような避難階段や特別避難階段の設置を要求している[4]．特別避難階段は，火災による火煙が直接，階段室へ侵入しないよう，廊下・居室と階段室の間に付室やバルコニーが設けられる．

(a) 避難階段の例

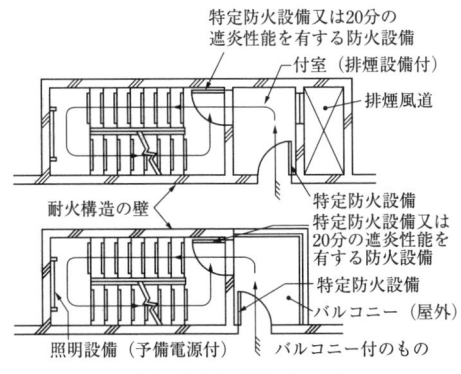

(b) 特別避難階段の例

避難階段・特別避難階段[4]

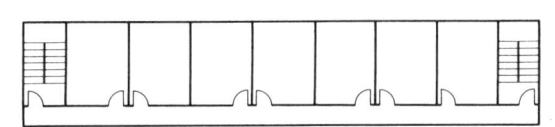

図5.1 良い階段配置の例（2方向避難）[1]

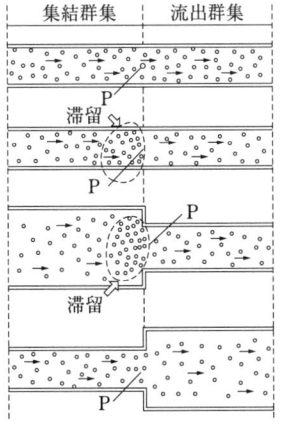

図5.2 群集流の特性[3]

群集流のうちに任意の1点Pを設けPに近づく側の群集を集結群集，遠ざかる側の群集を流出群集という．
P点を中心にして毎秒の集結，流出の群集数が変わらないとき，全体の流れを定常流という．P点で1人が立ち止まると，その1人の占有面積が流出幅の減少となり，流出群集数も減少する．集結群集数は変わらないので，その差が毎秒P点にたまり，しだいに混雑化する．これを滞留群集という．
流入口と流出口の幅員差のある場所にP点を設けると滞留群集の量を計算しやすい．流入口が大，流出口が小のとき滞留を生じ，この逆の場合にはむしろ拡散する．

5.1.3 救助活動や脱出手段の計画

避難が困難となった人々の救助活動を支援する計画も考えておく必要がある．煙などが充満した階での救助活動は，視界が妨げられるなどの要因により長時間に及ぶことになり，建物内に残された人々の救助が困難となる．救助活動を効果的に行うためには，**消防隊の進入経路**の火煙制御方法などを考える必要がある．火災の範囲を一定範囲にとどめるよう区画化したり，消防隊の活動が円滑に実施できるような**消防活動拠点**を適所に配置するなどの計画が必要である．

また，通常の火災に対し計画された避難経路の使用が困難となった万が一の場合に備え，避難者が自力で脱出するための避難手段を用意する必要もある．そのような避難手段として，例えば**避難器具**を使用する方法がある．この避難器具には，避難はしご，避難タラップなどがある（図5.3）．ただし，避難器具は避難経路が使用できない場合の最後の避難手段であり，避難器具に依存した避難計画は適切ではない．

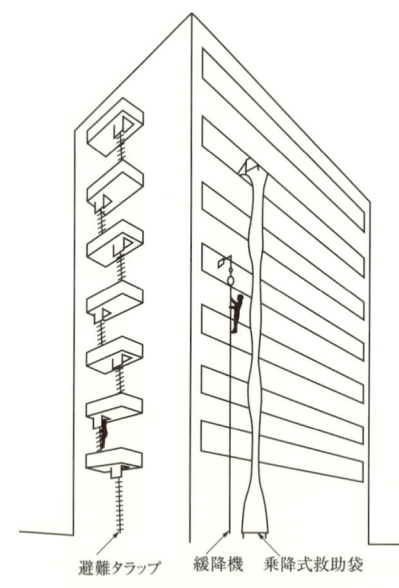

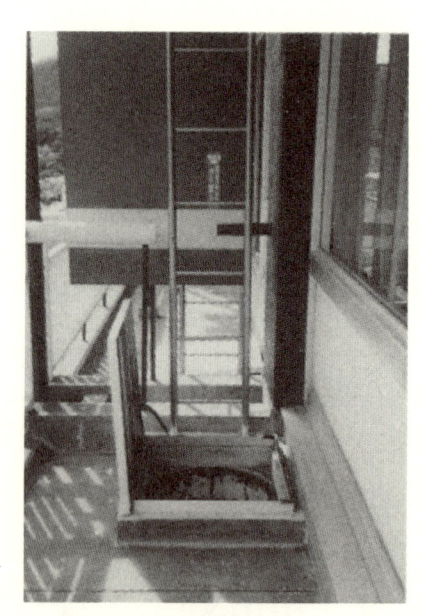

【消防隊の進入経路】
消防隊が救助活動を行うためには，非常用進入口，非常用エレベータ，およびそれらから建物内の居室へ通じる廊下などの経路が必要である．

【消防活動拠点】
消防隊が消火活動を行う際，空気呼吸器の装着や消火の準備などをするために火災室の近傍に拠点を設ける必要がある．大規模な建築物では特別避難階段の付室やバルコニー，非常用エレベータの乗降ロビー等が消防活動拠点となる[2]．非常用エレベータの乗降ロビーの場合，消防活動に必要な十分な広さと，煙や熱から防護されるような構造とする．また，消火活動のために使用される連結送水管の放水口や屋内消火栓等が設置されるため，放水中にエレベータの昇降路へ水が侵入しないような構造とする必要がある．

【避難器具】
避難器具は，建物から想定される避難者の特性を考え，その種類を選択する必要がある．代表的な避難器具には，避難はしご，避難タラップ，救助袋，緩降機，避難橋，避難ロープ，すべり棒，すべり台がある．

(a) 各種避難器具　　　　(b) 避難はしご

図5.3 避難器具の例[1],[5]

5.2 人の動きを知る

5.2.1 避難者の特性と心理

建物の用途によって，就寝の有無，避難行動能力，建物空間の利用者の熟知度，在館者密度などが想定できる（表5.2）．例えば，ホテルや共同住宅などの用途では，就寝時に火災が発生すれば，建物内の人々の避難の開始が大幅に遅れることが考えられる．また，不特定多数の人が利用する物販店舗などでは，避難をしている人々が避難施設（例えば避難階段など）を容易に見つけ出すことができない可能性がある．このように建物の用途から想定される避難者の特性を踏まえながら，避難安全対策を具体化していくことが重要になる．

火災時の避難者の行動特性は，過去に発生した火災事例の調査から整理されている（表5.3）．非常時には，避難者個々が本能にまかせ，平常時には想像できない行動をとり混乱を引き起こすことがある．火災時の避難行動特性や**避難者心理**に配慮し，避難計画へ反映させていくことも必要である．

【避難者心理】
火煙が人命を脅かす不安や恐怖などを誘発するような状況下では，避難者は理性的な判断に基づく行動をとることが困難となり，興奮状態に陥る．結果的に本能的あるいは感情的な対応行動を起こす．また，火災が継続する中，精神的・肉体的な疲労が蓄積すると，それが生理的疲労につながり，興奮状態に陥ることもある．さらに，避難者が群集となりその密度が高くなると，身体の自由が拘束されることにより不快感や恐怖心が生じ，興奮状態となり理性の伴わない行動をとることもある．

表5.2 火災時の避難者の特性[6]

特性 \ 危険性分類	小	中	大
就寝状態の使用の有無	（起床状態で使用）事務所，会議室，物販店舗，体育館，厨房，など	（一定時間のみ就寝）宿泊室，独身寮，宿直室，など	（主に就寝状態）住宅寝室，病室，老人施設の居室，など
避難行動能力	（避難能力が高い）事務室，会議室，物販店舗，独身寮，厨房，など	（避難能力に劣る人がいる）住宅，病院待合室，小学校低学年，など	（避難能力に劣る人が多い）病院，老人施設の居室，社会福祉施設，など
建築物空間の熟知度	（熟知度が高い人が多い）住宅，独身寮，事務所，作業場，厨房，など	（熟知度の低い人がいる）会議室，病院，体育館，スポーツ施設，など	（熟知度の低い人が多い）物販店舗，ホテル・旅館，劇場，集会室，展示室，娯楽施設，など
在館者密度	（在館者密度が低い）ホテル・旅館の客室，住宅，病室，体育館（客席除く），など	（在館者密度が中程度）事務所，会議室，物販店舗，など	（在館者密度が高い）劇場，集会室，教室，娯楽施設，待合室，など

表5.3 避難行動特性[2]

	行動内容
日常動線志向性	日頃から使い慣れた経路や階段を使って逃げようとする．
帰巣性	入ってきた経路を逆に戻ろうとする傾向で，特にはじめて入った建物で内部の状況をよく知らない場合に多く現れる．
向光性	一般に暗闇に対しては不安感を抱くことから，明るい方向を目指して逃げる．
向開放性	向光性と類似した特性だが，開かれた感じのする方向へ逃げようとする．
易視経路選択性	最初に目に入った経路や目につきやすい経路へ逃げようとする．
至近距離選択性	自分の置かれている位置から最も近い階段を選択する（近道を選択しようとする）．
直進性	見通しのきく真っ直ぐな経路を逃げる（突き当たるまで経路を真っ直ぐ進む）．
危険回避性	危険現象（煙や火炎）からできるだけ遠ざかろう（視界に入らない所まで逃げよう）とする．
安全志向性	自分が安全と思い込んでいる空間や経路に向かう．
追従性	避難先頭者や人の多くが逃げる方向を追っていく．

5.2.2 在館者の密度と速さ

【流動係数】
出入り口などの単位幅1(m)あたり，単位時間1(秒)に通過できる人数を流動係数という．出入口を通過する群集の急ぐ度合いや出口の幅などにより流動係数は変化するが，一般に避難計算に使用される流動係数は1.5人/m秒である．また，居室出口に面する廊下の面積が狭い場合には，廊下部分が混み合うことにより居室から廊下への群集の通過に支障が生じ，その出口の流動係数は小さくなる可能性がある[6]．

在館者の密度は，その用途や空間の利用状態により変化する．実態調査などから在館者密度は，居室の種類などで整理されている（表5.4）．避難経路を計画する際には，在館者数を把握することにより，避難施設の容量などを決定することができる．

建物利用者の歩行速度は，一般に群集密度の影響を強く受ける．一般的な歩行速度は1.0～1.3m/秒程度であるが，群集密度が増加すると歩行速度が減少する傾向にある（図5.4）．また，建物の階段部分では，蹴上げと踏み面の寸法により歩行速度は多少異なるが，水平投影の歩行速度は0.5m/秒程度である．

居室などの出入り口や狭い通路などでは，避難者の流れが滞り，滞留が生じることがある．そのような出入り口などにおける滞留の解消時間は，**流動係数**などを用いて計算することが可能である（表5.5）．

表5.4 在館者密度[6]

居室の種類		在館者密度（人/m²）
住宅の居室		0.06
住宅以外の建築物における寝室	固定ベッドの場合	ベッド数を床面積で除した数値
	その他の場合	0.16
事務室，会議室その他これらに類するもの		0.125
教室		0.7
百貨店または物品販売業を営む店舗	売場の部分	0.5
	売場に附属する通路の部分	0.25
飲食室		0.7
劇場，映画館，演芸場，観覧場，公会堂，集会場その他これらに類する用途に供する室	固定席の場合	座席数を床面積で除した数値
	その他の場合	1.5
展示室その他これに類するもの		0.5

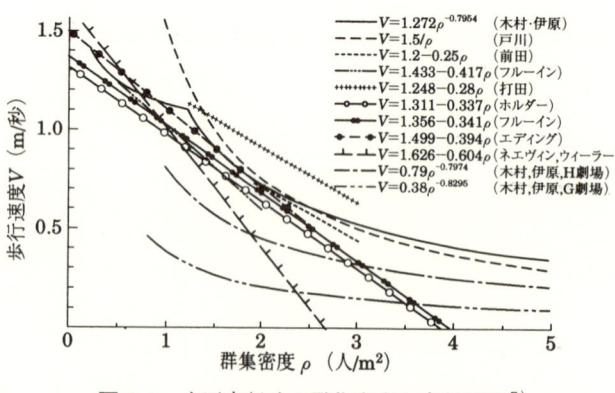

図5.4 水平歩行時の群集密度と歩行速度[7]

曲線：
- $V = 1.272\rho^{-0.7954}$（木村・伊原）
- $V = 1.5/\rho$（戸川）
- $V = 1.2 - 0.25\rho$（前田）
- $V = 1.433 - 0.417\rho$（フルーイン）
- $V = 1.248 - 0.28\rho$（打田）
- $V = 1.311 - 0.337\rho$（ホルダー）
- $V = 1.356 - 0.341\rho$（フルーイン）
- $V = 1.499 - 0.394\rho$（エディング）
- $V = 1.626 - 0.604\rho$（ネエヴィン，ウィーラー）
- $V = 0.79\rho^{-0.7974}$（木村，伊原，H劇場）
- $V = 0.38\rho^{-0.8296}$（木村，伊原，G劇場）

表5.5 流動係数[3]

	出口種類	群集流動係数（人/m.s）
通勤群集	駅　改札口	
	電車　とびら	
	事務所　エレベータ	
	駅　階段	
	バス　とびら	
	列車　とびら	
	都電　とびら	
一般群集	百貨店出口	
	階段（終業時）	
	エレベータ（終業時）	
	映画館出口	
	マーケット出口	
	公会堂出口	
	中学校校門	
参考	避難計画出口推奨値階段	
	外国基準階段	
	1933年文献中	

5.2.3 災害弱者への配慮

高齢者・乳幼児・障害者・言葉が理解できない外国人なども日常的にさまざまな建物を利用しているが，火災時の行動や判断などの避難能力が十分でない人々は，逃げ遅れる可能性がある．したがって，そのような**災害弱者**に対する避難安全対策への配慮も必要である．

運動能力が劣る避難者の場合，特に階段を使用する垂直方向への避難が問題となる（表5.6）．援護者がいなければ階段の移動が困難であり，群集とともに階段を避難することが可能な場合でもその避難の流れを遅延させる原因となりうる．このような場合の避難安全対策として，水平避難方式という考え方がある（図5.5）．これは，火災が発生した区画から，火煙の伝播から守られた区画へ水平移動する避難を優先し，避難可能な時間を延ばす考え方である．他にも，災害弱者が一時的に待機できるスペースを避難用の階段内やその付室に設けたり，外気に開放された**バルコニー**を一時待機スペースや避難に利用する考え方もある（図5.6, 図5.7）．なお，災害弱者の避難を補助する器具の開発なども行われている．

【災害弱者】
災害が発生した際，身体的行動能力，あるいは認知・コミュニケーション能力が不十分なため，被災を免れるために必要な行動が困難な人．
国土庁「平成3年度防災白書」による定義は以下のとおりである．
(1) 自分の身に危険が差し迫った場合，それを察知する能力が無い，または困難な者
(2) 自分の身に危険が差し迫った場合，それを察知しても適切な行動をとることができない，また困難な者
(3) 危険を知らせる情報を受け取ることができない，または困難な者
(4) 危険を知らせる情報を受けることができても，それに対して適切な行動をとることができない，または困難な者

【バルコニー】
建物の周囲に連続的に設けられた連続バルコニーは，直接，避難階段等へ通じるよう計画されることが望ましい．部分的なバルコニーの場合，十分な広さで外気を取り入れることができれば，一時的な避難場所として期待できる．

表5.6 行動能力の比較[8]

種類	例示	群集の行動能力			
		平均歩行速度 (m/s)		流動係数 (人/m)	
		水平 (v)	階段 (v')	水平 (N)	階段 (N')
自力のみで行動ができにくい人	重病人，老衰者，乳幼児，精薄者，身体障害者など	0.8	0.4	1.3	1.1
その建物内の位置，経路などに慣れていない一般の人	旅館などの宿泊客，商店，事務所などの来客，通行人など	1.0	0.5	1.5	1.3
その建物内の位置，経路などに慣れている心身強健な人	建物内の勤務者，従業員，警備員など	1.2	0.6	1.6	1.4

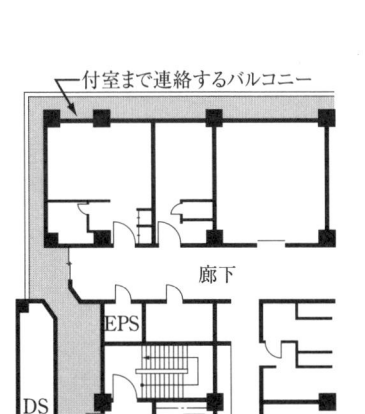

図5.6 階段室内の滞留スペースの例[9]

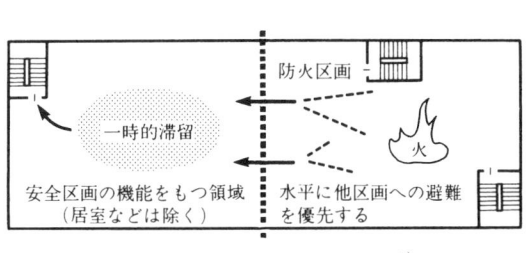

図5.5 水平避難方式の概念[1]

図5.7 避難に有効なバルコニーの例[6]

5.3 煙の怖さを知る

5.3.1 煙の人体への影響

年間の火災死者数の統計結果から，放火自殺者を除くその主な死因は「**一酸化炭素中毒・窒息**」や「**火傷**」である（図5.8）．そのうち，一酸化炭素中毒・窒息は，火災時に発生する**煙**の吸引によるところが大きい．

煙内に含まれる人体に害を及ぼすガス成分には，一酸化炭素，シアン化水素などがある．有毒ガスは主に中枢神経や心臓血管系に影響を与え，その濃度と暴露されている時間で人体への影響度合いが変わる．通常，一酸化炭素濃度が0.5～1.0%程度であれば吸引時間が1～2分で呼吸障害や死亡に至り，血中のCO-Hb濃度で見れば70～80%で反射低下，呼吸障害，死亡に至る（表5.7，図5.9）．

また，火災時には可燃物の燃焼により，一酸化炭素濃度や二酸化炭素濃度などの増加とともに，酸素濃度が低下する．空気中の酸素濃度が低下するにつれ人体への影響が現れはじめ，酸素濃度13%程度では，不安や判断障害といった心理的な障害のほかに，視力低下による視覚的な障害をもたらす．さらに酸素濃度が10%程度になると，身体的に異常をきたし，意識喪失に至ることもある[1]．

【一酸化炭素中毒】
　一酸化炭素（CO）は無色，無臭の気体であり，炭素を含んだ物質の不完全燃焼時に発生する気体である．
　酸素を身体に運ぶ役割のあるヘモグロビン（Hb）はCOとの親和力が酸素より200倍以上高く，血中にCO-Hbを形成する．結果的にCOを吸い込むと身体に酸素を運ぶ量が減り，身体が酸素欠乏状態，いわゆるCO中毒となり，意識不明や死亡に至ることがある．

【煙】
　煤をはじめとする固体微粒子，水滴をはじめとする液体粒子，COをはじめとする有害成分や刺激成分を含む燃焼成分と周囲空気の混合物．

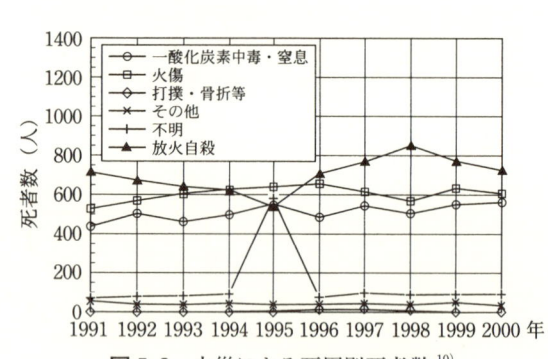

図5.8 火災による死因別死者数[10]

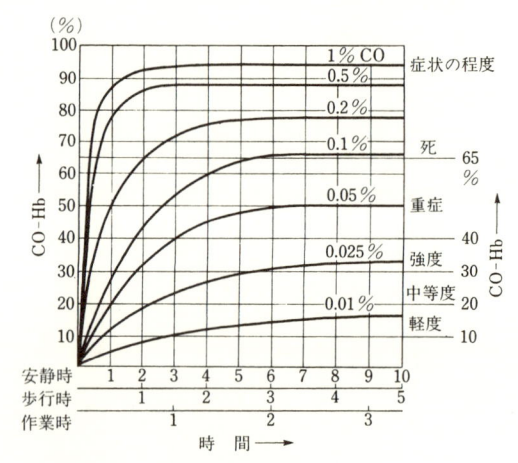

図5.9 一酸化炭素濃度と人体ダメージ[1]

表5.7 急性一酸化炭素中毒症状[1]

CO-Hb濃度	影響
10～20	比較的強度の筋肉労働時に呼吸促迫，時に軽い頭痛
20～30	頭痛，耳鳴り，眼失閃発
30～40	激しい頭痛，悪心，嘔吐，外表の鮮紅色，やがて運動能力を失う
40～50	頻脈，呼吸数増加，やがて意識障害
50～60	チェーンストーク呼吸，間代性痙攣を伴い昏睡，意識消失，失禁
60～70	呼吸微弱，心機能低下，血圧低下，時に死亡
70～80	反射低下，呼吸障害，死亡

5.3.2 煙中での視覚

煙は避難者に対して生理的な障害を及ぼすとともに，視覚的な障害を与える．火災時に発生する煙には微粒子が含まれ視界を遮る．黒煙であれば光を吸収し視界が暗くなり，白煙では光の散乱などが大きく目標物の判断が難しくなる．煙中での視覚的な障害の度合いは，例えば**煙濃度**の指標である**減光係数**で表され，その値が大きくなるに従い**見透し距離**は低下し，避難方向を見失うなど避難行動に支障が生じる（表5.8）．なお，避難限界となる見透し距離は，煙濃度による影響のほかに，建物を熟知しているかどうかという人の要因も加わる．

煙中で避難者が誘導灯を目指す場合，誘導灯の輝度が煙濃度に対して不足すれば，避難者は目標物を失い，避難行動をきたすことになる（図5.10）．また，刺激性が強い煙では，減光係数が大きくなるに従い，急激に見透し距離が短くなる傾向がある（図5.11）．

【煙濃度】
煙濃度の表し方には，光学的濃度，重量濃度，煙粒子濃度などがある．

【減光係数】
減光係数 $C_s(1/m)$ とは，煙の中の見透し量から求められる光学的な煙濃度の指標で，以下のように求められる．

煙の存在しない状態で，光源から $L(m)$ の距離における光の強さを I_o とし，煙のある状態での光の強さを I とすると Lambert-Beer の法則から

$$I = I_o e^{-C_s L}$$

となり，

$$C_s = \frac{1}{L} \log e \frac{I_o}{I}$$

となる．

【見透し距離】
避難方向を見極めるための目標物の存在が確認できる距離．

表5.8 煙の濃度（減光係数）と見透し距離の関係[11]

減光係数 (1/m)	状況説明
0.1	うっすらと煙がただようときの濃度．煙感知器はこの程度の濃度で作動する．また，建物に不慣れな人はこれ以上濃くなると避難に支障がでる．
0.3	建物をよく知っている人でも避難するときに支障がでる．
0.5	薄暗い感じがするときの濃度．手探り的な避難になる．
1.0	ほとんど前方が見えなくなる．
10	最盛期の火災階の煙の濃度．暗闇状態でほとんど何も見えない．誘導灯も見えない．
30	出火階から煙が噴出するときの煙の濃度．

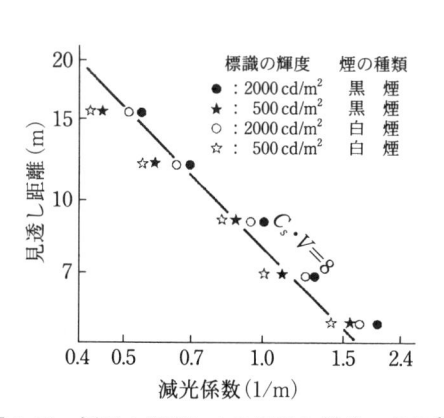

図5.10 標識の輝度による見透し距離の変化[12]

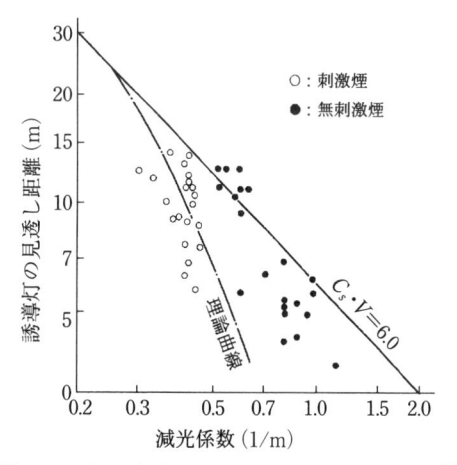

図5.11 煙の刺激性による見透し距離の変化[12]

5.3.3 煙中での行動

避難者は煙の濃度が増加すると緊張や動揺により避難行動を選択する際の判断力が低下する．人が**動揺する煙濃度**は実験的に調べられ，煙濃度を減光係数で表せば，一般人の多くは，減光係数が 0.1(1/m) 以下になると動揺しはじめる（図 5.12）．

また，減光係数と思考力および記憶力の相関は，減光係数が増すにつれ，思考力は低下するが，記憶力はそれほど低下しない（図 5.13）．建物利用者に対して，あらかじめ避難経路を印象付け記憶させることができれば，思考低下から避難行動不能に陥る可能性はある程度低減できるものと考えられる．

歩行速度は，煙の刺激性が影響し，刺激性が弱い場合は減光係数の増加とともに徐々に低下する．一方で，刺激性が強い場合は裸眼による視野の確保が難しくなり，減光係数の増加に対し，歩行速度は急激に落ち込む傾向が見られる（図 5.14）．すなわち，煙の刺激性の影響で，歩行時に目を開けていることが困難となることなどに起因する．なお，濃い煙の中での歩行速度は，停電時などの暗中歩行速度（0.3m/秒程度）とほぼ等しくなる．

【動揺する煙濃度】
　一般人の場合，減光係数が 0.1(1/m) で多数の人が動揺しはじめるが，火災実験従事者である研究員の場合，0.35〜0.55(1/m) で多数の人が動揺しはじめる傾向がみられる．この結果などを踏まえ，建物利用者が不特定多数の場合，0.1(1/m)，建物を熟知している場合，0.3(1/m) を避難限界の目安とする提案がある．

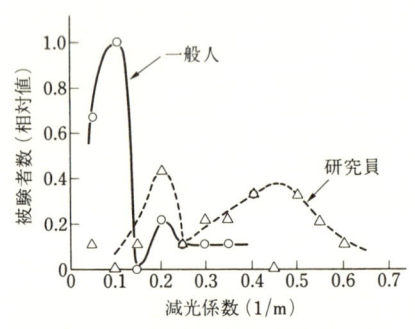

図 5.12　心理的動揺と減光係数 [13]

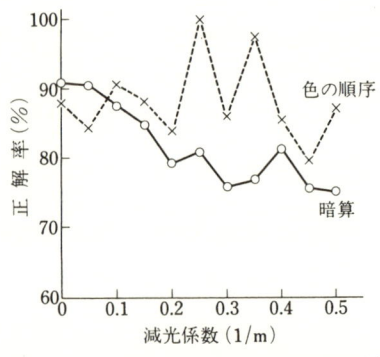

図 5.13　思考力・記憶力と減光係数 [14]

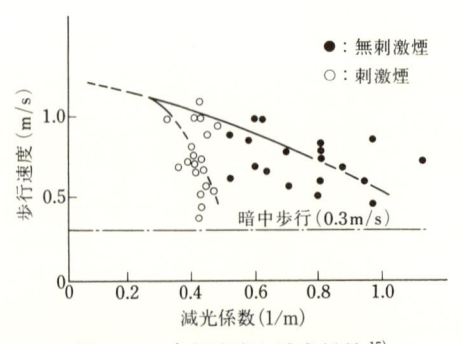

図 5.14　歩行速度と減光係数 [15]

5.4 煙の動きを知る

5.4.1 煙層の形成・降下

火災が建物内の居室で発生し徐々に成長する段階では，その火災室の上部に高温層が形成され，下部の空気層と概ね2層に分かれる．この高温層は，可燃物の燃焼により生じた煙を含むため，一般に煙層と呼ばれる．

着火した可燃物上には，燃焼により発生した熱により浮力が生じ，**火災プルーム**が形成される（図5.15）．煙層は，この火災プルームによって煙が新たに供給され体積を増し降下する（図5.16）．煙層が扉や窓などの開口部の上端まで降下すると，その開口部が開放されている場合，あるいは熱により開口部材が破損した場合，開口部から隣接する空間へ煙等が伝播することとなる．

火災室での煙層の降下速度は，火源の大きさ，火災室の床面積や天井高さなどから求めることができる．その予測法として**簡易予測法**やコンピュータシミュレーションが提案され，煙層の降下時間について予測値と実験値の比較検討なども行われている（図5.17）．

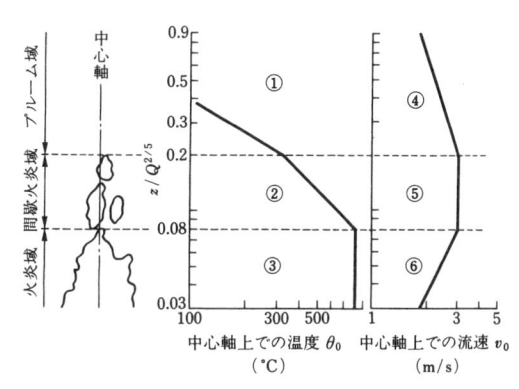

【火災プルーム】

火源上の上昇気流である火災プルームは，次のような特徴がある．火源上に形成される火炎は，常時火炎が存在する領域（連続火炎域）と火炎が息をする領域（間歇火炎域）に分けられる．それら上方では火炎が全く存在しない領域（プルーム域）があり，それぞれ領域ごとに温度や流速の分布性状などが異なる．

【簡易予測法】

火災室内の任意の高さ Z(m)での火源 Q(kW)からの火災プルーム中の上昇気流質量 $\dot{m}_p$(kg/s)は，簡便に整理すると

$$\dot{m}_p \approx 0.07 \dot{Q}^{1/3} Z^{5/3}$$

となる．煙層は，火災プルームにより運ばれる煙量に関係するので，上式から出火後の時間 dt(s)と煙層高さ dZ(m)との関係式は，

$$\frac{dZ}{Z^{5/3}} = -\frac{k}{A}\dot{Q}^{1/3}dt$$

となる．ここで $k=0.07/\rho$，ρ は気体密度(kg/m³)，A は空間床面積(㎡)とし，質量保存のみを考慮している．

火源 Q(kW)が一定の場合，H(m)から Z(m)までの煙降下時間 t_s(s)は

$$t_s = \left(\frac{3}{2}\frac{1/Z^{2/3}-1/H^{2/3}}{k\dot{Q}^{1/3}}\right)A$$

となる．

① $\theta_0 = (21.6\sim 29.7)\, z^{-5/3} Q^{2/3}$
② $\theta_0 = (56\sim 70)\, z^{-1} Q^{2/5}$
③ $\theta_0 = 700\sim 880$
④ $v_0 = (1.08\sim 1.42)\, z^{-1/3} Q^{1/3}$
⑤ $v_0 = (1.5\sim 1.93)\, Q^{1/5}$
⑥ $v_0 = (6.83\sim 6.84)\, z^{1/2}$

図5.15 火源上の領域と中心軸上の流速および温度[1]

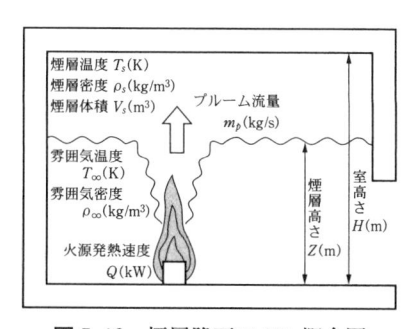

図5.16 煙層降下モデル概念図

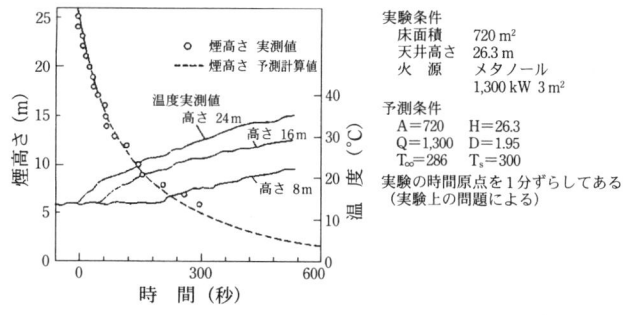

図5.17 煙層降下の実大実験結果と予測結果[16]

5.4.2 天井を流れる煙

可燃物上方の上昇気流は，天井面衝突後，その流れの向きを変え，天井面を沿って流れる**天井流**となる（図5.18）．天井流は，天井が水平面であれば，衝突した位置を中心に同心円状に拡がる．建物の天井面には，熱感知器などの火災の発生を察知するための装置や，スプリンクラーなどの火災拡大の制圧を目的とした装置などが備え付けられている．天井流の性状が予測できれば，それらの作動時間の予測に活用することができる（図5.19）．

火災室の上方から溜まった煙は，開放されている開口部から流出し，その開口部が廊下に面していれば，廊下を煙が伝播することになる．開口部からの煙の流出量は，火災室内の煙層温度・煙層高さ・廊下温度などから決定され，**中性帯**より上方から廊下へ煙が流出する（図5.20）．煙の比重は同じ温度の空気よりわずかに大きいが，火災室から流出直後の煙は高温のため密度が小さく，廊下天井面付近を伝播する（図5.21）．一般に，廊下を流れる煙の伝播速度は0.5〜1.0m/秒程度といわれるが，煙は廊下を流れる間，壁や天井などへ失熱しながら移動し，煙先端の伝播速度は徐々に遅くなる．

【天井流】

天井高さをH(m)，上昇気流中心軸からの水平距離をr(m)とした場合，火災プルームが衝突した天井の中心位置から天井面に沿った天井流の温度$\Delta T(H, r)$(K)，流速$w(H, r)$(m/sec)の最大値は以下の式により計算できる．ここで，Qは火源の発熱速度(kW)である．

$$\Delta T(H,r) = \begin{cases} \cdot \dfrac{r}{H} \leq 0.18 \text{の場合} \\ 16.9\left(\dfrac{Q^{2/3}}{H^{5/3}}\right) \\ \cdot 0.18 < \dfrac{r}{H} \text{の場合} \\ 5.38\left(\dfrac{Q^{2/3}}{H^{5/3}}\right)\left(\dfrac{r}{H}\right)^{-2/3} \end{cases}$$

$$w(H,r) = \begin{cases} \cdot \dfrac{r}{H} \leq 0.15 \text{の場合} \\ 0.96\left(\dfrac{Q}{H}\right)^{1/3} \\ \cdot 0.15 < \dfrac{r}{H} \text{の場合} \\ 0.195\left(\dfrac{Q}{H}\right)^{1/3}\left(\dfrac{r}{H}\right)^{-5/6} \end{cases}$$

【中性帯】

隣接する空間内のそれぞれの気体密度により生じる圧力分布において，両空間の圧力が等しくなる位置を中性帯という．

図5.18 天井流 [17]

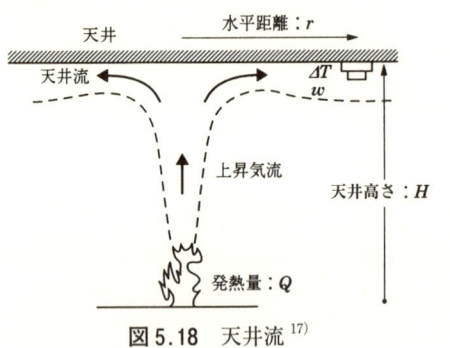

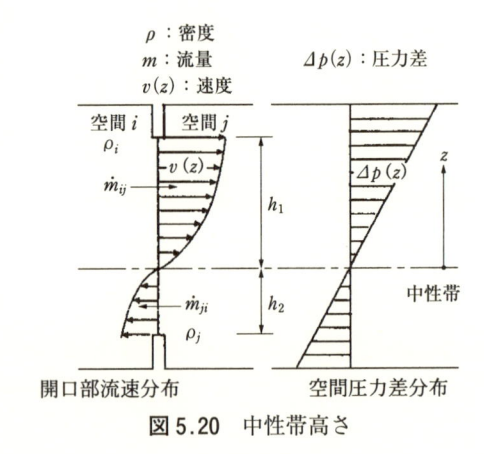

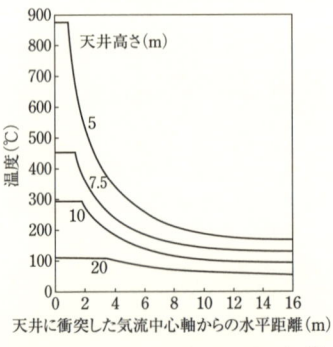

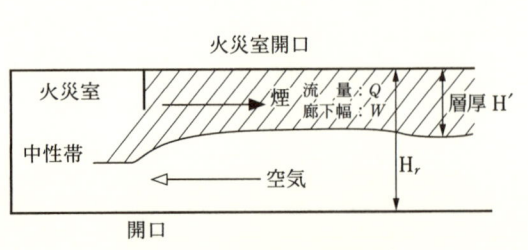

図5.19 天井近傍の温度分布 [17]

図5.20 中性帯高さ

図5.21 廊下内の煙流動 [18]

5.4.3 竪穴を上昇する煙

建築物には，建物利用者の上下方向の移動のために，階段室・エレベータシャフト等の竪穴空間が設けられる．また，近年では，アトリウム空間など，建物利用者のアメニティなどに配慮した設計も多く見られる．煙がそのような竪穴空間に流入すれば急速に上方に伝播し（図5.22），また，竪穴空間内の温度が煙の侵入で外気温より高くなり**煙突効果**と呼ばれる現象が生じる．

この煙突効果に影響を及ぼす因子として，上下の開口面積の大きさがあげられ，中性帯の高さは大きな開口のほうに引き寄せられる（図5.23(a)）．竪穴空間に接する室が，中性帯より上方にあれば，竪穴空間内の煙が開口を介して室内へ流入することになる（図5.23(b)）．**千日デパート火災**[1]をはじめとし，過去に多くの死者を出した火災事例調査によれば，この煙突効果により被害が拡大したケースが多く見られる．このような被害を防ぐためには，まず竪穴空間への煙侵入を防止，制限することが重要となる．

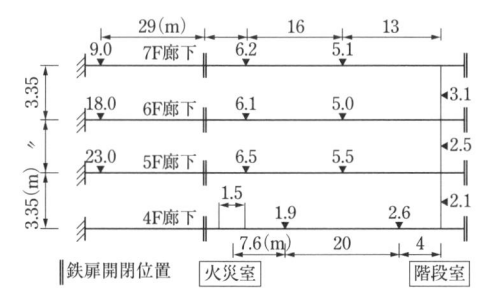

【煙突効果】
空間内において気体の温度差と高低差によって，温度の高い気体が上方へ移動し排出される現象．

【千日デパート火災】
1972（昭和47）年5月13日午後10時頃，大阪市の千日デパート（地上7階，地下1階）の3階から出火し，煙が瞬時に最上階の7階まで達した．7階では逃げ遅れた客や従業員らが煙にまかれ，死者118人を出す大惨事となった．

図5.22 上層階への煙伝播[19]

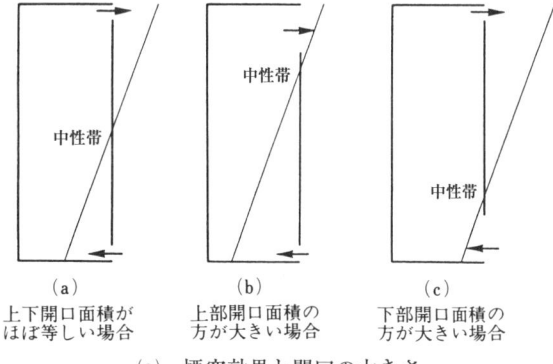

(a) 煙突効果と開口の大きさ

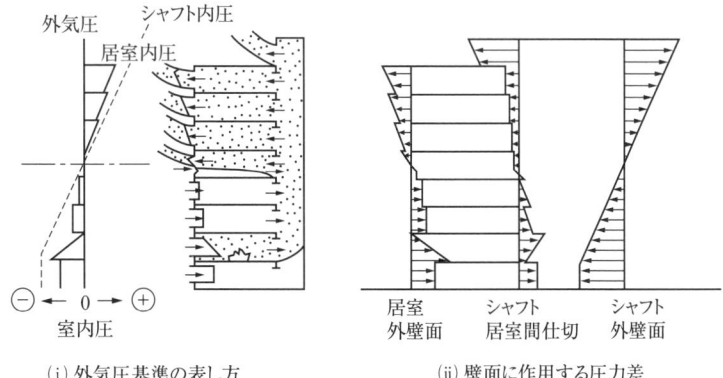

(i) 外気圧基準の表し方　　(ii) 壁面に作用する圧力差

(b) 高層建物の竪シャフト

図5.23 煙突効果[1),20)]

5.5 煙を制御する

5.5.1 煙制御の考え方

　火災時に煙を制御する主たる目的は，建物内の人々に安全な避難経路や避難拠点を提供することである．煙を制御することで，煙層が避難に支障のある高さまで降下する時間を遅延させ，煙が火災室から廊下や階段室等へ容易に伝播しないようにすることが可能となる．さらに，煙制御の目的には，消防活動の支援も含まれるので，その点の配慮も必要である．

　煙制御方法は，防煙と排煙が基本となる．防煙とは，火災室から他空間への煙の流出を防止することであり，排煙とは，煙の発生，あるいは流入した空間から煙を排出することである．その煙制御方法の基本概念は，区画化・遮煙・排煙・蓄煙・希釈などに分けることができる（表5.9）．実効性のある確実な煙制御方法は，それらを有機的に組み合わせ構築することになる．

　煙制御方法は，対象とする空間が火災室であるか非火災室であるかにより異なり，また対象とする空間の大きさや形状，その空間内の避難者の特性や数，空間を構成する壁や開口の条件などを考慮し総合的に検討する．例えば，空間の隙間を含む開口の位置や大きさが煙性状に影響するため，避難者の扉開閉状況や，火災加熱によるガラスなどの開口部材の破損・脱落など，時間経過に従ったシナリオを適切に想定する必要がある．

表5.9　煙制御の方法

概念	考え方
区画化	空間を防煙性能のある壁やたれ壁で区画することにより，煙の拡散や侵入を防止する．
排煙	煙を空間から外部へ排出することにより，煙の降下や拡散を防止し，また煙濃度の低下を図る．
遮煙	隣接する室との間に温度差があると，両室間の開口部に差圧が生じ自然対流により，室相互を空気が出入りする．片方の室の圧力を強制的に上げ，室間に所要の差圧をつけることにより，気流は圧力の高い室より低い室への一方向流となる．この原理を利用し，開口部や隙間を介した煙の拡散・侵入を防止する．
蓄煙	空間容積が極めて大きく，天井が十分に高い場合などに，積極的に煙降下防止対策を行わず，空間の上部に煙をためるだけで，避難者に支障のない状態を作り出す．
希釈	空間内に煙が存在しても，避難者や消防隊の活動に支障のない状態に煙濃度を低く保つ．

5.5.2 区画化

　火災の初期段階では，煙の伝播による汚染範囲の拡大を遅延させたり，煙の拡散をある一定範囲内にとどめるよう区画化できれば，避難経路を煙から保護することが容易になる．建築基準法では，この考え方に基づき，防煙壁を含む**排煙設備の構造**が規定されている（図5.24，図5.25）．

　避難経路は，その経路を区画する間仕切り壁や扉に一定の遮煙性能をもたせる．防煙間仕切り壁は，不燃材料で造られ，あるいは覆われたものであり，ガラススクリーン，耐火性能を有する構造の壁なども該当するが，安全区画の次数が増えるに従い，順次，火災に対し安全度の高い性能を有する壁で区画化することが原則となる．空間の用途や規模によりシャッターで区画化する場合もあるが，一般にシャッターは遮煙性能が劣るため，防煙区画を構成するシャッターには，遮煙性能に配慮したものを使用する必要がある．

　防煙垂れ壁による区画化は，天井下面に沿った煙の拡散を一定範囲にとどめるだけでなく，排煙設備が併設される場合，その排煙効率を高める役割も担っている．さらには煙感知器の作動をより確実にする効果もある．

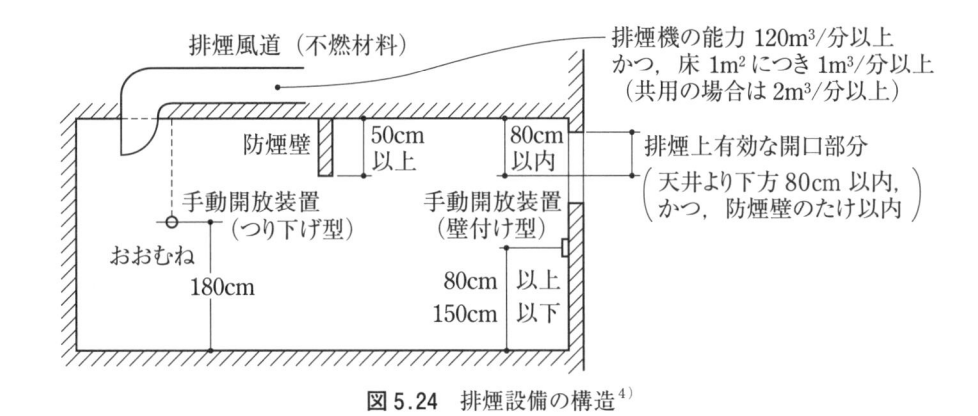

【排煙設備の構造】

　建築基準法で示されている排煙設備の構造に関する主な規定は以下のとおりである．

・床面積500m²以内毎に防煙壁で区画する．
・防煙壁は，間仕切り壁又は天井から下方へ50cm以上突出した垂れ壁とする．不燃材料で造り，又は覆ったものとする．
・防煙区画の各部から30m以内毎に排煙口を設け，排煙できるように排煙風道に直結する．
・排煙風道には排煙機を設ける．（ただし，排煙口の開口面積が防煙区画部分の床面積の1/50以上あり，かつ，直接外気に接する場合を除く．）

など

図5.24 排煙設備の構造[4]

図5.25 防煙壁の構造[21]

5.5.3 排煙

避難者が煙からの危険に曝されない避難可能な時間を確保するために，煙を建物外部へ排除する方法が排煙である．区画化と併せ，排煙設備を設けることにより，より実効性のある煙制御が可能となる．この排煙の方式は，**自然排煙**と**機械排煙**に分けることができる（表5.10）．

自然排煙は，空間上部に排煙口を設け，温度の高い煙の浮力を利用して，煙を建物外部へ排出する方法である．併せて，外気を空間内部に取り入れるための給気口が必要である．給気口を空間の下部に配置すれば，煙層降下による給気への妨げも少なくなり，排煙効率は向上する．排煙ファンなどの機械設備を使用しないため，機械故障や停電などによる排煙システム機能不全の心配は少ない．

機械排煙は，排煙機を用いたシステムであり，排煙機・排煙口・排煙ダクト・防火ダンパーなどで構成される．排煙機の作動とともに空間上部に設置した排煙口を開放し，煙を建物外部へ排出する．排煙風量は機械的に制御できるが，その排煙風量に応じた給気が可能となるよう，給気口の大きさや配置を考えなければならない．給気に対する配慮が欠けた場合，火災室の圧力が下がり，排煙効率が低下することになる．

【自然排煙】
自然排煙の仕組みを単純にモデル化すると以下の図のとおりになる．火災室の下方の開口部を介し空気が流入し，火災室の上方に設けた排煙口から煙が排出される[22]．ここで m_e：排煙量，m_d：流入空気量．

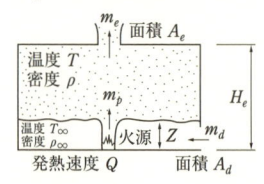

【機械排煙】
機械排煙の仕組みを単純にモデル化すると以下の図のとおりになる．火災室の下方の開口部を介し空気が流入し，火災室の上方に設置した排煙口から排煙機により煙が排出される[22]．ここで m_e：排煙量，m_d：流入空気量．

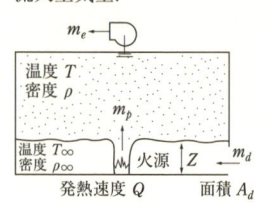

表5.10 排煙方式の概念図と特徴[5]

排煙方法		概念図	特徴
自然排煙方式		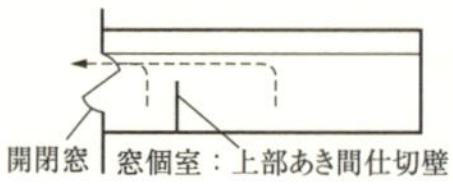	○機械設備なしですませられる ○窓が開けられる，外気に接することができる ○開閉方式によってはガラスの外側も室内から清掃できる ●開閉窓をつけねばならない（建築工事費増） ●天井までの間仕切を要する室のレイアウトが限定される（間仕切を移動するとき常に排煙上の規制を考慮する必要あり） ●風向によっては煙が押し戻され，建物内に拡大することもある
機械排煙方式	(a)ダクト方式	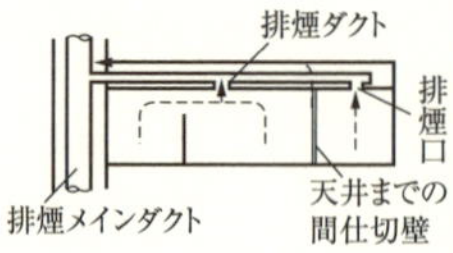	○排煙性能は最も信頼できる ●各室（天井までの間仕切壁）まで排煙ダクトを引くことを要する（設備工事費の増が(b)(c)より大） ●間仕切の変更時に排煙ダクト工事が発生することが多い ●空調ダクトとの競合で，間仕切壁の位置が限定される可能性あり
	(b)天井チャンバー方式裏式	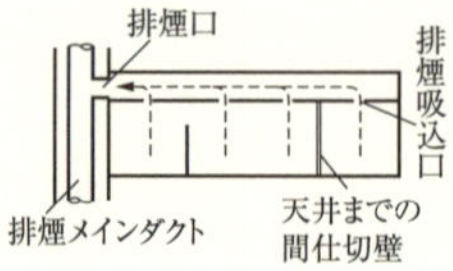	○煙の横引きが天井内のため，室内汚染が少なくてすむ ○排煙吸込口を適宜にレイアウトしておけば，間仕切をする上でのフレキシビリティは大きい ●天井裏の寸法が大きくなる可能性あり→階高増大 ●排煙性能の信頼性は(a)よりは劣る ●遮音性が期待できない
	(c)壁付排煙口式	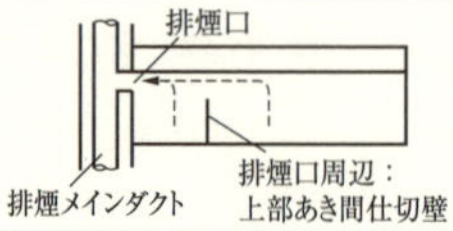	○(a)(b)より簡便にできる ○上部あき間仕切のみのフロアに適当 ●天井までの間仕切壁を要する室のレイアウトが限定される

5.5.4 遮煙

遮煙は，避難経路を煙から保護するために，避難経路となる空間を機械的に加圧給気し，煙に汚染された空間との間に**遮煙条件**を満たすよう圧力差を生じさせ，煙侵入を防止する煙制御方法である（図5.26）．天井の低い空間などでは，遮煙方式の実効性は高くなる．ただし，加圧された空間から火災室へ新鮮空気が供給されることで，火勢を増すことがある．また，加圧した空間に面する扉が開き扉の場合は，その開閉方向によっては，**扉面への作用力**により，避難方向への扉の開放が困難となる（図5.27）．

加圧防煙の対象となる避難経路空間は，一般に階段・階段付室・廊下などである．特に階段付室は，室の広さ，扉の数や大きさが限定されるので加圧防煙の対象としやすい．階段付室は，高次の安全区画と位置づけられ，また消防隊の活動拠点にもなる．したがって，その扉の開閉状況などのシナリオを適切に想定し，隣接空間との間に適正な遮煙性能が達成できる加圧給気量を決定する必要がある．

【遮煙条件】

開口部における遮煙を満足する条件を圧力差分布で簡単に示すと以下の図のとおりになる．煙の密度 ρ_s と空気の密度 ρ_a から圧力分布を計算し，中性帯の高さが開口部の上端より高くなるよう煙の侵入を防止したい空間 A の圧力を給気により高め遮煙条件を満足させる．ここで，H：開口高さ，Z：煙層高さ，g：重力加速度[22]．

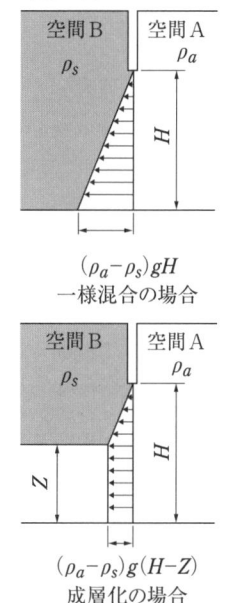

$(\rho_a - \rho_s)gH$
一様混合の場合

$(\rho_a - \rho_s)g(H-Z)$
成層化の場合

【扉面への作用力】

図5.27の力のバランスから，差圧により扉面へ作用する力は，一般に100N以下が望ましいとされている[22]．

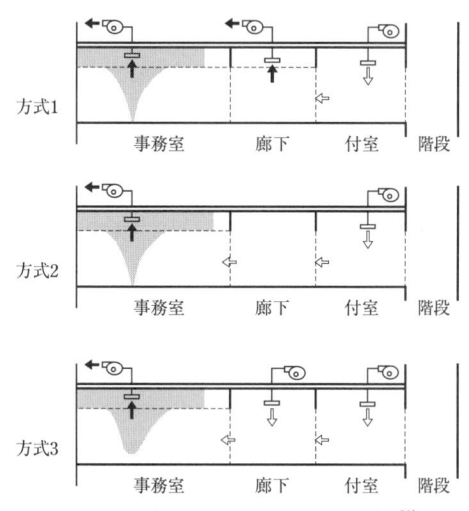

図 5.26 加圧システムによる遮煙[23]

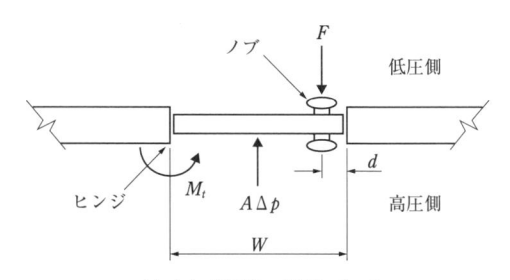

$$M + A\Delta p(W/2) - F(W-d) = 0$$

ただし F は扉の開放力（N），M はドアークローザーのトルク（N），W は扉幅（m），A は扉面積（m²），Δp は扉にかかる差圧（Pa），d は扉の端からノブまでの長さ（m）である．

図 5.27 扉にかかる圧力と開閉力[24]

5.6 避難安全性能を確かめる

5.6.1 避難安全性能の確認

　避難安全対策の評価を性能的な検証方法で行う場合，避難安全性能の目標水準を決定し，建築物の設計計画案がその目標水準を満足するか否かを確認することになる[2]．この確認は，一般に建物内の人々の避難予測計算結果と煙などの火災性状予測計算結果を比較し行われる．例えば，避難予測計算では，建物内の避難者数を決定し，避難を開始する時間や歩行速度から避難に要する時間などを計算する．煙性状予測計算では，建物内で発生する火災の想定を行い，その火災による煙発生量を計算し，煙制御方法を選択した上で，空間ごとの煙降下時間などを計算する．それらの予測結果から，避難者が避難困難な状況となるまでに安全な場所へ辿り着くことができるかなど，設定した避難安全性能の目標水準が満足されるか確認する．

　実務設計では，建築基準法などの関連法規を遵守する必要がある．現在，建築基準法では，避難安全性能について，その要求される性能基準や検証方法が示されている[6]．この検証方法には，**階避難安全検証法**と**全館避難安全検証法**に準ずる方法がある．避難予測計算から避難終了時間（避難開始時間，歩行時間，出口通過時間の合計），および煙性状予測から避難限界時間（煙やガスが避難上支障のある高さとなるまでの時間など）を求め，それらを比較し避難安全性を検証することが基本となる（図5.28）．

【階避難安全検証法】
　建築物の一つの階を対象とし，その階のいずれかの室から火災が発生した場合においても，階にいる避難者全員がその階からの避難を終了するまでの間，居室および居室から直通階段への廊下等が，避難上支障のある高さまで火災からの煙やガスが降下しないことを検証する方法．

【全館避難安全検証法】
　建築物の全体を対象とし，その建築物のいずれかの室から火災が発生した場合においても，建築物内にいる避難者全員がその建築物からの避難を終了するまでの間，居室および居室から地上への廊下，階段などが，避難上支障のある高さまで火災からの煙やガスが降下しないことを検証する方法．

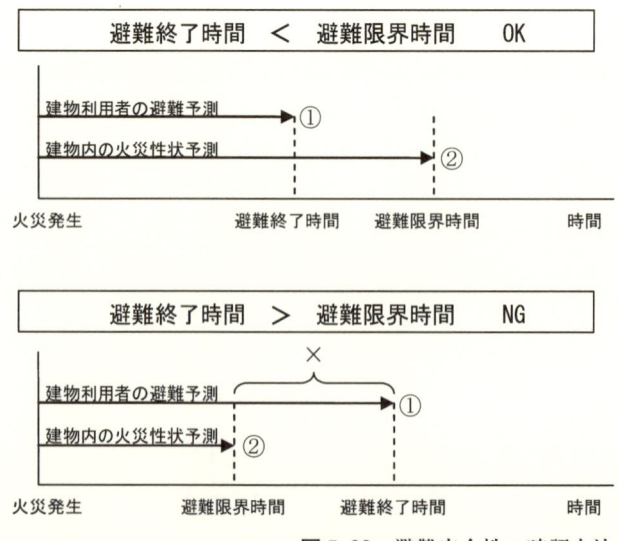

　避難終了時間（①）が避難限界時間（②）を上回る場合，避難終了時間が短くなるよう避難者の避難階段までの歩行距離や出入口の幅などを変更する，あるいは避難限界時間が長くなるよう煙制御方法を変更するなどし，避難限界時間が避難終了時間を上回るよう設計変更する必要がある．

図 5.28　避難安全性の確認方法の例

5.6.2 避難開始時間

避難開始時間とは，建物内の人々が火災発生から避難を開始するまでに要する時間である．この避難開始時間は，出火室と非出火室に分け考えることができる．

出火室の避難開始時間は，在室者が出火から火災を覚知するまでの時間と，火災を覚知してから避難を開始するまでの時間に分けられる．なお，便宜的に火災覚知と同時に避難を開始するという考え方で，避難開始時間を算定することも多い．避難開始時間の算定方法は，出火室の床面積から算定する方法（表5.11）や煙層高さから算定する方法がある．

階避難や全館避難の避難開始時間は，出火室以外の建物利用者の避難開始時間を出火室とは区別して考える必要がある．非出火室の建物利用者の避難開始時間は，情報伝達等の**避難開始時間遅れ**が考えられることから，就寝の有無などの建物用途の特性を踏まえ検討する．

【避難開始時間遅れ】
建築基準法告示では，火災室以外の部分への情報伝達の一定の遅れ時間は，就寝利用される用途では5分，それ以外の用途では3分とされている．

表5.11 避難開始時間の算出式の例[6]

	算 定 式	凡 例
居室避難 (出火室)	$t_{start}=\dfrac{2\sqrt{\sum A_{area}}}{60}=\dfrac{\sqrt{\sum A_{area}}}{30}$	t_{start}：火災が発生してから在室者が避難を開始するまでに要する時間（分） A_{area}：当該居室および当該居室を通らなければ避難することができない建築物の部分の各部分ごとの床面積（㎡）
階避難 (出火階)	・共同住宅，ホテルその他これらに類する用途 $t_{start}=\dfrac{\sqrt{A_{floor}}}{30}+5$ ・その他の用途 $t_{start}=\dfrac{\sqrt{A_{floor}}}{30}+3$	t_{start}：火災が発生してから階に存する者が避難を開始するまでに要する時間（分） A_{floor}：当該階の各室および当該階に設けられた直通階段への出口を通らなければ避難することができない建築物の部分の床面積の合計（㎡）
全館避難 (建物全体)	・共同住宅，ホテルその他これらに類する用途 $t_{start}=\dfrac{2\sqrt{A_{floor}}}{15}+5$ ・その他の用途 $t_{start}=\dfrac{2\sqrt{A_{floor}}}{15}+3$	t_{start}：火災が発生してから在館者が避難を開始するまでに要する時間（分） A_{floor}：当該階の各室および当該階を通らなければ避難することができない建築物の部分の床面積の合計（㎡）

5.6.3 避難行動時間

ここでいう避難行動時間は，建物内の人々が避難を開始してから避難を終了するまでの時間である．避難行動時間は，歩行時間と出口通過時間に分けて考えられることが多い（表5.12）．

出火室の避難行動時間は，在室者が出火室の出口に達するまでの歩行時間とその出口の通過時間の合計と考える．出火室の出口までの歩行時間は，歩行した距離を歩行速度（表5.13）で除して求める方法がある．また，出火室の出口通過時間は，在館者密度などから算定されたその室の在室者数を，出口の幅やその流動係数で除して計算できる．

非出火室を含む出火階の避難行動時間の基本的な考え方は，出火室の避難行動時間と同様であり，出火階の各居室から避難用の階段に至るまでの歩行時間とその階段への出口の通過時間の合計と考える．

表 5.12 出火室の避難行動時間の算出方法の例[6]

	算 定 式	凡 例
歩行時間	$t_{travel} = \max\left(\sum \dfrac{l_v}{v}\right)$	t_{travel}：在室者が当該居室等の各部分から当該居室の出口の位置に達するまでに要する歩行時間（分） l_v：当該居室等の各部分から当該居室の出口の一つに至る歩行距離（m） v：歩行速度（m/分）
出口通過時間	$t_{queue} = \dfrac{\sum p A_{area}}{\sum N_{eff} B_{eff}}$	t_{queue}：在室者が当該居室等の出口を通過するために要する時間（分） p：在館者密度（人/㎡） A_{area}：当該居室等の各部分ごとの床面積（㎡） N_{eff}：有効流動係数（人/分・m） B_{eff}：有効出口幅（m）

表 5.13 歩行速度[6]

建築物又は居室の用途	建築物の部分の種類	避難の方向	歩行速度(m/分)
劇場その他これに類する用途	階段	上り	27
		下り	36
	客席部分	—	30
	階段及び客席部分以外の部分	—	60
百貨店，展示場その他これらに類する用途又は共同住宅，ホテルその他これらに類する用途（病院，診療所及び児童福祉施設等を除く）．	階段	上り	27
		下り	36
	階段以外の建築物の部分	—	60
学校，事務所その他これらに類する用途	階段	上り	35
		下り	47
	階段以外の建築物の部分	—	78

5.6.4 避難限界時間

避難限界時間とは，避難者が火災により発生した有毒ガスを含む火煙により，避難上支障がある状態に至るまでの時間である．避難上支障がある状態は，煙層高さ・煙層温度・放射熱などにより表され，種々の実験結果などからその**避難限界値**が提案されている（表5.14）．したがって火煙の性状を予測することにより，この避難限界値に至るまでの時間を避難限界時間とし算出することになる．

【避難限界値】
建築基準法の階避難安全検証法（ルートB）では，避難上支障がある煙層高さは，床面から1.8mとしている．

表5.14 避難限界条件の例 [25]

対象項目	避難限界値
煙層高さ	$S < 1.6 + 0.1H$ S：避難空間床上の煙層境界高さ（m） H：避難空間の平均天井高さ（m）
煙層温度	$\int_{t_1}^{t_2} (\Delta T)^2 dt < 1.0 \times 10^4$ ΔT：避難者が曝される煙の温度上昇値（K） t_1：当該避難者への煙の暴露が開始する時間（秒） t_2：当該避難者への煙の暴露が終了する時間（秒）
放射熱	$\int_{t_1}^{t_2} I^2 dt < 2.5 \times 10^2$ $I = \begin{cases} q'' - 0.5 & (q'' > 0.5) \\ 0 & (q'' \leq 0.5) \end{cases}$ q''：避難者への入射熱流束（kW/m^2） t_1：当該避難者が放射熱に暴露されはじめる時間（秒） t_2：当該避難者への放射熱の暴露が終了する時間（秒）

参考文献

1) 日本火災学会編:火災便覧 第3版,共立出版 (1997)
2) 日本火災学会編:火災と建築,共立出版 (2002)
3) 日本建築学会編:建築設計資料集成6,丸善 (1969)
4) 日本建築学会編:建築法規用教材 (2004)
5) 川越邦雄,若松孝旺他:新建築学大系 12 建築安全論,彰国社 (1983)
6) 国土交通省住宅局建築指導課他編:2001年版避難安全検証法の解説及び計算例とその解説,井上書院 (2001)
7) 岡田光正他:建築と都市の人間工学,鹿島出版会 (1972)
8) 堀内三郎:建築防火,朝倉書店 (1972)
9) 建設省住宅局建築指導課:高齢者・身体障害者等が円滑に利用できる特定建築物の建築の促進に関する法律の施行について,ビルディングレター,日本建築センター (1994)
10) 総務省消防庁編:消防白書 (2001)
11) 室崎益輝:建築防災・安全,鹿島出版会 (1993)
12) 神忠久:煙中の誘導標識の見透し距離について,日本建築学会論文報告集,No.182,pp.21-32 (1971)
13) 神忠久:煙の中での心理的動揺度について,日本火災学会論文集,No.30,Vol.1,pp.1-6 (1980)
14) 神忠久:煙の中での思考力および記憶力の低下について,日本火災学会論文集,No.32,Vol.2,pp.1-6 (1982)
15) 神忠久:煙の中での歩行速度について,火災,25,2,pp.44-48 (1975)
16) 田中哮義,山名俊男:大規模空間に於ける煙の制御,(その1,その2),日本建築学会大会梗概集 (1985)
17) R.L. Alpert: Calculation of Response Time of Ceiling-Mounted Fire Detector, Fire Technology, Vol.8, pp.181-195 (1972)
18) 日本火災学会編:新版 建築防火教材,工業調査会 (1990)
19) 浜田稔他:建築学大系 21 建築防火論,彰国社 (1975)
20) 建設省住宅局建築指導課監修:新・排煙設備技術指針 (1987)
21) 日本建築防災協会:特殊建築物等調査資格者講習テキスト1 平成18年度版 (2006)
22) 田中哮義:改訂版 建築火災安全工学入門,日本建築センター (2002)
23) 建設省建築指導課他監修:新・建築防災計画指針,日本建築センター (1995)
24) 日本火災学会監修:火災と消火の理論と応用,東京法令出版 (2005)
25) 日本建築学会編:建築物の火災安全設計指針 (2002)

第6章　火災の拡大を防ぐ
—延焼防止—

　建物内には家具や書籍，寝具や衣料など，数多くの可燃物がある．また，建物の内装にも多くの可燃物が使用されている．これらの可燃物のどれかに，何らかの原因で着火した時から火災が始まる．火災は最初の着火物から隣接した可燃物へと拡大し，徐々に火勢を増す．そしてある時点でフラッシュオーバーが発生し火災が室内全体に拡大し，それ以降は激しい燃焼が継続する（このような火災現象の詳細は第3章を参照）．

　このようにして室内全体に拡大した火災は，やがて扉や壁，床を越えて隣接室に拡大する．隣接室や上階への拡大が次々に発生すると建物全体が火災に巻き込まれることになる．

　上記のような際限のない火災の拡大は，人命を危険に曝し，財産・建物など直接的な損害を増大させる．また，建物機能の停止等間接的な損害も増大させる．人命の安全を図り，直接的，間接的火災損害を防止するために，建物には防火区画を計画的に設置する．通常，防火区画は床，壁，扉などにより構成される．本章では防火区画による火災の拡大防止（延焼拡大防止）について述べる．

6.1 火災が延焼拡大するとどんな危険があるか？

　火災が発生し，それが建物内を延焼拡大すると火災危険が増大し，火災損害も増大する．これらについて以下に述べる．

6.1.1 人命の危険と財産損害の増大
1) 人命の危険増大

　建物内の居住者や在館者が火災時に建物外の安全な場所に避難できるように，建物内部には避難通路や避難階段が設置されている．避難には一定の時間を要するが，火災初期に出火室から他の居室や避難通路に煙や熱気が流出すると，多数の避難者が避難通路等に殺到する．このような状況下では混雑により整然とした避難行動ができなくなる可能性がある．

　さらに，延焼拡大により避難階段へ煙や熱気が流入すると，火災階より上階の居住者・在館者は避難が不可能となり，消防隊の救助を待つのみとなるが，消防隊も行動が制約され救助活動も困難となる．

　避難通路，避難階段への煙流入や延焼拡大により多くの人命が失われた火災事例は過去に数多くあり（2章，表2.5参照），避難施設への延焼拡大防止は人命安全上極めて重要である．

2) 財産損害の増大

　建物内には多くの物品が収納されている．これらは日用品であったり，生産活動に必要な機器や資材であったり，文化財などの貴重品であったり，記憶装置に集積された情報であったり，多種多様である．これらの物品はその用途や特性により，建物内のそれぞれの場所に配置あるいは保管されているが，延焼拡大により焼損面積が増大すると，それに応じて物品の煙汚損や焼失等の損害が増大する．また，火災室の下階ではスプリンクラーや消防用水による水損も考えられる．このような物品の汚損や焼失による損害の可能性を低減するためにも延焼拡大防止が重要である．

　物品と同様に建物自体も財産であり，延焼拡大により焼損面積が増大すると，それに応じて内装の煙汚損や焼失範囲，構造体の損傷範囲も増大する．火災により柱や梁，床等が加熱を受けるとそれらは熱変形する．延焼拡大により加熱を受ける面積が増大すると，熱変形量も増大し部材の損傷が激しくなる．また，延焼拡大が次々に発生し，全館に火災が拡大し激しい加熱を受けると，構造体の損傷が激しくなり火災後の修復が困難となって，建物としての財産的な価値が失われる．

　以上のように人命の安全確保や収納物の損害，建物自体の損害を防止するためには，発生し成長した火災をある限定された範囲に閉じ込める延焼拡大防止が極めて重要である．

【避難施設】
　廊下，直通階段，避難階段，特別避難階段，排煙設備，非常用照明，誘導灯，避難器具等がある．

6.1.2 間接的損害の増大

　建物はさまざまな機能を有し，その中でさまざまな活動が行われている．火災が延焼拡大すると，前項で述べた人命の危険や収納物や建物の損害といった直接的損害だけではなく，建物の機能停止やその中で営まれる活動停止により莫大な損害が発生する危険がある．

　例えば共同住宅で火災が発生し上階や隣接住戸に延焼すると，火元の居住者だけでなく周辺の居住者も被害を受ける．住戸内の生活用品等の焼失による直接的被害のみでなく，建物の修復が完了するまで住居を他の場所に求めなければならないなど，生活全般にわたり多くの困難が生じる．また，居住者の不安などの精神的な被害も予想される．

　建物が公共施設であり，延焼拡大により建物内の主要な部分が焼失すると，そこで行われていた公的サービス機能が停止する．仮設事務所等を設置したとしても，公的サービスを開始するまでには，情報機器や失われた情報を復元するまでに多くの時間が必要である．そして，火災で損傷した建物を補修し，火災前と同様な公的サービスを行うまでには更に時間が必要である．この間，これらの公共施設を利用する住民は不利益をこうむることになる．

　建物が生産施設の場合，生産ラインが連続しているため広い面積にわたって一体の空間として使用される場合が多い．このため通常の建物に比べ，火災被害を受ける範囲は広くなるが，さらに区画を越えて延焼し焼失範囲が拡大すると被害は甚大となる．

　生産機械や資材等の焼失による直接的損害も大きいが，生産停止による損害は更に深刻である．例えば火災により生産活動が不能となった工場が，ある製品の部品の生産を行っていた場合，生産活動が再開されるまでの間，他の工場等から部品の調達ができなければ，最終製品の生産も不可能となる．生産・流通活動が複雑化している現代では，生産施設の火災により想像以上の間接的損害が発生する危険がある．

　防火区画に施工不良や損傷等による瑕疵があり，それが原因で火災が延焼拡大し人命や財産，建物機能が失われた場合は，建物所有者（管理責任者）には被災者に対する損害賠償責任が発生する．

　火災で被害を受けた建物は補修して再使用することが基本と考えられるが，焼損を受けた建物の修復期間は通常，焼失面積が大きく損傷が激しいほど長くかかる．このため短時間で建物機能を回復するためには延焼拡大の範囲をできるだけ狭くする必要がある．

【瑕疵】
　本来備えるべき要件や性質，本来履行すべき行為が欠けていること．

6.2 火災は建物内をどのようにして延焼拡大していくか？

6.2.1 床や壁を越えて延焼拡大する

1) 木造住宅では

戸建住宅は，木造建物が多い．火災発生後短時間で床や壁に燃え抜けや破壊が生じ，隣接室や上階に延焼し，急激な火災拡大を引き起こす危険がある．木造の床や壁は，延焼拡大を抑制したり防止するために，不燃材のボード等で被覆するなど，適切な対策を施すことが望ましい．

2) 比較的大規模な建築物では

床には鉄筋コンクリート造床，鋼製デッキプレートとコンクリートを用いた合成床板，気泡コンクリート床板などを用いることが多い．これらの材料は燃えることはないが，床の厚さが薄い場合には床を介して熱を伝え，上階の可燃物に着火する危険がある（図6.1，①）．また，確実な施工が行われなければ，床板同士の接合部に隙間が生じ，そこから火炎や熱気が上階に噴出することもある（図6.1，②）．

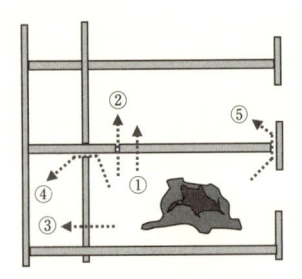

図6.1 床や壁を越えて延焼

壁は遮音性や遮熱性の観点から鉄筋コンクリート造や気泡コンクリート板とするか，比較的施工が簡単な乾式耐火壁を用いることが多い．壁も床と同様に，熱伝導（図6.1，③）や隙間（図6.1，④）からの火炎や熱気により，隣接室に延焼拡大する危険がある．また，乾式壁では火災が長時間継続すると，パネル自体の熱劣化や軽量鉄骨下地の熱変形によりパネルにひび割れが生じる可能性がある．このような原因で壁の反対側に，延焼拡大する危険がある（図6.1，③）．

また，外壁として既製のコンクリートパネルや耐火パネルを取り付ける場合は，床との接合部に隙間が生じ上階に延焼する危険がある（図6.1，⑤）．図6.2はカーテンウォールと床の隙間から上階に延焼した事例である．また，防火区画の不備により延焼拡大した事例としてホテルニュージャパンの火災がある[11]．

図6.2 カーテンウォールと床の間の隙間から上階に延焼した事例[8]

6.2.2 扉等を通して延焼拡大する

建物内には人や物の移動を可能とするために壁に開口が設けられる．開口には視線を遮り，気密性や遮音性を確保するために扉やシャッター（以下，扉等という）が設置される．これらが，障子や襖のように紙製の場合や耐熱性に乏しい板ガラスが取り付けられている場合は火災初期に燃え抜けや破損，脱落が生じるため，延焼拡大防止の役には立たない．

延焼拡大防止を期待する所には鋼板製の扉等が使われることが多い．また，鋼製枠やアルミニウム合金枠に網入りガラスを取り付けた扉も使用される．鋼板製の扉等は，加熱を受けると熱膨張による変形で周囲の枠との間に隙間が生じ，火炎や熱気が噴出し延焼することがある（図6.3）．

また，鋼板製の扉等によって火炎の噴出が防止できたとしても，鋼板は遮熱性が乏しく火災室の温度が高温になると赤熱し，扉等の反対側に高温の熱気流が生じる．また赤熱した扉等から強い放射熱を放出する．このため，扉等の周辺の内装が可燃材の場合や扉等の近くに可燃物があると，熱気流や放射熱により内装や可燃物に着火し延焼拡大が生じる危険がある．特に鋼製シャッターのようにその面積が大きい場合には延焼拡大危険が増大する（図6.4）．

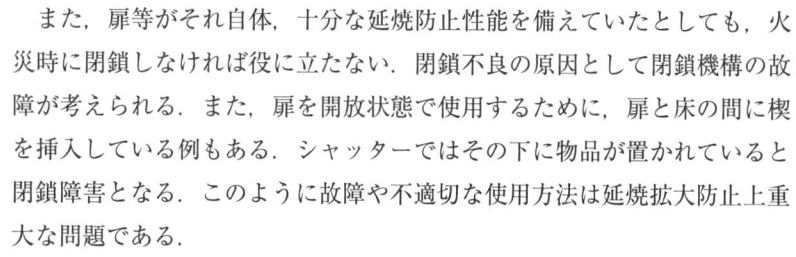

また，扉等がそれ自体，十分な延焼防止性能を備えていたとしても，火災時に閉鎖しなければ役に立たない．閉鎖不良の原因として閉鎖機構の故障が考えられる．また，扉を開放状態で使用するために，扉と床の間に楔を挿入している例もある．シャッターではその下に物品が置かれていると閉鎖障害となる．このように故障や不適切な使用方法は延焼拡大防止上重大な問題である．

閉鎖不良によって延焼拡大した火災事例は数多く報告されており，特に日常管理（4章参照）の徹底が重要である．

図6.5は火災前にシャッターレールが変形していたため，鋼製シャッターが閉鎖不良を生じ，延焼拡大した事例である．

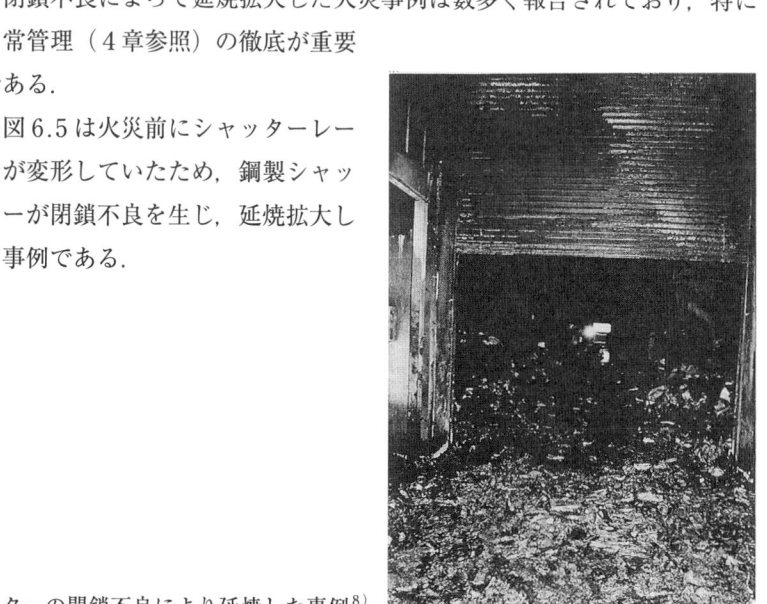

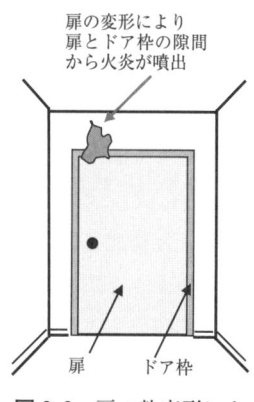

図6.3 扉の熱変形による火炎の噴出

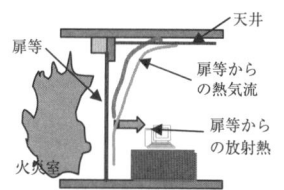

図6.4 扉等（鋼製扉や鋼製シャッター）からの熱気流や放射熱による延焼危険

図6.5 鋼製シャッターの閉鎖不良により延焼した事例[8]

6.2.3 電線,配管やダクトの貫通部から延焼する

電力用,通信用の電線や給水用,排水用の配管,空調のダクト等は壁や床を貫通する.電線の被覆材や絶縁材には架橋ポリエチレンや塩化ビニル等が使用されており,火災時に燃焼する.また,塩化ビニル等の配管も燃焼し,管径が大きい場合には床や壁に貫通孔を開ける.空調用ダクトは通常,鋼板製であるが,火災時には熱により強度を失い変形して床や壁との間に延焼経路となる隙間を発生させる.

配線や配管を行う場合は,床や壁にあらかじめ開けられた貫通孔にこれらを通すため,電線や配管の周囲に隙間が発生する.このような隙間の処理が不適切であったために延焼した事例は多く,隙間を閉鎖する入念な埋め戻し施工が重要である.火災が進展すると火災室の温度が高温となり,特に火災室の上部では火災室内の圧力が隣接室や上階の室より高くなり(図6.6),わずかな隙間でも火炎や熱気が通過しやすくなるため注意が必要である.

最近は少ないと思われるが,コンクリート床板に孔を開けて和風便器を設置した場合,下階の火災時により和風便器が容易に破損し上階に延焼する危険があることが報告されている.和風便器の下面に耐火被覆を施すなど,便器の破損を防止するための対策が必要である[1].

図6.7は床スラブを配水管が貫通する部分において,配管後の埋め戻しを行わなかったため,配管と床の隙間から上階に延焼した事例である.

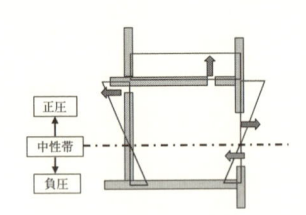

図6.6 火災室内の圧力分布

【区画貫通部】
防火区画を構成する床や壁を電線,配管,ダクト等が通り抜ける部分.

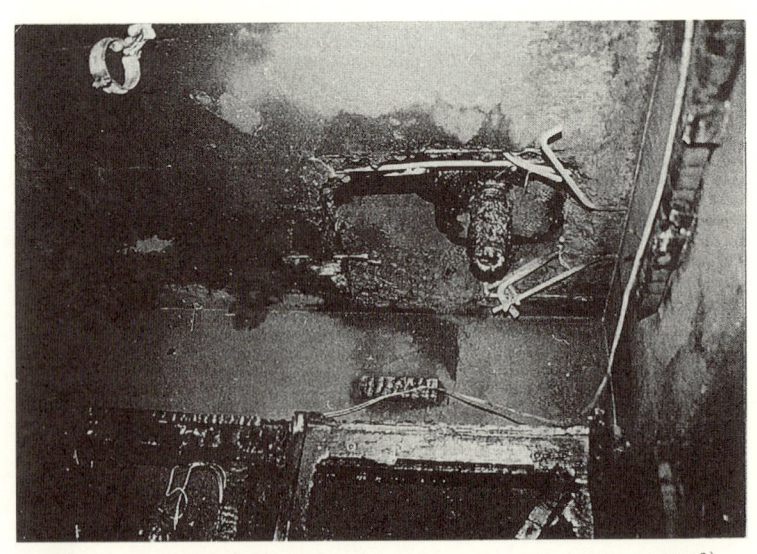

図6.7 床の配管貫通部の埋め戻し不良により上階に延焼した事例[8]

6.2.4 竪穴を介して延焼拡大する

建物内には，人や物が上下に移動するために，階段室やエレベーターシャフトがある．また，上下方向の配管や配線を一箇所に集めて収納するパイプスペースや空調ダクトなどを通すダクトスペースがある．これらを竪穴と総称する．

竪穴は，周囲の室と壁や扉で区画される．竪穴に面した室で火災が発生した場合，竪穴の壁や扉の耐火性能が不十分であったり，扉が閉鎖不良を起こすと，火災室から竪穴に煙や熱気が流入する．

このように下階で発生した火災の熱気流が竪穴内に流入し電線ケーブル等が燃焼すると竪穴内が高温となる．高温となった竪穴内の火災ガスは周辺の室の空気より比重量が軽いため大きな浮力が発生し，激しい上昇気流を形成する．これが煙突効果であり（図6.8），煙突効果が発生すると竪穴の上部では周辺の室に向って大きな圧力が働く．このため竪穴上部の壁や扉に隙間があったり，配線などの貫通部の処理に欠陥があると，竪穴から周辺の室に多量の煙や熱気が噴出し延焼する．このため，竪穴を構成する壁や扉等の耐火性能を十分に確保し，隙間等が生じないように入念な施工を行い，周囲の火災が竪穴内へ延焼することを防止することが非常に重要である．

竪穴の上部と下部に同じ面積の開口があり，開口の高低差を20mと仮定し，竪穴内温度と上部開口からの火災ガス流出速度の関係を算定すると図6.9のようになる．わずかな開口面積でも竪穴内温度が上昇すれば多量の火災ガスが上部開口から噴出することがわかる．そして噴出ガス温度が高くなれば容易に延焼拡大する．ここでは上部と下部の開口面積を同一としたが，下部の開口面積や開口の高低差が大きい場合は火災ガス流出速度が更に増大する．

竪穴が階段室の場合，煙が流入した時点で避難は不可能となる．また，パイプスペースやダクトスペースに煙が流入し，激しい上昇気流を形成し上階の居室に煙が噴出すると，多くの在館者が煙に巻かれ大惨事となる．空調ダクトを通して上階に煙が流入し多数の死者を出した大惨事の例として千日ビル火災がある[2]．

図6.8 竪穴における煙突効果

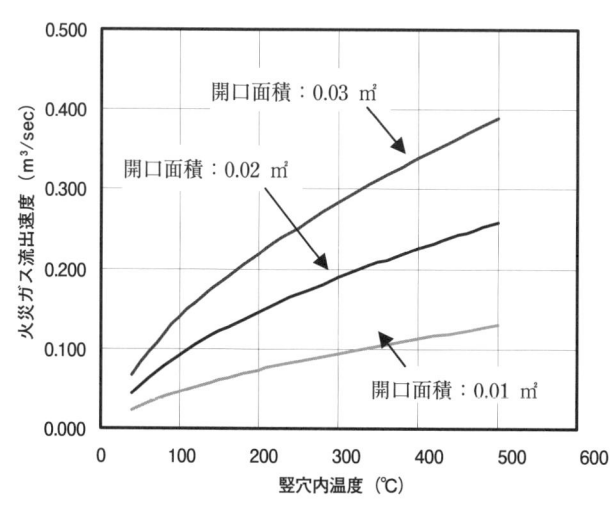

図6.9 竪穴内火災温度と上部開口からの火災ガス流出速度の関係
（上下開口部の高さの差が20mの場合）

6.2.5 建物外部から延焼する

建物の外壁には採光や換気などのために窓が設けられる．窓に取付けられた板ガラスは耐火性が乏しく火災初期に破損・脱落し，窓から多量の火炎が噴出する．噴出火炎の性状は，火災室の条件や窓の形状などにより異なるが，火災室の窓と上階の窓との距離が短いと噴出火炎が上階の窓に到達する．そして，上階の板ガラスが破損し，熱気が室内に流入して延焼する危険がある．また，噴出火炎からの放射熱により室内にあるカーテンや物品に着火して上階に延焼する危険がある（図6.10）．

また，外壁の外側に庇やベランダが設置されている場合は上階の窓と噴出火炎との距離が確保され延焼防止上有利となる．しかし，ベランダに可燃物が設置されていると，その可燃物に延焼し，更にベランダから室内に延焼する危険がある．

また，噴出火炎により上階のベランダに延焼した事例として広島基町共同住宅の例がある[2]．この火災は9階住戸で発生し，19分間で最上階である20階のベランダまで延焼拡大した（図6.12）．延焼拡大の原因はバルコニーの目隠し板がアクリル板であったこと，バルコニーに可燃物が置かれていたこと，火災発生住戸の外壁部分がL字形の入り隅であったことなど，複数の要因によるものと報告されている．図6.13は共同住宅1階の玄関で居住者の放火により火災が発生し，住戸内部に延焼し，ベランダ側から上階の外壁に延焼した事例である．また，開放されていた1階玄関扉から階段室に火が入り，2階・3階の階段室に延焼した．

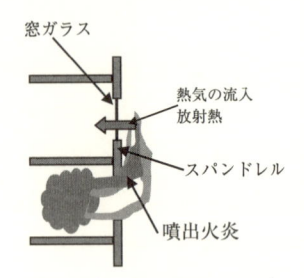

図6.10 開口部からの噴出火炎による上階延焼

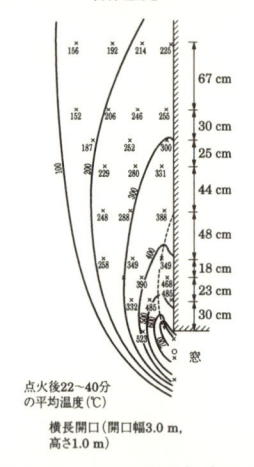

図6.11 実大火災実験における温度分布の例[12]

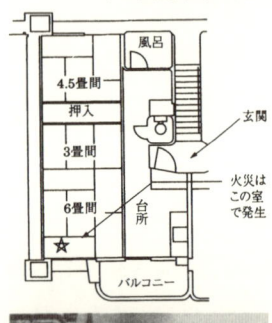

図6.12 広島基町高層共同住宅の火災事例[2]

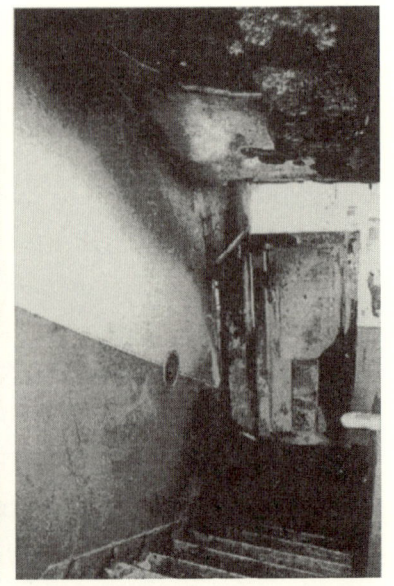

図6.13 ベランダと階段室の延焼事例[14]

6.3 延焼拡大を防ぐには—延焼拡大防止計画—

6.3.1 建築物の特徴に応じた対策が必要である

1) 木造建物には防火壁が必要である

昭和30年代には木造校舎が多数あり，冬季には全国で毎晩平均1棟が焼失したといわれている[3]．当時の木造校舎は大規模な裸木造であり，これが一気に燃え上がると周辺に放出する放射熱は激しく，消防活動も困難であったことが想像できる．また，周辺建物への延焼危険は，放射熱ばかりでなく，飛び火も含め大きかった．このため木造等の大規模建築物には，燃焼面積を限定するため防火壁の設置が規定された．

2) 共同住宅や学校，病院等は延焼防止が重要である

長屋や共同住宅は家族の生活の基盤であり，所有者が異なる場合もあるため，隣接住戸への延焼を防止することが重要である．また，学校や病院のように多数の子供や避難が困難な人々が利用する施設，ホテルや寄宿舎のような就寝施設では延焼防止が重要である．このため共同住宅の界壁（住戸間の壁）や学校，病院，ホテル等の防火上主要な間仕切壁は避難安全の確保と延焼を抑制するために，建築物の部分ごとに一定の時間，非損傷性，遮熱性，遮炎性を確保できる構造（準耐火構造）とする必要がある．また，これらの建物では小屋裏や天井裏に火が入り火炎が水平方向に走ることが多いため，界壁や間仕切壁を小屋裏または天井裏に達するように設置することが重要である．

3) 耐火建築物にも防火区画が必要である

耐火建築物や準耐火建築物のように耐火性能を有する建築物であっても，建物内で発生した火災が延焼拡大すると，6.1節で述べたように，人命が危険に曝され，貴重な収納物が焼失する．

建築物の内部はその機能上大空間や連続性のある空間が必要な場合もあり，居住性の観点から開放的空間が好まれる場合もある．また，建物内を床や壁で分割したとしても，人や物の移動のために床や壁には開口部が必要である．したがって，設計の初期段階から平面的・立体的に火災の拡大をどこで食い止めるかについて十分検討し，建物の機能性・居住性を損なうことなく延焼拡大防止を図ることが重要である．耐火建築物または準耐火建築物で発生した火災を，出火室を含む一定の範囲に閉じ込めるために計画された空間を防火区画といい，空間を分割する床や壁等の部材を区画部材と呼ぶ．区画部材は火災が終了するまで非損傷性，遮熱性，遮炎性を確保できる構造（耐火構造），または準耐火構造とする必要がある．

防火壁

大規模木造建築物等は床面積の合計が1000 m² 以下となるように防火壁で区画することが建築基準法で規定されている（法第26条）．防火壁は耐火構造とし，周囲の建物が燃え落ちても自立できる構造であること，防火壁を越えて延焼が生じないように防火壁の両端及び上端は外壁面及び屋根面から50 cm以上突出させること等が規定されている（令第113条）．

界壁，間仕切壁，隔壁の防火措置

長屋や共同住宅の界壁，学校，病院，ホテル等の主要な間仕切壁は準耐火構造とする．また，一定規模以上の建築物の小屋組や渡り廊下の小屋組みが木造の場合，小屋裏に準耐火構造の隔壁を設置する．（建築基準法施行令114条）

耐火建築物

主要構造部を耐火構造とした建築物又は主要構造部が建築基準法施行令第108条の3に定める技術的基準に適合した建築物で，外壁の開口部で延焼の恐れのある部分に政令で定める防火設備を有する建築物．（法第2条第九の二）

準耐火建築物

主要構造部を準耐火構造とした建築物又は建築基準法施行令第109条の3の技術的基準に適合した建築物で，外壁の開口部で延焼の恐れのある部分に政令で定める防火設備を有する建築物．（法第2条第九の三）

6.3.2 一定の床面積で区画する

1) 面積区画

面積区画は火災を一定の床面積内に閉じ込めるための区画である．建築計画の中で面積区画をどのように配置するか，設計者にとって重要な課題である（図6.14）．

室の用途により火災安全上の特徴がある．例えば，火気を使用する室は出火の危険が高い．このような場所では内装の不燃化も重要であるが，万一火災が進展しても他の室に延焼しないように，火気使用室を一つの防火区画とすることが望まれる．美術品，歴史的に貴重な文献や物品，種々な情報を記録した記憶装置等のような貴重品を収蔵する室は，出火の危険は比較的低いと思われる．しかし，周囲から延焼すると，取り返しがつかない損害となる．したがって，これらの室も独立した防火区画とすることが望ましい．

避難計画と防火区画の関係が重要である．例えば，病院や高齢者施設では歩行が困難で自力で避難できない人も多い．このような施設では一つの階に少なくても二つ以上の防火区画を設置し，出火した区画から隣接する区画にひとまず水平避難し，救助を待つことも考えておく必要がある．損害防止の観点からは防火区画は小さいほど好ましいが，そのために避難通路が複雑になったり，避難通路を防火戸などで遮る箇所が増えると，避難に支障が生じる恐れがある．このため，避難計画を十分に考慮した防火区画の計画が重要である．

面積区画が大きいと，火災がある程度進展した後の消防隊による救助活動や消火活動に支障をきたす恐れがある．このため，消防活動の観点からも防火区画を検討する必要がある．

面積区画は建築基準法施行令により準耐火構造（1時間）の床もしくは壁または特定防火設備で区画するよう規定されているが，そこで発生する火災の規模に見合った性能を付与する必要がある．劇場や体育館のように用途上区画が困難な空間は面積区画の適用が除外されることもある．

2) 高層区画

高層建築物で火災が発生すると，低層建築物に比べ避難に時間がかかり，消防隊による救助や消火活動も困難である．このため高層建築物では延焼拡大範囲を限定することが火災安全上特に重要である（図6.14）．

高層区画は，梯子車が届かない11階以上の部分が対象となる．建築基準法では，高層区画の区画面積を，下地を含む内装材の種類や開口部に設ける防火戸等の種類により3種類に設定している．

10階以下の事務所ビルにおける防火区画の例

面積区画：1500m²以下（スプリンクラー設置で最大3000m²まで）

竪穴区画：階段室，EVシャフトなど（6.3.3, 1 参照）

層間区画：床，外壁，層間塞ぎなど（6.3.3, 2 参照）

防煙区画，防煙垂壁：排煙設備の構造の一部

（令第126条の2，令126条の3 参照）

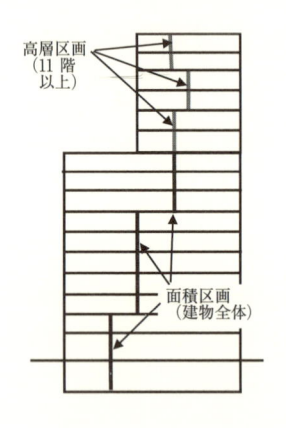

高層区画：区画面積は内装とその下地，防火設備の種類により，100 m²，200 m²，500 m²（令112条第5項，6項，7項，8項）

図6.14 面積区画と高層区画

6.3.3 鉛直方向の延焼や異種用途への延焼を防止する

1) 竪穴区画

6.2節で述べたように，竪穴には人や物が上下方向に移動するための階段室やエレベータシャフトがある．これに煙が流入すると避難や消防活動に支障をきたす．また，竪穴にはパイプシャフト，ダクトスペースがあり，パイプシャフトには電線ケーブルや可燃性のパイプなどが収納されている．竪穴に延焼すると，竪穴を介して上階の室に延焼する可能性が非常に高くなる．また，共同住宅内の階数が2以上のメゾネット型住戸や吹き抜けも竪穴の一つであり，このような空間は開放的で煙や火炎の拡散も早い．

このため，これらの竪穴は他の部分と防火区画する必要がある（図6.15, 令第112条第9項）．

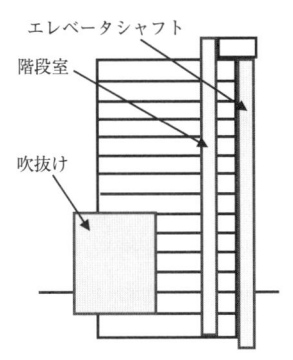

図6.15 竪穴区画の例

2) 層間区画（屋外を迂回する開口部からの延焼防止を含む）

連続した複数の階が同時に燃焼すると，避難や消防活動が困難となり，構造体の耐火性能の確保，更なる上階への延焼防止が難しくなる．このため，出火階から上階への延焼を防止することは非常に重要である．このような目的の区画を層間区画という．層間区画は床の耐火性能が重要である．また，外壁と床の間にできる隙間を塞ぐこと（層間塞ぎ）も重要である．更に火災階では火炎の立ち上がりを制限するために，また，上階では下階の開口部から噴出した火炎による上階への延焼を防止するために，外壁の耐火性能が重要となる．防火区画を構成する床や間仕切壁または防火設備が接する外壁の部分を通常，スパンドレルと呼んでおり（図6.10），層間区画の性能を決める重要な部分である（令112条第10項）．

このように外壁や層間塞ぎが行われていたとしても，外壁の開口部から噴出した火炎により上階に延焼する可能性がある．これを防止するためには，噴出火炎の性状を予測し[12),13)]，開口部の配置や防火性能，スパンドレルの高さ等を検討する必要がある．

3) 異種用途区画

建築物のある部分で火災が発生した場合，不特定多数の者が利用する用途部分に火災が拡大すると多くの人々が火災の危険に曝される．これを防止するために用途が異なる部分で区画する異種用途区画がある．

最近，大規模物販店舗と比較的小規模な映画館が一体となった建築物等が見られるようになってきた．大規模物販店舗も映画館も不特定多数が利用する特殊建築物である．したがって，両者の間は異種用途区画が必要である（図6.16参照）．異種用途区画は木造建築物と耐火建築物や準耐火建築物に対して規定されている．

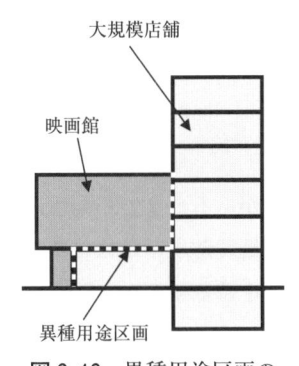

図6.16 異種用途区画の例
（令第112条第12項）
（令第112条第13項）

6.3.4 延焼拡大防止設計法

　ここまで述べたように，延焼拡大防止対策は火災被害を低減する上で重要な役割を持っている．空間構成や避難経路の計画とともに，建築設計が関与できる最大の火災安全対策ともいえる．

　これまでの火災研究の成果を活用すると，対象とする空間で想定される火災の規模や頻度などのリスクをおおむね算出することができる．どの程度まで被害を許容できるかについて建築主と設計者が合意し，下記の手順（図6.17）に従って防火区画の計画，火災規模の算定，空間を構成する各部分に要求される性能の設定と要求性能を満たす部材の設計を行うことにより，原理的には延焼拡大防止設計が可能である．

①はじめに，建物の用途や使用状況，形態的な特徴などを考慮し，建物内で火災が発生し，延焼拡大が生じた場合どのような危険が発生するかを十分に検討する必要がある（6.1節参照）．また，原則的な防火区画のあり方（6.3.2, 6.3.3項）や避難計画，日常的な使い勝手も考慮し，建物内のどの位置で延焼拡大を防止するかを定める防火区画計画を作成する．

②次に，防火区画を構成する部材の構造を想定する．区画部材としては床，壁があり，開口部材として扉やシャッター等がある．また，配管類や電線ケーブル，風洞などの区画貫通部について延焼防止のための構造を想定する．ここで想定した構造は⑦で耐火性能を確認する．

③防火区画内で火災が発生した場合，どの程度の激しい火災が生じるかを予測する．火災の激しさは火災温度の時間的推移で示されるが，「3.2.5 火盛り期の燃え方」で述べられているように，防火区画内の可燃物量や区画部材の熱的特性，換気に有効な開口部の大きさなどに影響を受ける．火災温度の推移はさまざまであるが，火災の継続時間を，区画部材が受ける熱的影響が標準的な火災加熱を受けた場合と等価となる等価火災継続時間（t_{fe}）に換算すると便利である．

④床や壁の区画部材の構造に基づいて，6.4.2項に示す床や間仕切壁に要求される性能（遮熱性）が満足できる時間（保有耐火時間）を数値計算や耐火試験により求める（6.4.3項参照）．この場合，標準的な火災加熱を受けた時の等価保有耐火時間（t_{re}）を求めると便利である．

⑤防火区画に設置された開口部材（防火扉や防火シャッター等）の遮炎性に関する等価保有耐火時間（t_{re}）を算定する．開口部材の等価保有耐火時間は，通常，実験により確認される（6.4.6項参照）．

⑥配管や電線ケーブル等の区画貫通処理部の遮炎性に関する等価保有耐火時間（t_{re}）を算定する．区画貫通処理部の等価保有耐火時間は，通常，実験により確認されている（6.4.7項参照）．

⑦床や壁等の区画部材，防火扉や防火シャッター等の開口部材および区画

6.3 延焼拡大を防ぐには—延焼拡大防止計画—

貫通処理部のそれぞれの等価保有耐火時間 (t_{re}) が，それが面する防火区画の等価火災継続時間 (t_{fe}) 以上であることを確認する．

⑧次に，建物の外部を経由して上階や隣接室に火災が拡大しないことを確認する．そのためには開口部から噴出する火炎の形状や温度を予測し，火炎の接触による上階の窓ガラスの破損や火炎からの放射熱により上階の可燃物に着火しないこと等を確認する．

⑨床や壁の遮熱性が⑦の検討により十分であったとしても，床と外壁の接合部に隙間等があると延焼拡大する可能性がある（6.2.1項参照）．そのため接合部が延焼経路とならないよう設計の詳細を確認するとともに，入念な施工および施工管理が必要である．

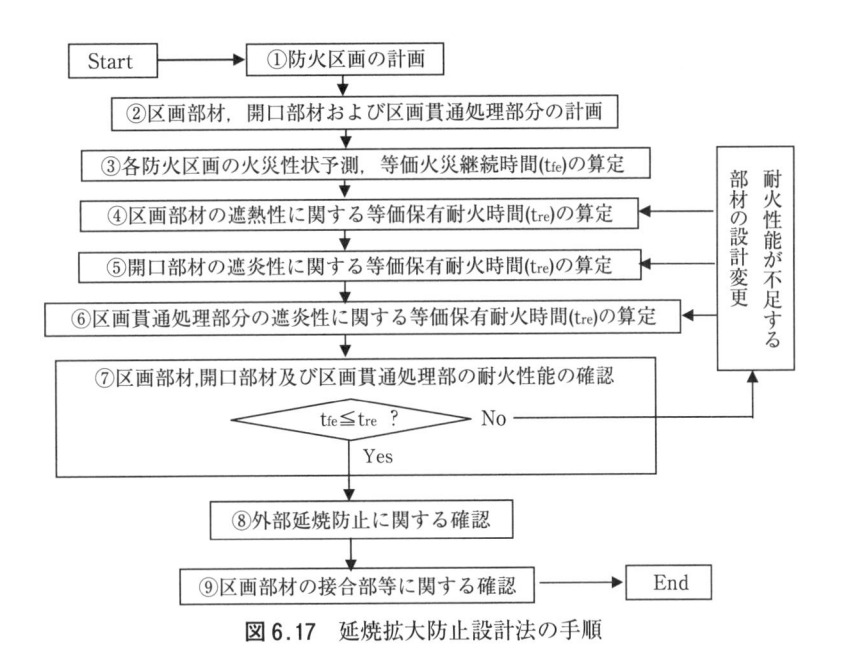

図 6.17 延焼拡大防止設計法の手順

6.4 具体的な延焼拡大防止対策（区画部材と性能評価）

防火区画を構成する部材として床や間仕切壁がある．また，層間区画や他の建築物などからの延焼を防止する部材として外壁がある．さらに建物内には開口部があり，これには防火設備（一定の時間，火炎を遮ることができる扉等）が用いられる．

これらの部材の種類とそれに要求される性能，性能評価方法について以下に述べる．

6.4.1 床や壁の種類

防火区画を構成する床や壁には，延焼拡大防止のために一定の耐火性能が要求される．耐火性能の要求レベルは建物の種類により異なるが，ここでは耐火建築物の床や壁について述べる．

耐火建築物で使用される床の構造は，鉄筋コンクリート造やプレストレストコンクリート造，鋼板とコンクリートを一体化した合成スラブ（図6.18参照），気泡コンクリート板などが多い．また，鉄筋コンクリート造の床には床の内部に中空部を設けたボイドスラブや，床の下面に小梁状の突起を設けたT型スラブもある．

壁の種類は耐力壁と非耐力壁に分けられる（表6.1参照）．またそれぞれが外壁と間仕切壁に分けられる．ここでいう耐力壁は長期の荷重を支持する壁であり，地震時に水平力を負担する耐震壁とは異なる．非耐力壁は荷重を支持することが設計上期待されていない壁である．

耐力壁は荷重を支持するために強度が期待できる鉄筋コンクリート造とすることが多い．鉄筋コンクリート造の耐力壁は雨水や強風に曝される外壁としても使用可能である．

一方，荷重支持機能から開放された非耐力壁には多くの材料や工法が用いられている．ただし，外壁は風雨に曝されるため耐力壁と同様なコンクリート系の壁や繊維混入セメント成形板，鋼板の内側に断熱材を取り付けた壁等が使用されることが多い．

非耐力間仕切壁の代表的なものとして乾式耐火間仕切壁がある．これは軽量鉄骨下地の両側に石膏ボードやけい酸カルシウム板などの不燃パネルを張ったものであり，種々な工法が開発され使用されている．

最近の新しい防火区画壁として，普通フロート板ガラスと無機質の含水ゲルを何層か積層した積層ガラスがある．これは常時は透明であるが火災加熱を受けると含水ゲルが発泡し白濁して断熱層を形成し，間仕切壁に必要な遮熱性を発揮するものである（図6.20参照）．

表6.1 壁の種類

耐力壁	外壁
	間仕切壁
非耐力壁	外壁
	間仕切壁

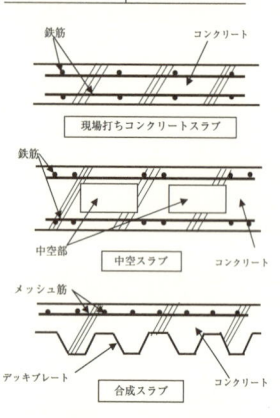

図6.18 床の例

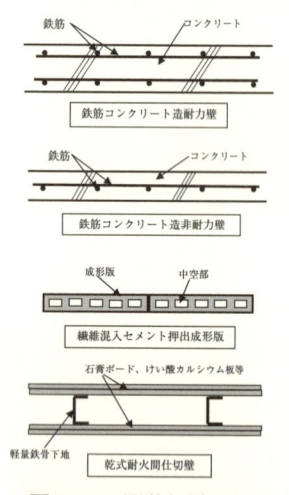

図6.19 間仕切壁の例

図6.20 積層ガラス間仕切壁（左）と耐火ガラス扉（右）の比較[5]

6.4 具体的な延焼拡大防止対策（区画部材と性能評価）　131

6.4.2 床や壁に要求される性能

防火区画を構成する床および壁，外壁，屋根に必要とされる性能をまとめて表6.2に示す．

1）非損傷性

床は火災時に鉛直荷重を支持する．また壁の中にも鉛直荷重を支持する耐力壁がある．これらに対しては火災時に構造耐力上支障のある変形，溶融，破壊，その他の損傷を生じない性能（非損傷性）が要求される．

床や耐力壁が火災時に破壊するなどして非損傷性が失われると防火区画を構成する部材としての機能も同時に失われる．非損傷性については7章で詳述されるので，ここでは非損傷性は確保されることを前提として，床や壁に要求される性能について述べる．

2）遮熱性

防火区画はその中で発生した火災をその中に閉じ込め，周辺の室に延焼拡大することを防止する機能を有している．このため防火区画を構成する床や間仕切壁には，火災室と反対側の表面に接触している可燃物の着火を防止する性能が必要である．このような性能を遮熱性という．

建物周辺の火災により外壁の外側から加熱を受けた場合，屋内への延焼を防止するために遮熱性が必要である．

可燃物の着火を防止するためには可燃物の着火温度を知る必要がある．表6.3に種々な材料の着火温度を示す．

通常の建物内に可燃物として数多くある木材の着火温度は260℃前後である．また，高分子材料は400℃から500℃である．

平成12年建設省告示第1432号「可燃物燃焼温度を定める件」では，床や壁の加熱面以外の面に接する可燃物が燃焼する恐れのある加熱面以外の面の温度（可燃物燃焼温度という）を，平均160℃，最高200℃と定めている．この値が通常，区画部材の遮熱性を評価する評価基準となっている．上記の可燃物燃焼温度は表6.3に示した種々な材料の着火温度に比べて低い値に設定されている．

3）遮炎性

建物の内部で火災が発生した場合，外壁が部分的に破損し火炎が外部に噴出すると，6.3.3項，2）で述べたようなスパンドレルとしての機能を外壁が果たさなくなり，上階に延焼する危険が生じる．また，周辺建物への延焼危険も増大する．屋根から火炎が噴出すると，同様に周辺建物への延焼危険が増大する．このように火炎が貫通するような亀裂等の発生を防止する性能を遮炎性という．

表6.2 床や壁，屋根に要求される性能

部位		屋内火災			周辺火災		
		非損傷性	遮熱性	遮炎性	非損傷性	遮熱性	遮炎性
防火区画を構成する	床	○	○				
	耐力壁	○	○				
	非耐力壁		○				
外壁	耐力壁	○		○	○	○	
	非耐力壁		○			○	
屋根		○		○			

表6.3 可燃物の着火温度[4]

材料名	着火温度（℃）
木材：杉	240
檜	253
欅	264
赤松	263
ぶな	271
合板	390
アスファルト・シングル	378
ポリ塩化ビニル	507
ポリエステル	390
ポリスチレン	438
ポリプロピレン	477

6.4.3 床や壁の遮熱性の評価方法

1) 耐火試験による方法

床や壁の非損傷性や遮熱性，遮炎性は通常，耐火試験により評価される．耐火試験方法は ISO-834 fire-resistance tests-Elements of building construction に準拠して実施される．

① 加熱温度と計測

耐火試験は上記規格（ISO-834）に準拠した試験が実施可能な耐火試験炉を用いて実施される．床の試験体は試験炉の上部に水平に設置され下面から，壁の試験体は試験炉に垂直に設置され片側から，以下に示す標準加熱温度曲線に沿って所定の時間加熱される．

$$T(t) = T_0 + 345 \times \log(8 \times t + 1) \tag{6.1}$$

ここに， t ：加熱開始からの経過時間（分）

$T(t)$ ：時間 t の時の加熱温度（℃）

T_0 ：初期温度（℃）

上記規格（ISO-834）の規定とは異なるが，我が国では通常，変形量や温度の計測は，加熱中および加熱終了後，加熱時間の3倍の時間が経過するまで継続される．試験体が不燃材料で構成されている場合は加熱時間の1.2倍の時間までで計測を終了することもできる[10]．これは床や壁の一部に可燃材が使用されていた場合，加熱停止後に燃焼を始める可能性があること，不燃材で作られた床や壁であっても加熱中に試験体内部に蓄積された熱が，加熱停止後も加熱面以外の面の温度（以下，裏面温度という）を上昇させるためである．測定結果が以下に示す性能評価基準を満足すると加熱時間に相当する耐火性能を有すると判断される．

② 非損傷性および遮熱性の評価

長期荷重を支持する床や耐力壁には非損傷性が要求される．非損傷性は，試験体の主要な部分に長期許容応力度に相当する応力度が生じるように載荷した載荷加熱実験によって評価される．非損傷性の評価には試験体の変形量と変形速度が用いられる．載荷の有無により試験体の変形やひび割れの発生状況が異なり，遮熱性にも影響する可能性があるため，床や耐力壁では載荷加熱実験により非損傷性と遮熱性を合せて評価することが望ましい．

床や壁の遮熱性は，熱電対を用いて測定された試験体の裏面温度により評価される．計測中，裏面温度の上昇が，平均 140 K 以下，かつ最高 180 K 以下であれば，試験体は遮熱性を有すると判定される．

2) 数値計算による方法

床や壁の断面形状や使用材料は 6.4.1 項で示したように種々なものがあり，数値計算により裏面温度を算定するためには複雑な計算を必要とする

図 6.21 壁炉の写真，耐熱板ガラスを用いた特定防火設備の加熱初期の状況（久田隆司氏提供）

6.4 具体的な延焼拡大防止対策（区画部材と性能評価）

ものも多い．ここでは最も単純な厚さが一定の鉄筋コンクリート造床や鉄筋コンクリート造壁に一次元熱伝導方程式を適用し，裏面温度を算定する方法を示す．

コンクリートなどの材料内に温度勾配があるとき，温度勾配の方向に伝導する熱量は以下のようなフーリエの法則により表される．

$$q = -k\frac{\partial T}{\partial x} \tag{6.2}$$

ここに，q：単位時間・単位面積当たりに，温度勾配方向に伝導する熱量（kW/m²），x：温度勾配方向の座標軸上の座標（m）
T：座標(x)における温度（K），k：熱伝導率（kW/m・K）

図6.22 温度勾配と熱流

上式を基に，熱の流入，流出，発熱および蓄熱を考慮し一次元熱伝導方程式を導くと以下のようになる．

$$\frac{\partial}{\partial x}\left[k_x \frac{\partial T}{\partial x}\right] + Q = \rho \times c \times \frac{\partial T}{\partial t} \tag{6.3}$$

ここに，x：熱流方向の座標（m）
　　　　k_x：座標（x）における材料の熱伝導率（kW/m・K）
　　　　Q：座標(x)における単位体積当たりの発熱量（kW/m³）
　　　　ρ：材料の比重量（kg/m³）
　　　　c：材料の比熱（kJ/kg・K）
　　　　t：時間（sec）

上記の一次元熱伝導方程式を差分式に変換し，コンクリート板内部温度を算定した例を図6.23に示す．コンクリートの厚さは100 mmとし，10層に分割した．加熱時間は標準加熱温度曲線に沿って60分とした．コンクリート内部温度の上昇は100℃で短時間停滞している．これは，コンクリート内の自由水が蒸発し，流入した熱量が蒸発潜熱として消費されるためである．加熱表面に近い層の温度は加熱中止後直ちに低下するが，裏面に近い層ではコンクリート温度は上昇を続け，裏面最高温度は98.5分に130.7℃となっている．これは6.5.2項に示した遮熱性の評価基準を満しており，60分の遮熱性を有すると判断される．

図6.23 厚さ100 mmのコンクリート板の内部温度，裏面温度の算定例

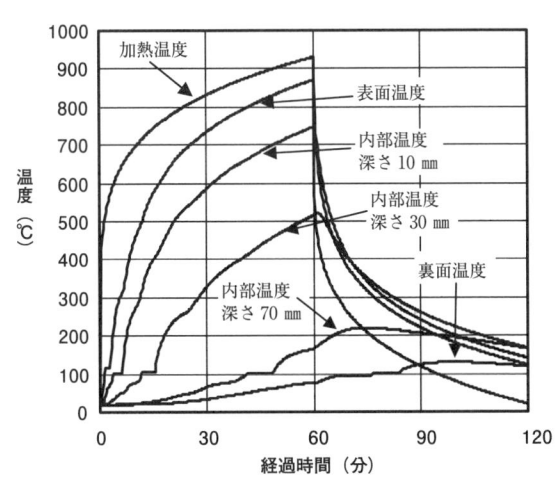

6.4.4 開口部材の種類

　建物内部の延焼を防止するためには，6.3節で述べたように耐火性能を有する床や壁で防火区画することが基本である．しかし，建物内部を人や物が移動するために防火区画には開口部が必要で，そこに設けられ扉等の部材を開口部材という．防火区画に設置される開口部材には防火扉や防火シャッター等があり，耐火性能により特定防火設備と防火設備に大別される．

　防火扉は鋼板製が多いが，鋼製枠やアルミニウム合金枠に網入りガラスを入れたものもある．また，最近は木製の防火扉や熱に対して強い耐熱ガラスを用いたものもある（図6.24）．

　建物内の上下方向の移動は階段，エレベータを用いることが多く，これらは通常，階段室やエレベータシャフトといった耐火構造の壁で囲われた竪穴区画の中に設置される．この場合は竪穴の出入口に延焼を防止するために防火扉が設置される．

　大規模物販店舗等では大きな面積を常時は開放的な空間として使用し，火災時には延焼を防止するために一定面積以下となるように鋼製防火シャッターで区画する場合がある．

　また，階段やエスカレータは常時頻繁に使用する上下方向の移動施設として開放的な空間内に設置されている場合が多い．火災時にはその周辺を一部の壁と防火シャッターや防火扉で区画し，竪穴を形成するように計画されている．開放的な空間を区画する開口部材は閉鎖面積が大きくなるため扉では取扱いが困難であり，シャッターを使用する場合が多い．シャッターは一定の厚さを有する鋼板製のシャッターが多いが，最近はセラミッククロスを用いたクロスシャッターが開発され使用されるようになってきた．クロスシャッターは鋼製シャッターに較べて巻き取り時の外径が小さく，シャッターレールの溝も狭くできる等の特徴を有している[6]．

　開口部材は，6.2.2項で述べたように遮熱性が乏しいものが多く，大面積の開口部材を使用する場合は放射熱による延焼危険に留意が必要である．

　また，最近，高圧で水を放出し水膜を形成して延焼を防止する水膜式延焼防止装置も実用化されている（図6.25）．これは避難路に設置しても通り抜け可能であり，曲面状にも設置できる等の特徴を有している．

　開口部材にもそれぞれ特徴があり，火災状況を想定し，それに適した開口部材を選択し設置することが重要である．

　また，建物周囲の火災や下階，隣接防火区画からの延焼を防止するために外壁に設置する防火設備（通常はアルミニウム合金枠に網入りガラスを設置した窓，ドレンチャー等）がある．

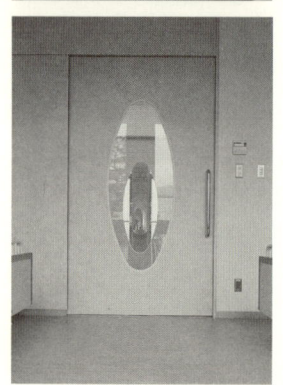

図6.24 耐熱ガラスを用いた防火扉（特定防火設備，上：杉原信行氏，下：石井進氏提供）

図6.25 水膜式延焼防止装置（佐藤博臣氏提供）

6.4.5 開口部材に要求される性能

　開口部材（防火扉や防火シャッター等）は火災時に自動的に閉鎖したり，人為的に閉鎖されるものである．このため固定された壁や床と異なり，人や物の移動経路上に設置されることが特徴である．

　壁や床の表面には可燃性の内装下地や内装が施されることもあり，可燃性の家具等が接触して設置されることがある．しかし，移動を特徴とする開口部材には可燃性の家具等が接触して設置されることはない．このため，床や壁のように遮熱性は要求されていない．しかし，開口部材が火災時の熱により変形し，枠との間に隙間が生じたり，一部が溶融脱落することが懸念される．このため開口部材の加熱面以外の面（以下，裏面という）側に火炎が噴出しないこと，開口部材の裏面側の表面で発炎しないこと，さらに，火炎が通る亀裂等の損傷および隙間が生じないことが要求される．これらの性能を総称して遮炎性という．

　建物の外壁には，外部の光や空気を取り入れたり，眺望のために窓が設置される．外壁に設けられる窓もここでは開口部材という．

　このような開口部材は周辺の火災からの延焼を防止するために，それが設置された位置が延焼の恐れのある部分に該当する場合には，遮炎性が要求される．

　また，建物内の防火区画を構成する床や壁が外壁に接する部分は，当該部分を含む幅90cm以上の部分を準耐火構造の壁とするか，外壁面から50cm以上突出した準耐火構造の床，庇または袖壁を設置することが建築基準法で規定されている．準耐火構造の壁とすべきところに開口部を設ける場合は，その開口部に遮炎性が要求される．

　遮炎性の性能レベルは建築基準法では2段階に規定されており，60分間遮炎性を確保できる開口部材を特定防火設備，20分間遮炎性を確保できる開口部材を防火設備と呼んでいる．

　特定防火設備と防火設備の使い分けは，それが設置される防火区画の種類に応じて規定されている．例えば，面積区画の壁に設置される開口部材は特定防火設備であり，竪穴区画には防火設備の使用が可能となっている．周辺建物からの延焼や建物外部を介しての延焼を防止するために外壁に設置される窓は防火設備とする必要がある．

　しかし，延焼防止を確実なものとするためには，その開口部材が面する火災室の火災継続時間に応じて必要な性能を有する開口部材を使用することが望ましい．このためには20分，60分だけでなく，種々な性能レベルを有する開口部材の開発が望まれる．

【延焼の恐れのある部分】
　隣地境界線，道路中心線又は同一敷地内の2以上の建築物相互の外壁線の中心線から，1階にあっては3m以下，2階以上にあっては5m以下の距離にある建築物の部分．

6.4.6 開口部材の性能評価方法

① 遮炎性の性能評価方法

遮炎性の性能評価は，耐火試験により行われる．耐火試験は壁と同じ耐火試験炉を用いて行われる．実験条件として加熱温度と経過時間の関係，炉内外の圧力差の垂直分布等が定められ，以下の項目の測定が目視により行われる．

・非加熱面へ10秒を超えて継続する火炎の噴出がないこと．
・非加熱面へ10秒を超えて継続する発炎がないこと．
・火炎が通る亀裂等の損傷および隙間が生じないこと．

近年，6.4.4項で述べたように水幕式延焼防止装置が開発され，実用化された．水幕式延焼防止装置は通常の開口部材と異なる特徴を有しており，試験条件と評価基準は上記の基準と異なった基準が採用されている．

② 開口部材からの放射受熱量と延焼危険および避難限界

上述のように開口部材には遮熱性が要求されていないため，開口部材が高温になるとそれからの放射熱により延焼や避難への支障が生じる可能性がある（6.2.2項参照）．図6.26は一般的な高さ2.7m，幅5.0mの鋼製シャッターからの距離と放射受熱量の算定例である．図中の温度は鋼製シャッターの表面温度であり，表面温度は火災室温度により決まる．鋼製シャッターから十分な距離を確保しないと，通常の火災により延焼の危険や避難への支障が生じる．大きな面積の開口部材を採用する場合には避難安全上，延焼防止上，放射受熱量についても検討することが望ましい．

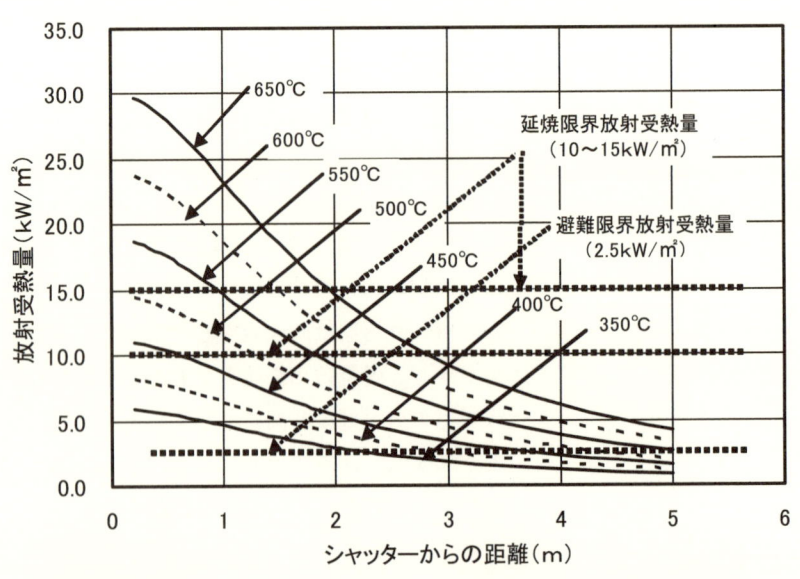

図6.26 鋼製シャッター（高さ2.7m，幅5.0m）からの放射受熱量
（放射率，鋼製シャッター：0.7，受熱物：0.9，限界放射受熱量は文献4)等による）

6.4.7 区画貫通部の種類と要求される性能および性能評価方法

防火区画を構成する壁や床を貫通するものに，給水管や配水管，電線ケーブルがある．また，換気や冷暖房の設備の風洞も床や壁を貫通する．

1) 給水管，排水管，電線ケーブル等

① 給排水管，電線ケーブル等の区画貫通部の種類と要求される性能

給水管や配水管には鋼管の他，塩化ビニル管なども使用される．また，電線ケーブルは導体の周りを絶縁材やシース材で被覆したものであり，塩化ビニルや架橋ポリエチレンなどが使用されている[7]．

配管や電線ケーブルに使用される材料は不燃材料だけではなく，可燃材料も使用されている．配管や電線ケーブルが防火区画を貫通する部分は，それらと防火区画の隙間にモルタル等を充填し（図6.27，図6.28参照），延焼防止を図る必要がある．最近はモルタル等の他に加熱を受けて発泡し隙間を閉塞するような材料も使われている．

配管や電線ケーブルの防火区画貫通部には，非火災室側への延焼を防止するために6.4.5項で述べたような遮炎性が要求される．

② 遮炎性の性能評価方法

配管や電線ケーブルの区画貫通部の遮炎性の評価は耐火試験により行われている．耐火試験は区画部材が床と壁の場合，それぞれについて行われ，壁や床は実物に近いものを用いることを原則としている．また，それぞれ区画の種類に応じて壁や床の代表的な構造が定められている．

加熱温度は標準加熱温度曲線が用いられ，炉内外の差圧も壁や床の場合と同じである．遮炎性の評価基準は6.4.6項で述べた開口部材と同様である．性能レベルは20分，45分，60分の3段階となっている．等価火災継続時間は60分を超えることもあり，今後はより長時間の加熱に耐えられる区画貫通部の処理工法の開発が望まれる．

2) 換気や冷暖房設備の風洞等

① 換気や冷暖房設備の風洞等の区画貫通部の種類と要求される性能

風洞等が防火区画を貫通する部分には防火ダンパーが設置される．防火ダンパーは通常，鉄製（鋼板製）のものが使用される．

防火ダンパーには，火災により煙が発生したり，温度が急激に上昇した場合，自動的に閉鎖するものであることが要求される．また，閉鎖した場合，一定の遮煙性能を有するものであることが要求される．

② 風洞等の区画貫通部に設置される防火ダンパーの性能評価方法

防火ダンパーの性能は，作動試験，漏煙試験等により評価される．

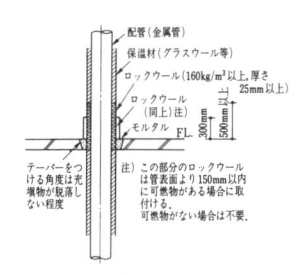

図6.27 金属配管が床を貫通する場合の例[11]

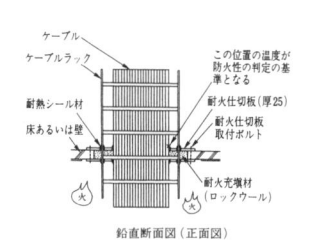

図6.28 電線ケーブルが床を貫通する場合の例[11]

参考文献

1) 齋藤勇造, 他：区画貫通部工法の耐火性能（その2）和風および洋風便器取付部の性能, 日本建築学会学術講演梗概集（1978）
2) 日本火災学会編：火災と建築, 共立出版（2002）
3) 坂本功：木造建築を見直す, 岩波新書,
4) 建設省総合技術開発プロジェクト：「建築物の防火設計法の開発」報告書, 第2巻 出火防止設計法（1988）
5) 高原正弘：積層ガラス, 建築防災（2002）
6) 日本シャッター・ドア協会：耐火クロス製防火・防炎スクリーン技術標準及び関係基準等（2004）
7) ㈳日本電線工業会：電線要覧（2001）
8) 東京消防庁監修：新火災調査教本, ㈶東京防災指導協会（2003）
9) 東京消防庁：火災の実態, 平成14年版（2002）
10) 例えば, 指定性能評価機関の防耐火性能評価試験・評価業務方法書
11) 日本火災学会編, 火災便覧 第3版, 共立出版（1997）
12) Sizuo Yokoi : Study on the Prevention of Fire-Spread Caused by Hot Upward Current., Report of the Building Research Institute. No. 34, November（1960）
13) FIRE-SAFE STRUCTURAL STEEL—A Design Guide—. AMERICAN IRON AND STEEL INSTITUTE, March（1979）
14) 東京消防庁監修：火災事例に学ぶ, ㈶東京防災指導協会（2003）

第7章　火災に耐える建物をつくる
―火災時の構造性能―

　前章で述べたように，人命と財産を火災から守るには，火災の延焼拡大を防止することが最も重要である．火災の延焼拡大を防止するために，防火区画により火熱を封じ込めることはもちろんであるが，同時に，防火区画を支える構造部材に荷重支持能力を具備させる必要がある．建物の構造材料に多く用いられるコンクリートや鋼は，高温状態になると強度と剛性が低下する．木材にいたっては火熱を受けると燃焼する．このように構造部材が熱劣化することを考慮し，火災時においても荷重を十分に支えられるように設計しなくてはならない．このために必要な基本的な知識を本章では述べる．

関東地震火災によるコンクリート構造物の被害
（震害調査委員会編：「大正大震災震害及火害之研究」，洪洋社，1925）

7.1　火災に耐えるということ─耐火構造の役割─

建物の火災安全性は、一般に、スプリンクラー設備などによる初期消火（アクティブ対策）と、防火区画による延焼防止（パッシブ対策）の両者で担保される。初期消火に成功することが最善だが、初期消火に失敗しても防火区画を砦として被害を軽減するという考え方である。防火区画による延焼防止に失敗すると、消防活動は不可能となり、図7.1に示すように建物は全焼する。このような事態を避けるために、ある規模以上の建物は**耐火構造**とする必要がある。

7.1.1　耐火構造により防火区画を守る

なぜ火災対策が求められるのか。その目的を再度整理してみる。

① 人命の確保：煙からの避難を可能にする。
② 消火活動の遂行：消防の拠点を確保できるようにする。
③ 財産の保全：建物が再利用でき、損失を最小限に抑える。
④ 周辺への加害防止、防火帯としての機能

上記①〜③の目的を達成するためには、建物内部を防火区画により分割して、火災の延焼拡大を防がなくてはならない。このとき火災加熱を受ける柱や梁が大きく変形すると、防火区画は壊れてしまう。柱と梁が防火区画を支えているからである。よって、柱・梁・床・耐力壁などの構造部材は、火災時に、建物の荷重を支える倒壊防止性能だけでなく、防火区画が壊れない程度の変形量に収まるように設計することが望ましい。火災の延焼拡大防止と倒壊防止を実現することが耐火構造の役割であり、これを達成するために火災時においても十分な荷重支持能力を具備させる必要がある。

図7.1　スペイン・Windsorビル火災、火害後の様子（宮本圭一氏提供）

スペイン・Windsorビル火災[1]

2005年2月、スペイン・マドリードのWindsorビル（地上27階建て・高さ106m）で火災が発生した。21階より出火し、4階から最上階まで延焼した。外周部に配置された鉄骨柱には耐火被覆が施されておらず、外周鉄骨柱に支えられていた床・梁と柱自体が崩壊し、上層階の大半が崩落した。

耐火構造

壁・柱・床その他の建築物の部分の構造のうち、**耐火性能**に関して政令で定める技術的基準に適合する鉄筋コンクリート造・れんが造その他の構造で、国土交通大臣が定めた構造方法を用いるもの又は国土交通大臣の認定を受けたものをいう。（建築基準法第2条第七号）

耐火性能

通常の火災が終了するまでの間、当該火災による建築物の倒壊および延焼を防止するために当該建築物の部分に必要とされる性能をいう。柱・梁・床・耐力壁については、通常の火災による火熱が加えられた場合に、構造耐力上支障のある変形・溶融・破壊その他の損傷を生じないものであること。（建築基準法第2条七号、施行令第107条第一号）

7.1.2 耐火構造の種類はいろいろ

耐火構造は建物の部位（柱・梁・床・壁・屋根・階段）で分けられる．このうち，柱・梁・床・耐力壁などの構造部材には，区画部材（床・耐力壁）に要求される遮熱性と遮炎性のほか，火災時における**非損傷性**が要求される．火災時の構造性能を述べる本章では，火災時に建物荷重ならびに防火区画を支える柱・梁・床を中心に述べる．

構造部材に用いる材料はさまざまであるが，その多くはコンクリートと鋼と木材である．使用する材料によって，耐火性を確保するための方法も異なる．例えば，鉄筋コンクリート造では，コンクリート部分の熱容量が大きく，また内部に熱が伝わりにくく，火災時でも中心部の温度が上がらないため，一般には耐火被覆を施す必要はない．しかし，鉄筋が高温にならないように，コンクリートのかぶり厚さを確保する必要がある．鉄骨造では，火災加熱に直接曝されると鋼材温度が急上昇して耐力が低下するため，一般には耐火被覆を施して，鉄骨が直接火熱に曝されるのを防ぐ．よって鉄骨造の耐火性は，施す耐火被覆の仕様に大きく依存する．木造では，木材自体が燃えるという欠点を有するが，部材表面からの炭化は徐々に進行するため，大断面であれば耐火性を有する．これら各種構造の耐火性を各節で後述する．図7.2は耐火構造の部材断面仕様と**耐火時間**に関する一例をあげたものであり，表に示す値以上の小径・かぶり厚さ，または被覆厚さを確保することで耐火構造とできる．

耐火構造に要求される非損傷性の確認

耐火試験あるいは耐火性能検証法等の計算により確認される．耐火試験では，載荷および加熱した状況において部材の変形量を測定し，その変形量が規定値以下であることが確認される．

耐火時間

通常の火災に対して耐火構造としての性能が保持される時間をいう．

通常の火災

耐火試験における加熱温度～時間曲線はISO（国際標準化機構）規格で定められ，我が国ではこの加熱曲線を通常の火災と位置づけている（図7.40参照）．

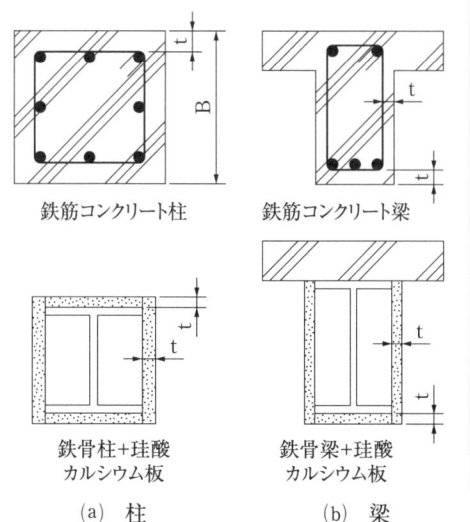

鉄筋コンクリート						
	柱			梁		
耐火時間	1時間	2時間	3時間	1時間	2時間	3時間
小径 B [mm]	250	250	400	—	—	—
かぶり厚さ t [mm]	30	30	30	30	30	30
鉄骨＋繊維混入珪酸カルシウム板（第1号）						
	柱			梁		
耐火時間	1時間	2時間	3時間	1時間	2時間	3時間
被覆厚さ t [mm]	20	35	55	20	35	50
鉄骨＋吹付けロックウール						
	柱			梁		
耐火時間	1時間	2時間	3時間	1時間	2時間	3時間
被覆厚さ t [mm]	25	45	65	25	45	60

(a) 柱　（鉄筋コンクリート柱／鉄骨柱＋珪酸カルシウム板）
(b) 梁　（鉄筋コンクリート梁／鉄骨梁＋珪酸カルシウム板）
(c) 断面仕様と耐火時間[2]

図7.2　耐火構造の部材断面仕様に関する一例

7.1.3 耐火性が要求される建物

耐火建築物とする建物

耐火建築物としなければならない建物は，建築基準法で定められている．その一例を示すと，3階以上の階を有する劇場，映画館，集会場，病院，ホテル，共同住宅，学校，体育館，百貨店，遊技場などである．

耐火構造に要求される耐火時間

下の図表は耐火構造に要求される耐火時間を示している．階数を上から数えている点に特徴がある．一方，計算により要求耐火時間を導く方法もある．この場合，可燃物量や開口等の条件により，要求される耐火時間が異なる．

建物の規模や用途に応じて，要求される耐火性は異なる．建築基準法では，公共的な建物，規模の大きな店舗など，不特定多数が利用する建物や，火災時に大きな被害が予想される建物には耐火性を要求している．耐火性が要求される建物は，耐火構造で造られた**耐火建築物**としなければならない．

市街地などで建物が密集した地域では，周辺建物に危害を与えないように耐火性が要求される．このような地域は，防火地域または準防火地域と呼ばれ，条例により指定される．木造建物が密集していた江戸での大火が有名なように，我が国は過去に都市大火を繰り返し経験した．これより，都市の不燃化を目的として設けられた耐火建築物には，都市火災に対する延焼防止帯としての機能も期待されている．

耐火建築物の耐火性は，図7.3に示すように，主要構造部に要求される耐火時間で規定されている．耐火構造より緩やかな規定として，準耐火構造や防火構造などもある．建物の設計・施工においては，これらの耐火・防火規定が守られているかが確認され，火災時の延焼拡大防止と倒壊防止が実践されている．

部分\階	最上階から数えた階数		
	1～4	5～14	15以上
柱	1時間	2時間	3時間
梁	1	2	3
床	1	2	2
壁(耐力壁に限る) 間仕切壁	1	2	2
壁(耐力壁に限る) 外壁	1	2	2
屋根			30分間
階段			30分間

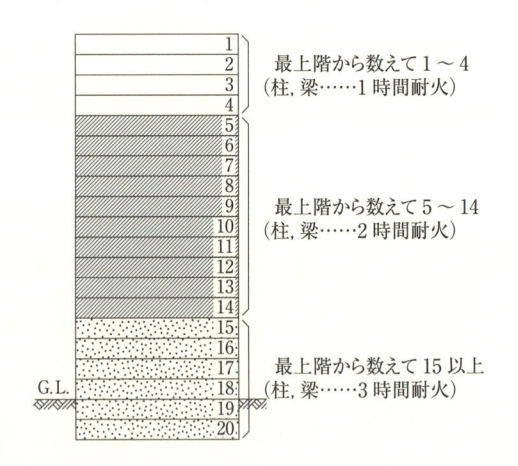

(建築基準法施行令第107条第1号)

図7.3 耐火構造に要求される耐火時間

7.2 鉄筋コンクリートは火に強いか－鉄筋コンクリート造の耐火性－

RC
　Reinforced Concrete の略．鉄筋で補強されたコンクリートをいう．

爆裂
　火災加熱を受けるコンクリート部材の表面が，音を伴い急激に剥離する現象をいう．コンクリート表面が剥離して鉄筋が直接火災に曝されると，RC部材の荷重支持能力は急減する．

鉄筋コンクリート建物の火災事例
　図7.4(c)は，米軍軍事情報センターの最上階で発生した火災事例である．左に示す斜め上から見た全体写真では，コンクリート屋根が全域にわたり爆裂している様子がわかる．右の写真は，柱が剪断破壊した様子を示している．コンクリート屋根と梁の熱膨張変形により，外側へと押し出された柱に剪断変形が生じて破壊している．

　「鉄筋コンクリートの建物は火災に強い」といわれている．建築基準法でも，鉄筋コンクリート構造（RC構造）は耐火構造として定められている．なぜ，鉄筋コンクリート建物は火に耐えられるのか．あるいは，本当に鉄筋コンクリート建物は火災に強いのだろうか．

7.2.1 鉄筋コンクリート建物の火災事例

　鉄筋コンクリート建物で火災が発生すると，RCの壁と床により火災の延焼拡大は防げるが，火災室内のコンクリート表面は1000℃くらいの加熱を受ける．図7.4(a)は，火災後によく見られる，コンクリート表面に発生した亀の甲状ひび割れである．図7.4(b)は，コンクリート表面のひび割れにとどまらず，梁のかぶりコンクリートが**爆裂**・剥離した例である．図7.4(c)は，RC建物でも大きな構造被害を受けた事例である．防火区画により火を封じ込めないと，構造部材に大きな変形が生じて，RC構造でも大きな被害を受けることとなる．

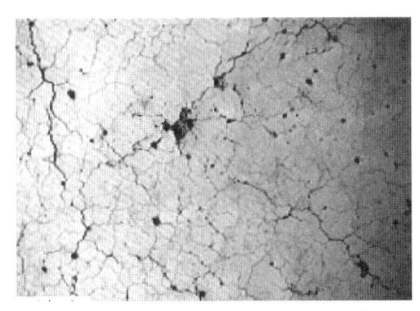

(a) コンクリートのひび割れ[3]　　(b) コンクリートの爆裂[3]

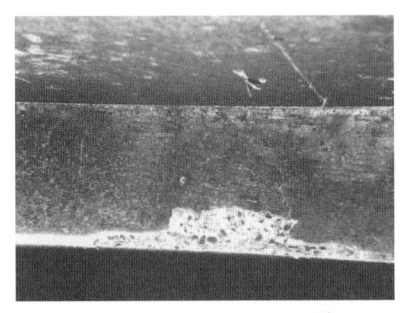

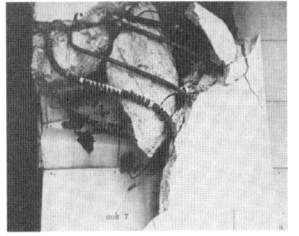

(c) RC床の爆裂とRC柱の剪断破壊[4]

図7.4　鉄筋コンクリート建物の火災事例

7.2.2 一様でないコンクリートの熱的性質

コンクリートは，粗骨材（砕石・砂利）・細骨材（砂）・セメント・水で構成されている．100℃くらいから水分が蒸発するのは含水材料共通の現象だが，コンクリートの骨材や調合はさまざまなので，熱的性質には大きなばらつきがある．火災を受けるRC構造の変形に影響を与えるコンクリートの熱膨張ひずみは，図7.5では600℃において0.5%～1.6%の範囲でばらつきが見られ，骨材により異なる．構造物の温度上昇に影響する要因は，**密度**と**比熱**と**熱伝導率**である．図7.6に示す熱伝導率を見ると，セメント量が多く緻密な高強度コンクリートほど熱が伝わりやすい傾向にある．このようにコンクリートは一様ではないので，計算によりRC構造物の内部温度や変形を求めるときには，安全側に熱定数を設定することが望ましい．

線膨張係数

線膨張係数とは，1℃あたりに増加するひずみ度（伸び率）である．図7.5に示す熱膨張ひずみ－温度関係グラフの傾きにあたる．コンクリートと鋼の線膨張係数は概ね10μ/℃前後の値をとる（1μは100万分の1）．線膨張係数が同程度であるコンクリートと鉄筋は，温度変化に対する変形の差が小さく，相互にずれが生じないので，相性の良い組合せといえる．

密度

普通コンクリート密度は2300kg/m³程度である．水分蒸発に伴い減少し，600℃くらいになると常温時の9割くらいまで減少する．

比熱

比熱とは，単位重量1kgの材料を1℃上昇させるために必要な熱量である．比熱が大きい材料ほど温度が上昇しにくくなる．コンクリートの比熱は，常温時で0.7～0.9kJ/(kg・K)（水の約1/5）であり，温度上昇に伴い増加する．

熱伝導率

固体内部の移動熱量は，温度勾配に比例する．この比例定数が熱伝導率であり，熱伝導率が大きいほど熱が伝わりやすい．熱伝導率が鋼の約1/40であるコンクリートは，熱を伝えにくい材料といえる．RC壁では10cmの厚さがあれば，2時間の火災に対して延焼を防止できるとされている．

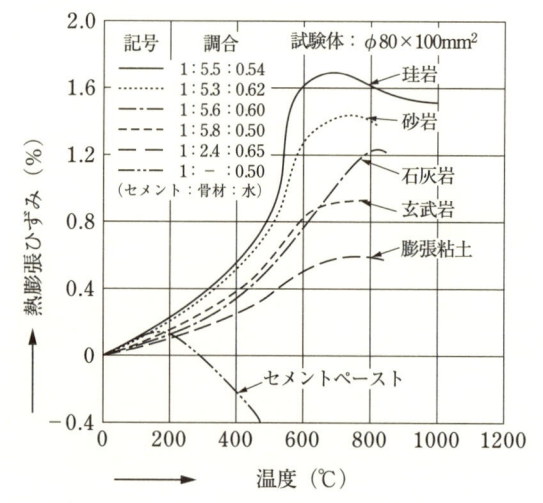

図7.5 コンクリートの熱膨張ひずみ[5]

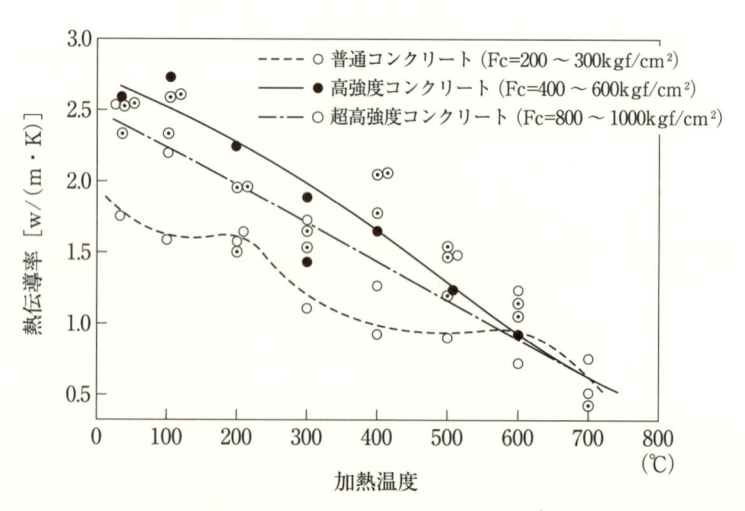

図7.6 コンクリートの熱伝導率[6]

7.2.3 コンクリートも高温になると劣化する

RC構造の火災時挙動を把握するためには，前述したコンクリートの熱的性質の他，高温下におけるコンクリートと鉄筋の「応力度～ひずみ度関係」を知る必要がある．応力度～ひずみ度関係より，材料の**弾性係数・強度・靭性**に関する高温時の機械的特性が得られ，構造物の変形と耐力を予測できる．図7.7に示すコンクリートの応力度（比）～ひずみ度関係を見ると，550℃で弾性係数と強度は半分くらいにまで低下しており，コンクリートは高温になると劣化することがわかる．また，圧縮強度に達した後に急激な強度低下が見られ，靭性の小さいことがわかる．図7.8は，同じコンクリートを用いた実験により，加熱中と加熱冷却後の強度を比較したものである．両者の差は小さく，一度加熱を受けたコンクリートは，常温になっても強度が回復しないことがわかる．

前述した熱的性質と同様，コンクリートの高温強度のばらつきはとても大きい．コンクリートの高温強度に影響する主な要因は，骨材の種類といわれている[5]．またセメント量の違いも指摘されている．コンクリート高温実験のデータは少なく，我が国ではコンクリートの高温強度に関する規準は未だない．高温載荷実験データの蓄積が必要とされている．

弾性係数
応力度（力）とひずみ度（変形）の関係における比例定数（バネ定数）である．コンクリートでは，圧縮強度の1/3ぐらいまでを比例限度とし，弾性係数を設定することが多い．

強度
コンクリートでは圧縮強度をさす．コンクリートは，引張強度が小さいので，引張に対する負担を期待しないのが一般的である．

靭性
弾性域を超えた後の粘り強さ，壊れにくさを意味する．靭性が大きい構造ほど大きな変形に耐えられる．

コンクリートの高温強度低下の要因
1) 骨材の強度低下
2) セメントによる接着力の低下
3) 骨材とセメントの熱膨張ひずみ差による亀裂の発生

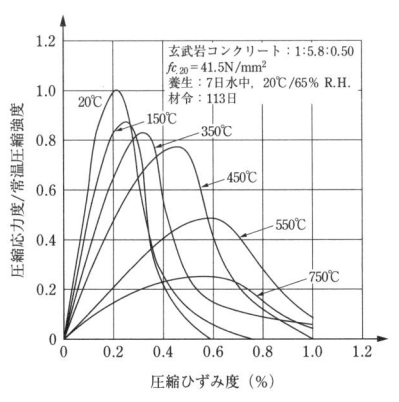

図7.7 コンクリートの応力度～ひずみ度関係[5]

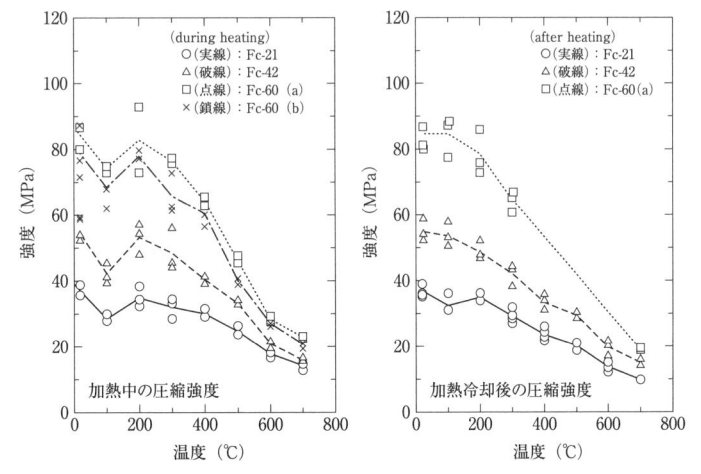

図7.8 コンクリートの圧縮強度の低下[7]

7.2.4 火災を受けるコンクリート構造物に生じる力と変形

　火災を受けるRC部材は，コンクリートの熱膨張により伸びる．また，その伸びを周囲の部材が拘束するために，その部材には圧縮力が生じる．これを熱応力という．火災加熱を受けるRC骨組に生じる変形とモーメント分布の概略を図7.9に示す．火災時において加熱を受ける骨組部材は，火災室にある柱と直上の梁である．火災時においては，下から加熱されて膨張する梁が骨組の変形に大きな影響を及ぼす．図中に示す火災時の変形は，加熱膨張した梁が柱を押し出す様子と，加熱側と非加熱側の温度差で生じる梁のたわみ込みを示している．この変形が上下階の部材により拘束されると，図に示すような曲げモーメント分布となる．火災室の柱の両端部および梁の両端部には，火災時に大きな曲げモーメントが生じる．図7.4(c)に示した火災事例は，このような熱応力変形による構造被害の例である．

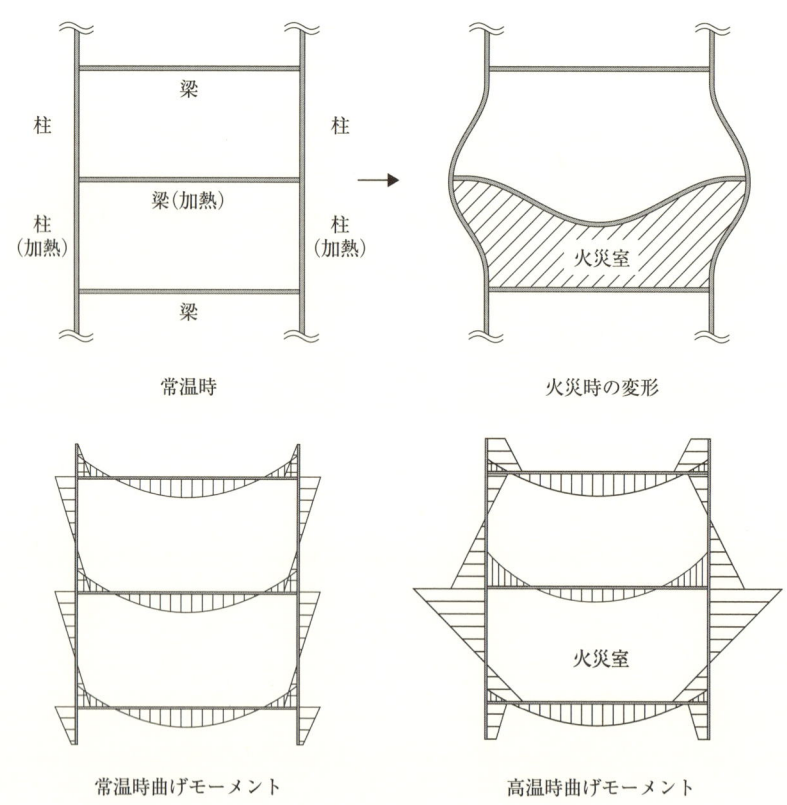

熱膨張による変形と応力度
　熱膨張変形の大きさについて考えてみる．図7.7に示した応力度〜ひずみ度曲線を見ると，常温では0.2％ひずみくらいで圧縮強度に達している．一方，図7.5に示した熱膨張ひずみを見ると，200℃くらいで0.2％ひずみに達している．つまり，コンクリートの膨張を完全に拘束して加熱すると，加力しない場合でも200℃くらいで最大強度と同等な応力度が発生してしまう．

柱に発生する曲げモーメント
　火災室および上階の柱両端部に大きな曲げモーメントが生じる理由は，梁の伸び出しと拘束により剪断力が生じるためである．

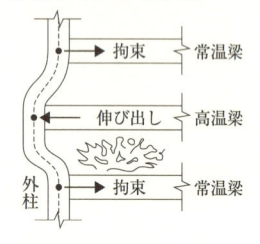

梁端部に発生する曲げモーメント
　加熱を受ける梁には上下の温度差により下凸のたわみが生じる．この下凸のたわみが端部で拘束されると，上凸の曲げが生じる．

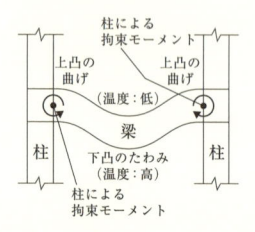

図7.9 火災を受けるRC骨組に生じる変形と曲げモーメント

7.2.5 爆裂という破壊現象

コンクリートは急な加熱を受けると爆裂することがある．図7.10は**高強度コンクリート**を用いたRC柱を加熱した後の写真である．左側(a)に示す柱を見ると，コンクリートの表面が爆裂して，鉄筋が露出している．このような状況になると，部材の荷重支持能力は大きく低下し，火害後の補修も大掛かりなものになる．どのような条件下で爆裂が生じるのか，既往の耐火実験より明らかにされている要因を以下に示す．

1) 耐火実験の初期段階で急激な温度上昇が生じる場合
2) 含水率（コンクリート中に含まれる水分量）が大きい場合
3) セメント量の多い緻密な高強度コンクリートである場合
4) プレストレス（コンクリート内部に埋め込んだ高張力鋼棒の緊張による圧縮力）を導入した場合
5) 部材の厚さが小さい場合
6) 梁および柱の隅各部
7) Ｉ形梁の薄いウェブ

以上の要因に配慮して爆裂を検討することが，RC構造物の耐火設計では求められる．爆裂の原因については，**水蒸気説**と**熱応力説**があげられているが，複合的な現象と考えられ，更なる研究が必要である．

高強度コンクリート[9]

普通コンクリートの強度は，おおよそ20～40MPa（200～400kgf/cm^2）である（図7.8のFc-21を参照）．高強度コンクリートは設計基準強度が36MPaを上回るコンクリートであり，60MPaを上回る高強度コンクリートでは爆裂の検討が求められる．

爆裂の原因：水蒸気説と熱応力説

【水蒸気説】
コンクリート中の自由水が蒸発する際に，逃げ場のない水蒸気がコンクリートを破壊するという説．

【熱応力説】
急加熱を受けるコンクリート表面には大きな熱膨張ひずみが発生するが，このひずみが拘束されると大きな熱応力が発生する．この熱応力の程度が大きいと，コンクリートを破壊するという説．

爆裂防止対策の例

図7.10で紹介するポリプロピレン短繊維は，200℃くらいで溶融するので，コンクリート表面に空隙をつくり，爆裂を低減する効果が確認されている．

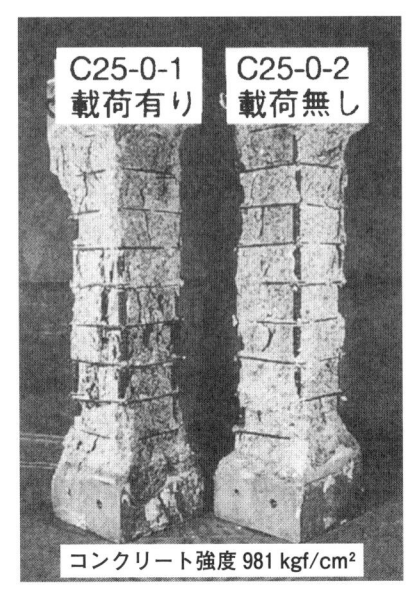

(a) ポリプロピレン短繊維・無混入 　　(b) ポリプロピレン短繊維・混入

図7.10 耐火実験後に見られる高強度RC柱の爆裂[8]

7.2.6 鉄筋コンクリートでは断面積とかぶり厚さが効く

大断面のRC部材では，部材の内部では温度が上がらず，熱膨張変形が抑えられる．また，加熱の影響を受けない健全領域が大きくなるので，部材の耐力低下も抑えることができる（図7.11参照）．これよりRC部材の耐火性は，断面寸法に大きく依存する．図7.12は，曲げモーメントに抵抗するRC梁の仕組みを示したものである．梁の中央部では，荷重により下凸に曲がり，上側のコンクリートで圧縮応力を，下側の主筋で引張応力を負担する．このときRC梁の曲げ耐力は，主筋の断面積と強度および梁せいに比例する．よって，加熱面に近い下側主筋の温度上昇を抑制することがRC梁中央部の曲げ耐力を保持することにつながる．つまり，**かぶり厚さ**を確保することが重要である．梁の端部では，上凸に曲がり，下側のコンクリートで圧縮応力を，上側の主筋で引張応力を負担する．よって，梁端部では，下側コンクリートの高温強度低下が影響する反面，上側主筋の温度上昇は抑制され，梁中央部よりも耐力低下は小さくなる．合成梁については梁端部の性状を検討するための耐火実験が行われている[65]．

RC構造部材に粘り強さを与える**剪断補強筋**の効果も重要である．外柱においては，加熱を受ける床・梁の伸びだしにより大きな水平変形が生じるため，剪断破壊を防止するための剪断補強筋が威力を発揮する．

かぶり厚さ
コンクリート部材の表面から鉄筋までの距離をいう．耐久性と耐火性の観点より，RC部材には最低かぶり厚さが規定されている．

かぶり厚さと鉄筋温度
柱幅が400mmでコンクリートのかぶり厚さが40mm（施工最低基準）程度ある場合，鉄筋の温度は，1時間で約200℃，2時間で約400℃，3時間で約600℃に達する[10]．

剪断補強筋（柱-帯筋）の効果
柱に帯筋（剪断補強筋）がない場合，剪断力に対して抵抗が小さい．柱に帯筋があると，主筋・帯筋・コンクリート圧縮域によるトラス（三角骨組）が形成され，剪断力に対する抵抗力が増す（下図参照）．

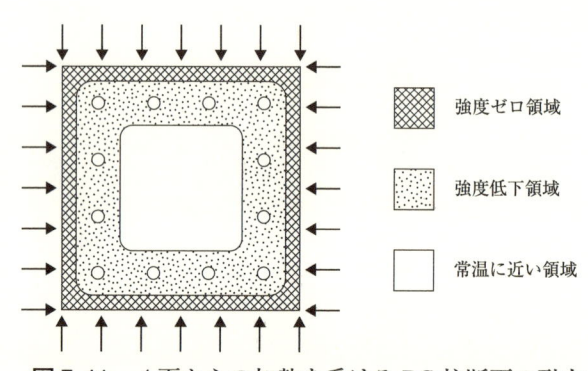

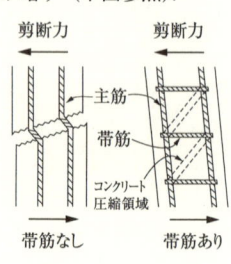

図7.11 4面からの加熱を受けるRC柱断面の耐力

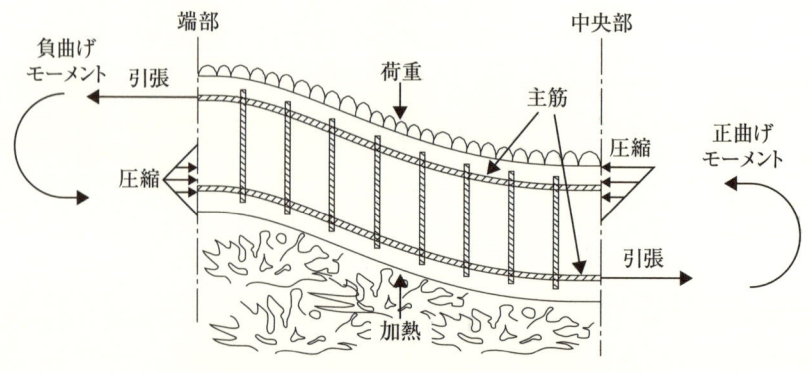

図7.12 RC梁断面に作用する応力度

7.2.7 コンクリート表面にすすが残っていれば被害は小さい

RC構造物においては，火害の程度が小さければ小規模な補修で再使用できるが，火害の程度が大きいと大規模な補修が必要となる．表7.1に日本建築学会で提示されている火害等級と補修方法を示す[3]．

火害診断においては，まず目視により外観を観察する．コンクリート表面に黒いすすが残っているような状況（火害等級Ⅱ級以下）であれば，コンクリートの温度履歴が500℃以下であると判断でき，**簡単な調査**で足りる．一方，コンクリート表面がピンク色に変色しているような状況（火害等級Ⅲ級以上）であれば，**詳細な調査**を実施する必要がある．

火害補修は，熱劣化したコンクリートを除去し，新しいコンクリートを打設するなどして，火害前の構造性能を発揮できるよう修復することである．かぶりコンクリート補修方法の一例を図7.13に示す．

外観調査項目
・コンクリートの色
・ひび割れの幅・長さ
・梁・床のたわみ
・爆裂・脱落
・浮き・剥離
・鉄筋の露出

簡単な調査
1) 反発硬度を調べる非破壊検査を行い，火災を受けなかった健全部と比較する．
2) コンクリート表面を抜き取り，フェノールフタレイン溶液を用いて中性化した範囲を調べる（コンクリートが中性化すると，鉄筋が錆びて耐久性が低下する）．

詳細な調査
コンクリートコアや鉄筋を抜き取り載荷試験を行う方法と，材料分析によりコンクリートの受熱温度を予測する方法がある．コア抜き試験による場合，実験値のばらつきが大きいため，多くの試料を抜き取っておく．

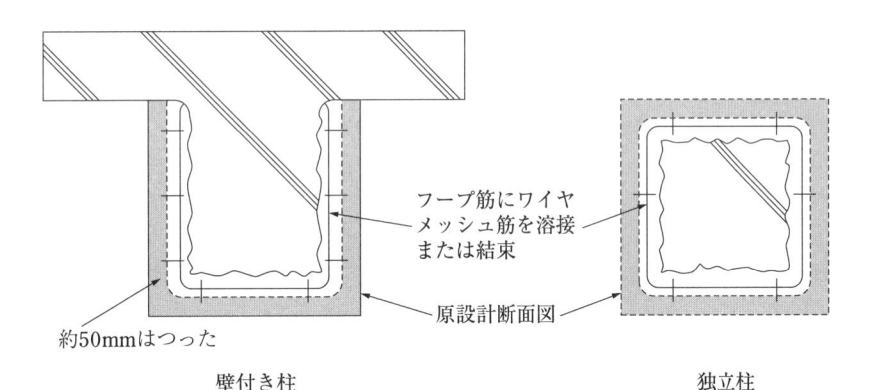

図7.13 RC柱のかぶりコンクリート補修方法の一例[11]

表7.1 RC構造物の火害等級と補修方法[3]

火害等級	火害の状況	補修方法
Ⅰ級	仕上げ材料が残っており，無被害の状態．	特になし．
Ⅱ級	躯体にすす・油煙が付着している状態．	コンクリート表面を洗浄する．
Ⅲ級	ピンク色に変色したコンクリートに微細なひび割れが見られるが，鉄筋位置までは損傷していない状態．	500℃以上の部分は，はつり取って打ち直す．500℃以下のひび割れ部には，エポキシ樹脂を注入する．
Ⅳ級	コンクリート表面に数mm程度のひび割れが発生し，鉄筋の一部が露出しているような状態．	かぶりコンクリートをすべてはつり取り，コンクリートを打ち直す．
Ⅴ級	広範囲な爆裂・主筋の座屈・大たわみの発生など，構造的な損傷が大きい状態．	部材を撤去し同様に復旧するか，鋼材や炭素繊維で補強する．新部材を増設する方法もある．

7.3　鉄骨を断熱材料で被覆する—鉄骨造の耐火性—

1960年代の高度経済成長期より，鉄骨造による超高層ビルが数多く建てられている．強度と靱性を有する鉄骨部材は，耐震性に優れるが，火災に対しては弱い．このため鉄骨部材には，火災時の温度上昇を抑制するために，断熱性に優れた耐火被覆を施している．

7.3.1　火害を受けた鉄骨部材の変形

耐火被覆のない鉄骨部材が1000℃の火災に曝されると，鋼材温度が急上昇し，荷重支持能力は期待できなくなる．図7.14と図7.15は，イギリスのCardingtonで行われた8層鉄骨架構の火災実験報告[12]で紹介された写真である．柱には耐火被覆が施され，梁は裸鉄骨である．図7.14の(a)は事務室を模擬した火災前の様子で，(b)は火災に直接曝された鉄骨梁が大きくたわんでいる様子がわかる．図7.15では，接合部および部材の端部に変形が集中している様子がわかる．図7.16は我が国の火災事例である．両端部で熱膨張を拘束されたH形鋼梁のフランジが波打っている様子がわかる．部材全体が変形するのか，局部的に変形が集中するのかは，部材の寸法や支持状態により異なる．

梁のたわみ

通常時，梁のたわみは，目視で確認できない程度である．しかし，火災時に生じる変形は大きく，目視でわかる場合もある．図7.14は，耐火被覆された柱が強く，耐火被覆のない梁がハンモック状態に垂れ下がり，床を支えた例である．

局部座屈

図7.15や図7.16は，圧縮力により鉄骨部材の板要素が局部的に曲がった様子を示しており，このような現象は局部座屈と呼ばれる．火災加熱を受ける構造部材の端部でよく見られる現象である．

(a)　火災前の様子　　　　(b)　火災後の様子
図7.14　火災加熱を受けた鉄骨梁のたわみ[12]

図7.15　部材端部における局部的な熱変形[12] 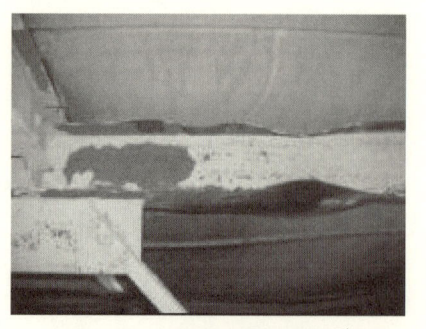　　**図7.16　加熱梁の局部座屈**[3]

7.3.2 鋼材は400℃以降から急に弱くなる

　強度と靭性を有する鋼材は，優れた構造材料であるが，温度の上昇に伴いヤング率と強度などの機械的特性は低下する．図7.17は，鋼材SS400の高温引張試験より得られた，応力度～ひずみ関係である．常温では，ひずみ0.2%ぐらいで降伏し，ひずみ2%ぐらいからひずみ硬化により応力度が上昇し，ひずみ20%ぐらいまで伸びる．高温になるとヤング係数が低下するが，400℃ぐらいまでは2%以降の応力度が常温時と同等である．400℃以降は急激に強度が低下し，500℃では常温時強度の2/3倍ぐらい，600℃では常温時強度の1/3倍ぐらいにまで低下する．図7.18では，時間に伴うクリープひずみを示している．500℃から600℃の間でクリープひずみが急増していることがわかる．700℃から800℃の間で鋼材は変態して性質が変わる．鋼材の高温強度は，成分・熱処理方法・加工方法の違いで，ばらつきがある[18]．鋼材の高温強度を設定する際には，ばらつきも考慮する必要がある．

　耐震設計された建物の強度は，建物自体と家具等による長期荷重に対して大きな余裕を持っている．この余裕が大きいほど鋼材を高温まで使用することができる．一般に我が国では，500℃ぐらいまでの領域で鋼構造の耐火設計がなされており，室内の温度が1000℃ぐらいになる通常の火災に対して鋼材温度が上昇しないように耐火被覆を施している．

鋼材の靭性
　鋼材は，容易に破断しない，粘り強い材料である．引張試験によると，弾性範囲0.2%ひずみを超えてから破断伸び20%ぐらいまで100倍ぐらいの変形をすることができる．

ひずみ硬化
　鋼材の引張試験において，降伏後，ひずみの増加に伴い，応力が緩やかに増加する．この現象をひずみ硬化という．ひずみ硬化する金属材料では，変形が集中せず全体に変形の領域が拡がるため，脆い破断が生じにくくなる．

クリープ
　一定の荷重が作用している状態で，時間の経過に伴いひずみが増大する現象をいう．一般に，高温になるほどクリープの影響は顕著となる．

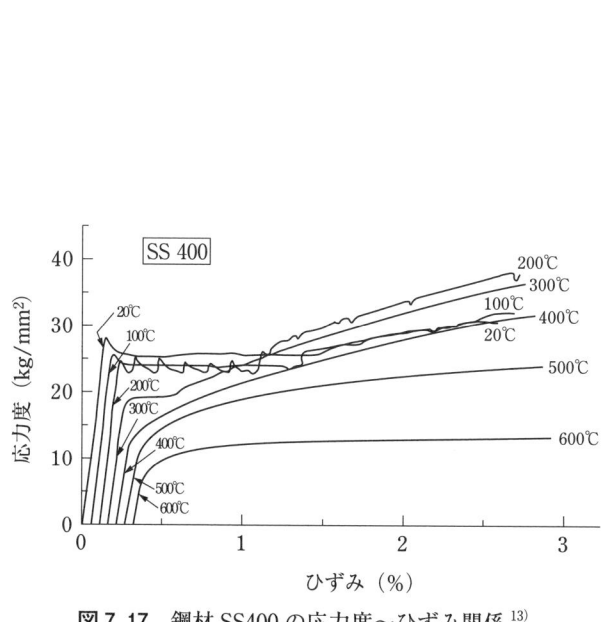

図7.17 鋼材SS400の応力度～ひずみ関係[13]

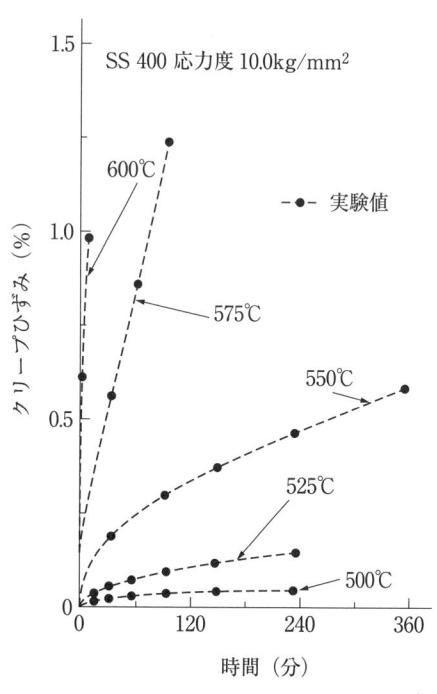

図7.18 鋼材SS400のクリープひずみ[14]

(7.1) 式に関する補足

【鋼梁の自由伸び $_f\delta_b$】

鋼材の線膨張係数は約 $12×10^{-6}(1/℃)$ である．この線膨張係数に温度増分を掛けると熱膨張ひずみが求められ，さらに部材長さを掛けると熱膨張による自由伸び $_f\delta_b$ が求められる．本例題で鋼梁の温度が 200℃ 上昇したとすると，鋼梁の自由伸びは約 14.4mm と算出できる．

【柱バネ k_{bc}】

柱バネのバネ定数は，両端固定梁が中央集中荷重を受ける場合のバネ定数に概ね対応する．したがって，柱の断面二次モーメント I_c とヤング係数 E と階高 h を用いて，バネ定数 k_c は次式で近似できる．

$$k_c = \frac{192EI_c}{(2h)^3}$$

本例題では 70780(N/mm) となる．

【梁の軸剛性 EA_b】

鋼材のヤング率 E と梁の断面積 A_b の積が，鋼梁の軸剛性となる．鋼材のヤング率は高温になると小さくなるが，本例題では温度上昇を 200℃ までに限定しているので，簡単にするため常温時のヤング率 205000(N/mm²) を用いている．

7.3.3 梁の熱膨張変形にご用心

火災加熱を受ける部材が伸びるとき，周辺部材から拘束されると，部材には大きな熱応力が生じる．鋼構造部材の耐火性を検討する場合，熱伝導率が大きいので断面内温度差による部材のたわみを無視することは多いが，材軸方向の伸縮は無視できない．これより，火災加熱を受ける鋼構造骨組の熱応力変形は，加熱梁の熱膨張変形が主要因となり，図 7.19 に示すように単純化できる[15]．このように単純化すると，梁に生じる圧縮力と柱バネからの反力が等しいことを利用して，柱バネによる拘束を受ける加熱梁の伸びだし量 δ_b は次式で求めることができる．

$$\delta_b = \frac{EA_b}{EA_b + k_c L}\,_f\delta_b \tag{7.1}$$

上式の記号は，補足説明に示すとおりである．L は梁の長さである．仮に鋼材温度が 200℃ 上昇した場合を考える．このとき (7.1) 式を用いると，加熱梁の伸びだし量 δ_b は約 12.4mm となる．鋼梁の自由伸び約 14.4mm に対して，柱バネの拘束効果は約 2mm しかない．鋼梁の熱膨張変形を拘束することは，一般には困難である．加熱梁の伸びだし量 δ_b に柱バネ k_c を掛けると梁の軸力が 881(kN) と求まり，さらに外柱の両端に 727(kN·m) の曲げが生じることがわかる．この曲げにより柱両端部の縁に生じる応力度は 255N/mm² (STKR490 鋼材の降伏強度 325 N/mm² に対して約 8 割) であり，200℃ 程度の温度上昇でも，かなり大きな熱応力が生じることがわかる．以上は簡単な弾性計算であるが，さらに温度が上昇すると塑性計算により熱応力と熱変形を求める必要がある．

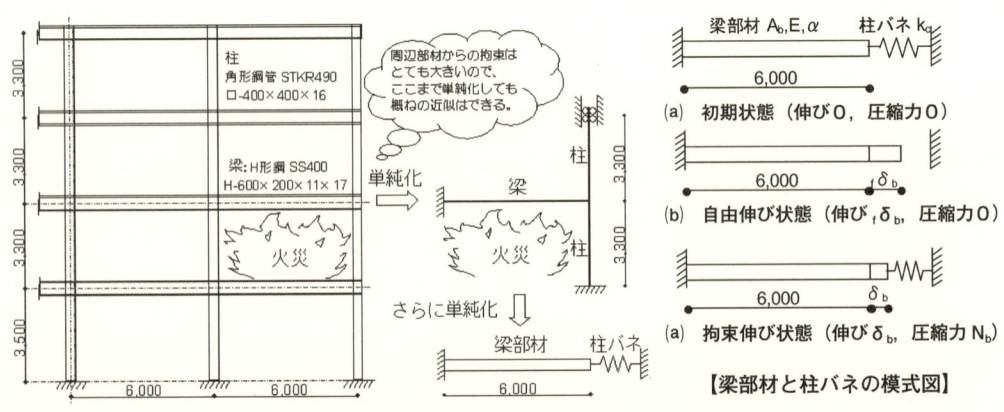

図 7.19 火災加熱を受ける鋼構造骨組の単純化[15]

7.3.4 熱応力が消滅する理由

前の例題では，200℃ までの温度上昇で，外柱の熱応力が降伏耐力の8割くらいにまで達することを示した．しかし，さらに鋼材温度が上昇すると，外柱の曲げ耐力が限界に達してしまい，梁の熱膨張変形に比例して生じていた柱バネによる反力も限界に達する．そればかりか400℃ を超えると，鋼材の耐力は急激に低下するので，外柱の曲げ耐力も急激に低下し，温度上昇に伴い部材に生じる熱応力は減少する．鋼材温度が600℃ くらいになると，建物荷重を支えるだけで精一杯となった柱は，梁の熱膨張に抵抗できなくなる．これより熱応力は消滅する．

前の例題で行ったような計算を発展させ，コンピュータで高層鉄骨建物を解析した結果を図 7.20 に示す[2]．コンピュータでは繰返し計算が容易にできるため，ヤング係数と強度の低下を取り込むことができる[3]．図 7.20(b)に示す外柱柱頭の発生曲げモーメント M_T を見ると，400℃ までは曲げが増大しているが，400℃ 以降から減少して，600℃ では熱応力が消滅している．図 7.20(c)に示す梁中央の発生軸力 N_T でも同様に，400℃ 以降から減少して，600℃ では熱応力が消滅している．

コンクリートのような脆い材料では，部材の熱膨張に伴う熱応力により破壊する可能性がある．一方，鋼のように粘り強い材料では，熱応力が生じても容易に破壊しない．これより我が国の耐震設計の下で変形能力が確保された鉄骨構造では，熱応力の消滅を前提とした計算により，耐火性を検証する方法が提案されている．

熱応力解析に関する補足

地震時には建物全体が揺れるが，防火区画を有する建物において，火災は局所的な現象である．直接火に曝される部材と隣接する部材には極めて大きな熱応力変形が生じるが，3層くらいまで離れると熱応力変形はほとんど無視できる．図 7.20 に示す熱応力解析では，このことを利用し，下図に示すような単純化を行っている[17]．繰返し計算（塑性解析）を行うのは，火災加熱の影響が大きい局部架構のみである．局部架構には，周辺架構の弾性バネによる端部拘束力を与えている．

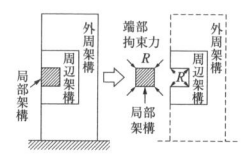

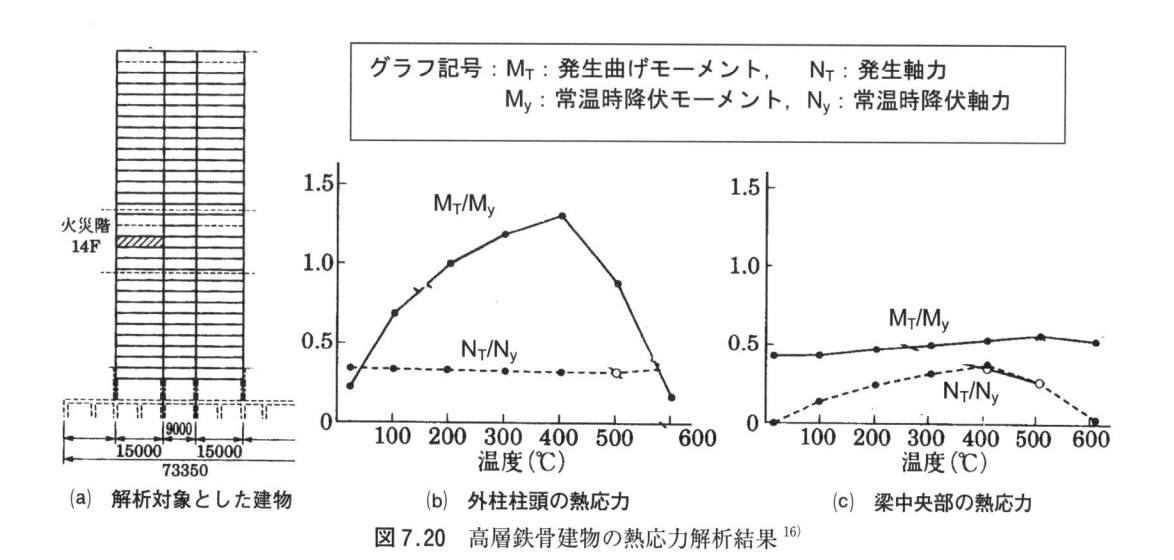

図 7.20 高層鉄骨建物の熱応力解析結果[16]

(a) 解析対象とした建物
(b) 外柱柱頭の熱応力
(c) 梁中央部の熱応力

グラフ記号：M_T：発生曲げモーメント，N_T：発生軸力
M_y：常温時降伏モーメント，N_y：常温時降伏軸力

7.3.5 弱点となる接合部

全強接合

靭性を有する鋼材を用いても，接合部で破断してしまうと，脆い構造となってしまう．接合部での破断を防止するために，部材の全強度を伝達できるように設計された接合部を全強接合という．

高張力鋼材の高温強度

高力ボルトは，熱処理などにより，一般鋼材に比べて2倍くらいの強度を持たせた鋼材である．高力ボルトの他，RC部材の緊張材に用いるPC鋼棒や高張力ケーブルといった強度の高い材料は，高温時の強度低下が大きく，加熱冷却後においても強度が低下する．

　鉄骨造には，鉄骨部材をつなぐための接合部がある．一般には図7.21(a)に示すように，柱と梁端部は工場で溶接され，柱に溶接された梁端部と梁部材は現場において高力ボルトで接合される．このような梁継手では，高力ボルトを締め付けることで梁材と継手板を密着させ，梁材と継手板の接触面に生じる摩擦力により応力を伝達させる．しかし，火災時においては，高力ボルトの高温クリープにより，締め付け力の低下に伴い摩擦耐力がなくなり，鋼材温度が500℃くらいになると摩擦接合から剪断接合へと移行する．剪断接合に移行した後は，高力ボルトと継手板のぶつかり合いによる接合となるため，高力ボルト素材の高温強度によって接合部の強度が決まる．図7.22に示す規格強度に対する高温強度の比を見ると，一般鋼材に比べて，高力ボルトの高温耐力低下が著しい．よって，梁母材よりも接合部が強くなるように**全強接合**していても，火災時には高力ボルト継手が先に破断することもありえる．一般鋼材では加熱冷却後の強度が回復するが，図7.23に示すように，高力ボルトでは加熱冷却後であっても強度は回復しない．よって，火災が鎮火して冷却される梁が縮む過程で高力ボルトが破断することもある．接合部は，できるだけ強度に余裕を持たせて設計することが望ましい．

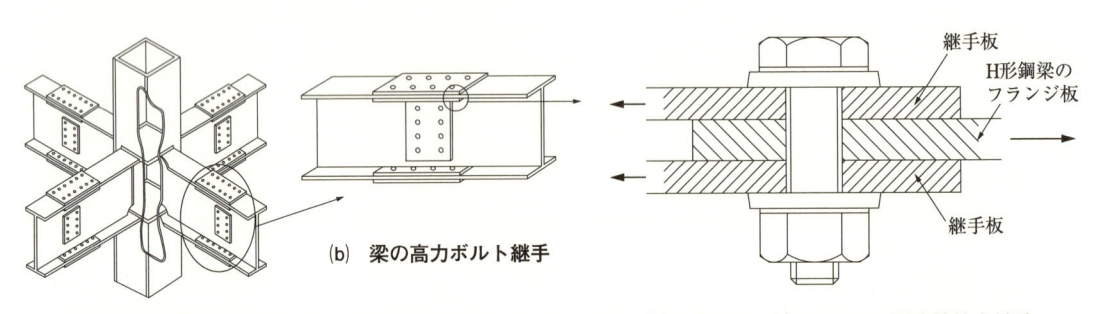

(a) 柱—梁接合部の一例　　**(b)** 梁の高力ボルト継手　　**(c)** 梁フランジにおける2面摩擦接合継手

図7.21 高力ボルト接合部の一例

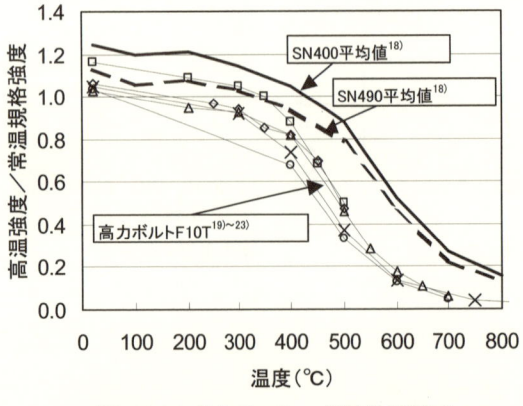

図7.22 高力ボルトの高温強度低下 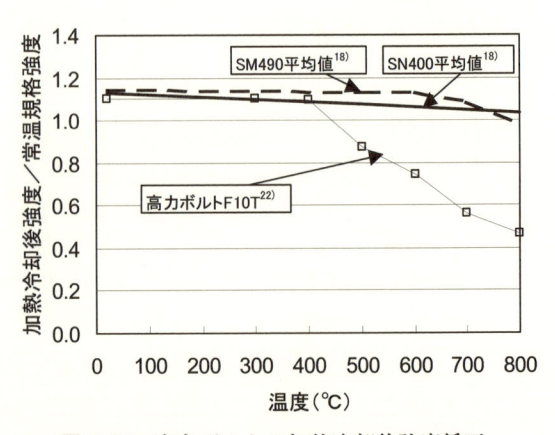　　**図7.23** 高力ボルトの加熱冷却後強度低下

7.3.6 柱の弓なり現象

強度と剛性の大きい鋼材を用いた鉄骨造は，他の構造に比べて細長い部材で構成されている．このような細長い部材に圧縮力を加えると，ある荷重でガクッと弓なりに曲がる．この現象を座屈という（図7.24）．耐震設計された剛接骨組では，太く短い柱が用いられるので，座屈しにくい構造となる．一方，ブレースに地震時の水平力を一部負担させるブレース付き骨組では，細長い部材が用いられる傾向にあり，座屈しやすくなる．

7.3.2項で述べたように，鋼材のヤング係数は温度上昇に伴い低下する．したがって，ヤング係数に比例する**座屈耐力**は火災時に低下する．7.3.4項で述べたように，鉄骨架構では400℃以降では熱応力が消滅していくので，最終的には柱が長期荷重を支えられるか否かを確認する．したがって，細長い柱では，建物荷重によって生じる柱軸力を，高温時の座屈耐力[24]が上回ることを確認することとなる．

太く短い柱では，火災時，加熱梁の伸び出しにより，柱頭・柱脚部に局部座屈が発生する（図7.25）．この局部座屈が発生すると，柱の軸耐力を低下させる恐れがある．火災時には局部座屈の発生は避けがたいので，局部座屈後の耐力を実験により把握して耐火設計に反映させている．

耐震設計された鉄骨構造では，加熱柱が弱くなり座屈したとしても，周りの柱が健全であれば，弱くなった柱の負担分を周りの柱が負担してくれるので容易に崩壊しない[25]．防火区画により火災の影響範囲を小さくするほど，この応力再配分の効果が増して，座屈に伴う柱の崩壊を防ぐことができる．

座屈耐力

部材の曲げ剛性に比例し，座屈長さ l_k の2乗に反比例する．高温になると，鋼材のヤング係数が低下するので，座屈耐力は低下する（図7.24）．部材両端部の拘束状態によって，座屈長さが変わり，座屈耐力は変わる．例えば，下図に示すように，両端ピン支持の場合に比べて，両端固定支持の場合は，座屈耐力が4倍になる．

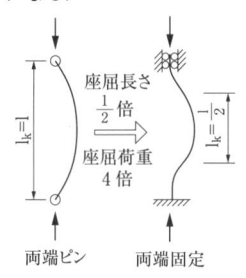

局部座屈と幅厚比

図7.15, 16でも示したように，圧縮力により鉄骨部材の板要素が局部的に曲がる現象である．板要素の幅厚比（板幅÷板厚）が大きいほど，局部座屈耐力後の低下が大きくなる．

図7.24 長柱（矩形断面SM490鋼柱）の高温座屈耐力[26]と変形[27]

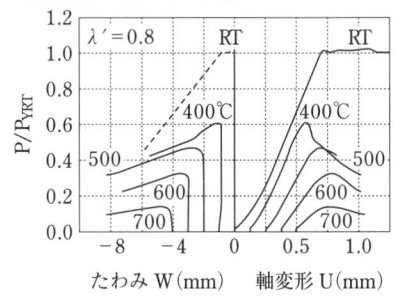

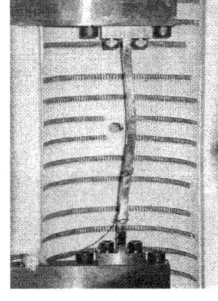

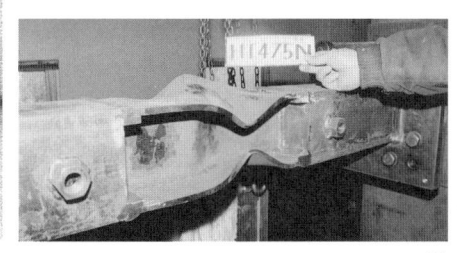

図7.25 短柱（H形鋼SM490）の局部座屈[28]

7.3.7 鉄骨梁の崩壊温度

火災加熱と周辺架構からの拘束を受ける梁には熱応力として軸力が発生するが，この熱応力は400℃以降で減少し，最終的には梁の軸力は消滅する．よって，梁の耐火性を検討する際には，**長期荷重**により作用する曲げモーメントを，高温になった梁が支えうるか否かを確認する．この際，**単純塑性解析**[例えば, 29]を用いて，鋼梁が崩壊する温度（崩壊温度）を算定できる[30]．

図7.26に示すSS400鋼材の高温強度残存率 $\kappa(T)$ を用いて[30]，図7.27に示す両端固定梁の崩壊温度を求めてみる．

梁 断 面：H-450×200×9×14（Z_p = 1680 cm³）長さ l = 8.0 m
鋼　　種：SS400材（F = 235 N/mm²）高温強度低下率（図7.26）
長期荷重：梁上の等分布荷重（w = 32.9 kN/m）

火災終局時においても長期荷重による作用曲げモーメントは変わらず，図7.27に示す M_0 は以下のように算定される．

$$M_0 = \frac{wl^2}{8} = \frac{32.9 \times 8.0^2}{8} = 263.2 \quad \text{(kN·m)} \tag{7.2}$$

また高温時における**全塑性モーメント** $M_p(T)$ は下式で算定される．

$$M_p(T) = Z_p \cdot F \cdot \kappa(T) = 0.001680 \times 235000 \times \kappa(T) = 394.8 \times \kappa(T) \quad \text{(kN·m)} \tag{7.3}$$

火災終局時には $M_0 = 2M_p(T)$ の関係が成り立つ（図7.27）．よって，このとき $\kappa(T)$ は以下の値となる．

$$\kappa(T) = \frac{1}{2} \times \frac{263.2}{394.8} = \frac{1}{3} \tag{7.4}$$

図7.26に示すSS400材の高温強度式によると，$\kappa(T)$ が1/3となるのは600℃のときである．したがって，この例では梁の崩壊温度は600℃となる．以上のように，梁の曲げ強度と荷重の関係より，梁の崩壊温度を求めることができる．

長期荷重
　長時間にわたり建物に作用している荷重をいう．建物自体の荷重，家具などの荷重，雪国では積雪荷重が，これに当たる．一方，地震力や台風時の風荷重を短期荷重という．

単純塑性解析
　釣合条件，塑性条件，機構条件を満足する構造物の崩壊荷重を求めること．この際，全塑性モーメントに達した断面には回転だけの自由度を持つ塑性ヒンジが形成される．

全塑性モーメント
　部材断面がすべて塑性化した状態における最大曲げモーメント．

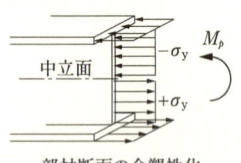

部材断面の全塑性化
（σ_y：降伏応力度）

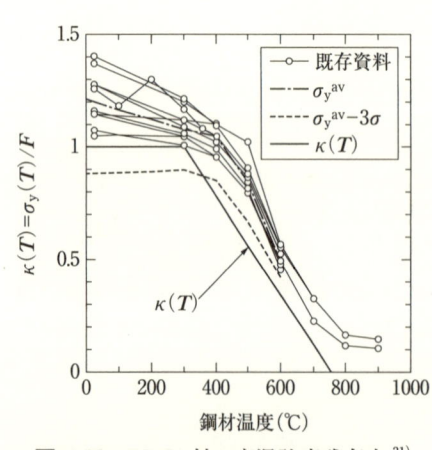

図7.26 SS400材の高温強度残存率[31]

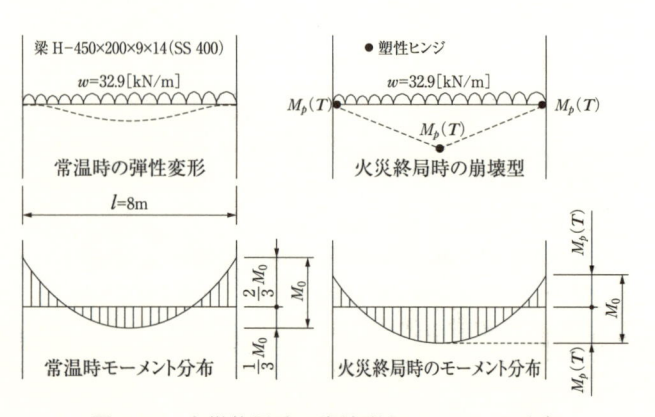

図7.27 火災終局時の崩壊型とモーメント分布

7.3.8 鉄骨部材を断熱材で被覆する

火災により室内の温度は1000℃くらいにまで到達するが，前述したとおり，鉄骨部材の使用限界温度は600℃くらいである．熱変形を抑制して火災の被害を小さくしたい場合には，さらに鋼材温度を低くする必要がある．この際，1000℃の火災に対して断熱材で熱を遮断すれば，鉄骨部材の温度を抑制することができる．この断熱材を耐火被覆といい，使用する耐火被覆の材料とその厚みが，鉄骨部材の耐火性に大きく影響する．耐火被覆の他，部材が加熱される部分の表面積 A_f を鋼部材の体積 V_s で割った値（A_f/V_s）も，鋼材温度上昇の主要因となる．

耐火被覆工法にはさまざまな種類があるが，ここでは，吹付け工法・成形板張り工法・巻き付け工法・塗装工法を，図7.28～図7.31に紹介する．壁材等と合成した耐火被覆工法も，実際の建物で数多く採用されている．その例を図7.32に示す．これら耐火被覆工法を用いた部材の耐火性能は，耐火試験で確認される．標準的な火災加熱を所定の時間だけ与え，部材の鋼材温度が350℃以下となる場合，あるいは，長期許容応力度に相当する荷重を支持して許容変形量を超えない場合，いずれかを満たせばその耐火被覆工法は合格となる．したがって，鉄骨部材の耐火被覆には，断熱性のみならず，鉄骨部材の変形に対して亀裂や脱落が生じない変形追従性が求められる．

主な耐火被覆材料

ロックウール（吹付け工法）
ロックウールとセメントを組み合わせた材料である．安価で現状の耐火被覆の8割以上を占める．我が国のロックウールの大部分は，製鋼するときに発生する高炉スラグを原料としている．

繊維混入珪酸カルシウム板（成形板張り工法）
珪酸質原料と石灰の微粉末を高圧蒸気中で反応させた水和物に，補強繊維を混ぜて成型した板材．比重により，一種と二種に大別され，重い一種は柱に用いられ，軽い二種は梁に用いられる．

耐火塗料（塗装工法）
火災加熱を受けると250℃くらいで数十倍に発泡・膨張し，その炭化層が断熱効果を発揮する塗装材料．鉄骨部材を露出でき，その外観を美しく見せることができる．

図7.28 吹付け工法の例[32]

図7.29 成形板張り工法の例[18]

図7.30 巻き付け工法の例[32]

図7.31 塗装工法の例[32]

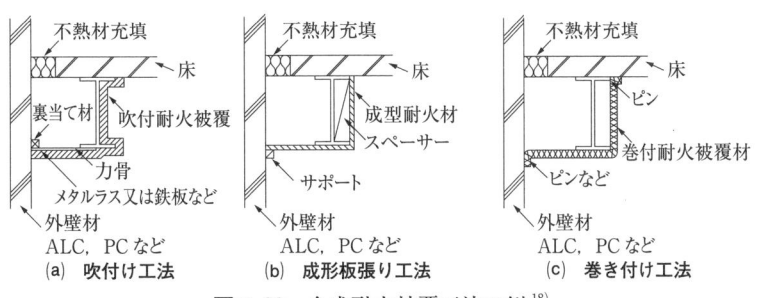

図7.32 合成耐火被覆工法の例[18]
(a) 吹付け工法
(b) 成形板張り工法
(c) 巻き付け工法

7.3.9 火害を受けた鉄骨造の診断と補修

火害後に建物を再利用する上で構造部材には，火害前と同程度な構造性能が求められる．区画火災を受けた部材の劣化や変形を考慮し，それらが構造性能に及ぼす影響について検討する必要がある．SS400材などの構造用鋼材においては，600℃くらいまでの加熱を受けても，加熱冷却後には強度や弾性係数が回復する．よって，鋼材は火害後でも再利用できる可能性が高い．しかし，火災加熱を受ける鉄骨架構には，加熱部材の熱膨張が周辺部材から拘束されるため，極めて大きな熱変形が生じる．これより，火災加熱を受ける部材やその周辺にある部材には塑性変形が生じ，火災終了後においても残留変形として残る．この残留変形をどの程度まで許容して，**補修・補強の目標性能設計**をどこに位置づけるかは，法令が定める基準を満足することを前提に，建物の所有者・管理者・設計者の総合的判断による．

鉄骨構造物の火害調査においては，鉄筋コンクリート構造物の火害調査と同様，まず目視による外観調査に始まる．この際，すすの付着状態や塗料の変色状態から，鋼材の受熱温度や受熱時間を推定することとなる．また，木材がどの程度まで炭化しているか，アルミサッシやガラスが溶融しているかなど，その他の建材からも診断に必要な情報が得られる（表7.2）．被害が大きい場合には，架構の残留変形を計測し，さらに鋼材の一部を抜き取り試験することになる．7.3.5項で述べる高力ボルト接合部には特に注意を払う必要がある．高力ボルト摩擦接合継手は，300℃くらいからすべり耐力が低下し，400℃を超えると冷却後においても常温時耐力までの回復が見込めないからである．

火害状況調査[3)]

【一次調査】
火災室内の躯体・仕上げ材など，外観を目視で調査する．

【二次調査】
鉄骨架構の変形量を測定する．デッキプレートスラブの振動を測定する．

【三次調査】
鉄骨・コンクリートなど，構造材料の切り取り強度試験を行う．

被災度の判定[3)]

【被災度Ⅰ】
仕上げ材のみ被災し，構造体には火災の影響がまったくない状態．

【被災度Ⅱ】
建物の構造体が明らかに火災による影響を受けた状態．

【被災度Ⅲ】
被災度Ⅱを超え，補修補強によっても明らかに再使用が不可能な状態．

補修・補強の目標性能設定[3)]

① 完全に元通りに復帰する．
② 新築時の設計条件を満足する．
③ 使用状態での不具合が発生しないようにする．
④ 短期間の使用で不具合がでないような応急的状態．

表7.2 部材の受熱温度の判断指標と材料特性変化[3)]

受熱温度	判断指標		鋼材・ボルトの被災状況
	建築材料	さび止め塗料	
700℃	ガラス軟化 アルミ溶融		変態点温度≒720℃〜 鋼材の強度低下を伴う材質の変化発生
600℃			600℃　鋼材の加熱後の強度低下が始まる
500℃	すす焼失		
400℃		白亜化	350℃　高力ボルトの加熱後の強度低下が始まる
300℃	すす付着 木材の炭化	変色	300℃〜350℃　高力ボルトの加熱後の滑り耐力の低下発生
200℃			
100℃			

7.4 燃えにくい木造とするために―木造建物の防耐火性能―

木は，我々にとって，なじみ深い構造材料である．しかし，木は260℃くらいで引火（口火着火）するために，木造建物は火災に弱いとされている．火災に強い木造は不可能であろうか．本節では，木造建物の**防火性能**および耐火性能について述べる．

7.4.1 実大火災実験よりわかったこと

我が国では，戦前より，多数の住宅火災実験が行われている．例えば，2×4インチの木材を組み合わせた枠組み壁式工法は，燃えにくい材料で木材が覆われるため，火災の延焼拡大を遅延させる効果の高いことが実大火災実験で確認されている[37]．1981年に実施された在来工法木造住宅の実大火災実験報告[38]を紹介すると，図7.33に示すように，室内火災温度は1200℃近くにまで到達するが，防火性能を有する材料で壁や天井を構成することで火災の延焼拡大が遅延された様子がわかる．

防火性能

建築物の周囲において発生する通常の火災による火熱が30分間加えられた場合，加熱面以外の面（屋内側の面）の温度が平均140℃・最高180℃以上に上昇しないものであること．（耐火壁である外壁では，構造耐力上支障のある変形・溶融・破壊その他の損傷を生じないものであること）．

木造住宅に防火性能を持たせる

複数の木造住宅が燃焼すると市街地火災を引き起こすので，木造住宅に防火性能を持たせることは都市の不燃化につながる．建物火災による死者数の9割は住宅火災によるものであり[33]，住宅防火対策は重要な国策である．

日本で最初の実大火災実験[34)〜36)]

1933年に東京帝大構内で実施された平屋木造建物の火災実験では，着火後14分で建物が倒壊した[34]．その翌年に実施された平屋2棟の実験でも，25分50秒後に点火した建物が倒壊した．また，2m離れたもう一つの建物も，7分20秒後に類焼し，20分30秒後に倒壊した[35]．

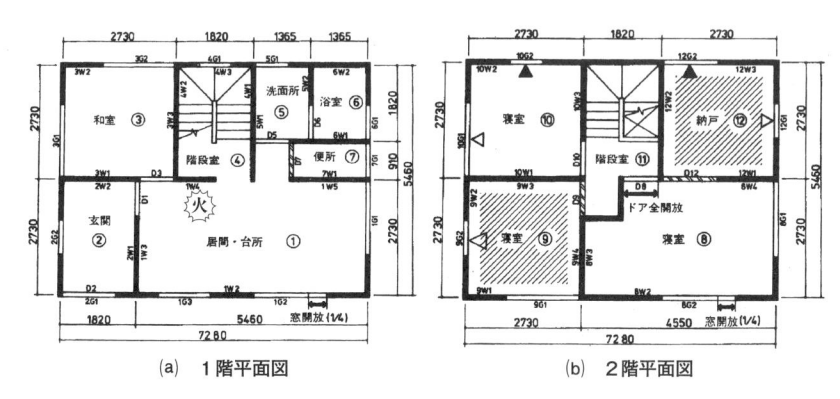

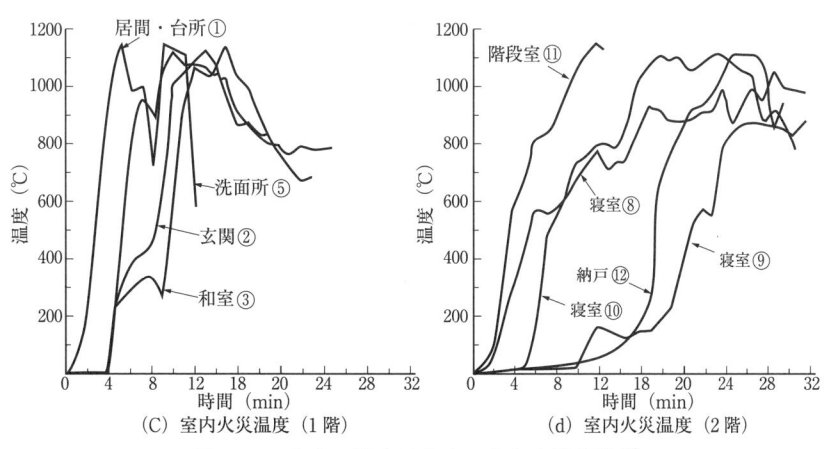

図7.33 在来工法木造住宅の実大火災実験[38]

7.4.2 木材の着火と炭化速度

木材が加熱されると，まず水分が蒸発し，150℃ くらいで木材成分の脱水反応が生じて表面が褐色から黒褐色に変色する．200℃ を超えると，熱分解が進んで可燃性ガスが発生する．木材の火災危険温度としては 260℃ が目安とされている．木材の着火は，発火・引火・無炎発火・自然発火に分類されている[39]．このうち引火温度の目安が 260℃ であり，発火温度は 450℃ くらいとされている（第3章，3.1.6 着火を参照のこと）．木材の発熱量は，コーンカロリメータ試験によれば 11～16MJ/kg であり[40]，設計では 16～20MJ/kg といった値が用いられている．

木材は燃焼すると炭化する．耐火性能や防火性能を検討する上では，この炭化速度が主要因となる．炭化速度は，樹種・比重・含水率・加熱温度等で異なる．表 7.3 に示す大断面集成材柱の結果[41]では，炭化速度は毎分 0.52～0.74mm である．表 7.4 に示す製材の結果[42]では，スギのほうがカラマツよりも炭化速度が大きい傾向にある．一般には，比重が大きな木材ほど炭化速度は小さい．7.4.4 項で後述する木質部材の燃えしろ設計を行う際には，樹種・比重・含水率に配慮して炭化速度を設定する必要がある．

木材の熱特性

【熱伝導率】

比重が大きい樹種ほど熱伝導率も大きいとされており，熱伝導率の値は 0.08～0.19W/(mK) である[44]．コンクリートの 1/10 くらいで，断熱性に優れる．

【比熱】

木材の比熱は，樹種・比重・辺心材別による違いは小さいとされているが，含水率と温度に依存する．比熱は温度上昇に伴い増加する傾向にあるが，1.34kJ/(kgK) くらいとされており[45]，水の約 1/3 である．

【線膨張係数】

木材の線膨張係数は，繊維方向・放射方向・接線方向で異なる．全乾状態における繊維方向の線膨張係数は $3.0～4.5\mu/℃$ （$1\mu=100$ 万分の1）で[45]，鋼やコンクリートに比べて小さい．

高温時における機械的特性の変化

木材の高温曲げ試験より得られた曲げ弾性係数と曲げ破壊荷重について，常温時の値に対する割合 [%] を表 7.5 に示す[43]．温度上昇に伴い，機械的特性が低下していることがわかる．

表 7.4 日本産の樹種による製材の炭化速度[42]

樹種・種類（断面寸法）	加熱時間（分）	含水率（%）	絶乾比重	炭化速度（mm/分）	炭化深さ（mm）	含水率補正後（MC＝15%）		比重・含水率補正後（スギ0.330, カラマツ0.435）（MC＝15%）	
						炭化速度（mm/分）	炭化深さ（mm）	炭化速度（mm/分）	炭化深さ（mm）
スギ柱（18cm×18cm）	45	15.3	0.34	0.78	35.1	0.78	35.3	0.79	35.6
スギ柱（24cm×24cm）	45	32.4	0.34	0.58	26.1	0.74	33.3	0.75	33.5
スギ柱（30cm×30cm）	45	46.4	0.32	0.61	27.5	1.07	48.0	1.05	47.4
スギ柱（30cm×30cm）	60	47.1	0.30	0.55	33.0	0.93	55.9	0.90	54.2
スギ梁（15cm×30cm）	30	13.3	0.32	0.80	24.0	0.78	23.4	0.77	23.2
スギ梁（15cm×30cm）	45	9.7	0.33	0.67	30.2	0.62	28.0	0.62	28.0
スギ梁（18cm×36cm）	45	18.0	0.35	0.76	34.2	0.80	36.0	0.81	36.6
スギ梁（24cm×40cm）	45	41.8	0.32	0.51	23.0	0.71	32.2	0.71	31.9
スギ梁（24cm×40cm）	45	41.8	0.32	0.47	21.2	0.73	28.5	0.63	28.3
カラマツ柱（18cm×18cm）	30	19.3	0.65	0.66	19.8	0.70	21.0	0.81	24.4
カラマツ柱（18cm×18cm）	45	19.3	0.65	0.64	28.8	0.68	30.6	0.80	36.0
カラマツ柱（24cm×24cm）	45	19.7	0.63	0.56	25.2	0.59	26.7	0.67	30.1
カラマツ柱（30cm×30cm）	45	24.6	0.60	0.59	26.6	0.67	30.2	0.76	34.0
カラマツ柱（30cm×30cm）	60	24.6	0.60	0.50	30.0	0.56	33.5	0.62	37.1
カラマツ梁（15cm×30cm）	30	15.9	0.45	0.65	19.5	0.66	19.7	0.66	19.9
カラマツ梁（15cm×30cm）	45	15.9	0.45	0.54	24.3	0.55	24.5	0.55	24.7
カラマツ梁（18cm×36cm）	45	10.8	0.60	0.61	27.5	0.58	26.1	0.64	28.8
カラマツ梁（24cm×40cm）	45	48.1	0.56	0.55	24.8	0.91	40.9	1.04	46.7
カラマツ梁（24cm×40cm）	60	48.1	0.56	0.48	28.8	0.74	44.6	0.83	49.8

表 7.3 大断面集成材柱の平均炭化速度[41]

試験体			炭化速度（mm/分）
樹種	含水率（%）	気乾比重	
トドマツ集成材	8.5	0.42	0.60
トドマツ集成材	8.1	0.44	0.69
トドマツ集成材	6.6	0.44	0.63
トドマツ集成材	7.2	0.41	0.67
ベイマツ集成材	9.6	0.58	0.71
トドマツ集成材	6.7	0.43	0.58
トドマツ集成材	6.0	0.41	0.58
スギ集成材	15.2	0.42	0.74
スギ製材	36.9	0.50	0.66
トドマツ製材	40.9	0.56	0.52

表 7.5 木材の弾性係数と破壊荷重[43]

加熱温度	常温	50℃	100℃	150℃	200℃	250℃
弾性係数	100	90	80	75	65	45
破壊荷重	100	80	65	60	50	30

7.4.3 外壁と軒裏を不燃化する

木造工法には在来軸組工法・枠組壁工法・プレハブ工法などがあるが，どの工法を用いるにせよ，防火性能が要求される．要求される性能は，**防火地域・準防火地域**など建築する場所と，建物の規模で異なる．

防火地域・準防火地域で近隣火災による**類焼**の恐れがある場合，住宅の外壁と軒裏を不燃化して防火構造とする必要がある．防火性能を持たせた木造住宅の一例を図7.34に示す．3階建て木造住宅では，防火構造として近隣建物からの類焼を防止することに加えて，建物内部の床・壁・柱・梁にも屋内火災の延焼拡大を遅らせる措置を講じる．建物外部からの火災のみならず建物内部の火災に対して45分間耐えられる仕様とすれば，準耐火構造となり，より規模の大きな木造を建築することも可能となる．準耐火構造の一例を図7.35に示す．また，準耐火構造である外壁仕様の一例を図7.36に示す．

類焼
　近隣建物からの火災が燃え移り，出火建物以外の建物に延焼すること．

防火地域・準防火地域
　市街地における火災の拡大・延焼を防止するために設けられた，都市計画により定められる地域地区をいう．

外壁・軒裏の防火構造
　外壁・軒裏は，30分間の標準加熱試験において，裏面温度が平均140℃以上に上昇しないような防火構造とする．

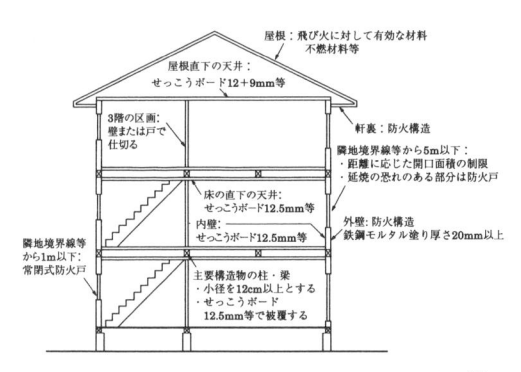

図7.34 木造3階建て戸建住宅の防火構造[46]

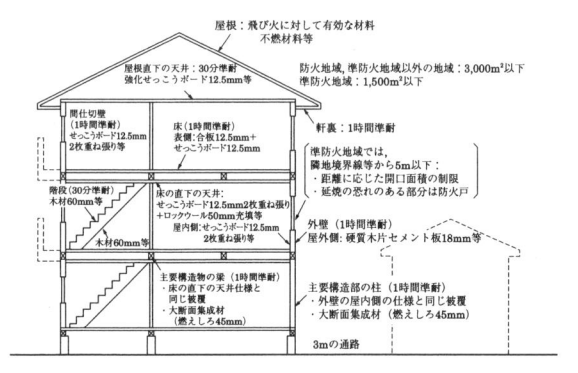

図7.35 木造3階建て戸建住宅の準耐火構造[46]

火災に強い土蔵造り
　江戸時代，江戸に比べて京都での大火が少なかった理由の一つに，京町屋など漆喰壁による土蔵造りの存在があげられる．不燃性の漆喰壁で近隣火災からの類焼を防止したのである．土蔵造りは少なくなったが，外壁材を不燃化して木造住宅の防火性能を高める取り組みは引き継がれている．

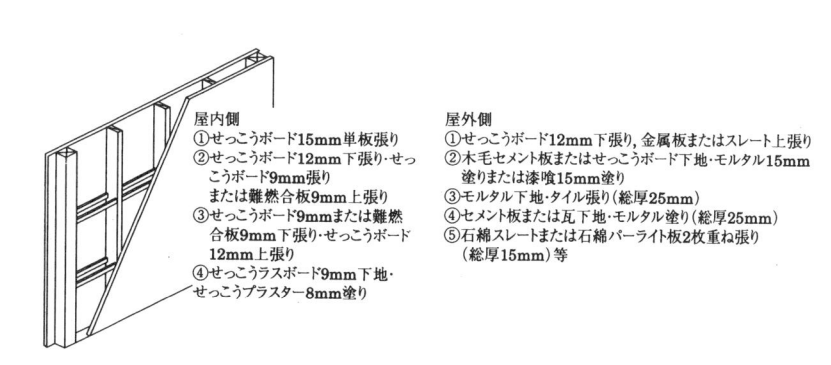

図7.36 準耐火構造・外壁仕様の一例[46]

7.4.4 大断面集成材の燃えしろ設計

木材は火災時に燃えてしまうが，加熱表面に炭化層ができると内部への燃焼が緩慢になるため，容易に燃え尽きることはない．よって大断面の部材を用いれば，外周部が炭化したとしても，残された健全部分で荷重を支持することができる．この炭化層を除いた断面で火災時の構造性能を評価する方法を燃えしろ設計といい，ヨーロッパや米国では木構造の耐火設計法として定着している．我が国では1987年より，大断面構造用集成材の柱・梁を用いて，大規模建物を建築することが可能となった．例えば，体育館などのスポーツ施設では，25mmの燃えしろを見込んで部材を設計すれば（図7.37参照），木造とできる．例えば，床スラブ付き梁の曲げ耐力算定に必要な断面係数 Z は，梁せい h，梁幅 b，燃えしろを t とすると，$Z=\dfrac{(b-2t)\cdot(h-t)^2}{6}$ で簡単に求めることができる．柱の場合は，断面欠損により細長くなるため，座屈に対する検討も必要である．最近では，60mm以上の集成材で鋼材を被覆した木質ハイブリット構造が，1時間の耐火構造として認められた（図7.38）．木材の積極的活用が求められる今日，大断面構造用集成材が容易に燃え尽きないことを考慮した，大規模木造建物の増加が期待されている．

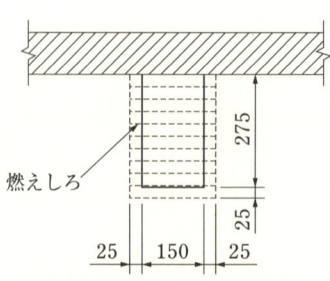

製材の背割り

集成材と異なり，製材の柱では，乾燥によるひび割れを防止するために，背割りをする．この際，背割り部分が加熱されると，下の写真に示すように炭化深さが大きくなる．よって，背割り部分は露出しないよう，壁内部に納まるように施工するか，埋木をするなどの処置を施す．

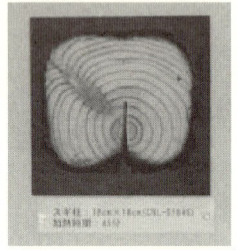

スギ柱 18×18cm，45分加熱後 [47]

集成材に用いる接着剤

構造用集成材は，接着剤で集成材ラミナや単板を積層・接着している．耐火性が求められる部材では，接着剤にも配慮する必要がある．フェノール樹脂やレゾルシノール樹脂接着剤は，加熱により軟化しないので，燃えしろ設計部材に用いることができる．

図7.37 大断面集成材の燃えしろ設計例

図7.38 高層木造の実例（建設中）：金沢市・エムビル [47]

7.5　載荷加熱試験で確かめる—構造部材の耐火試験—

盛期火災になると室内の温度は1000℃くらいに達し，我々には想定しがたい世界となる．コンクリートの爆裂現象などは，火災に直面してから思い知る問題であり，容易に予測できるものではない．鉄骨部材の耐火被覆では，施工方法を誤れば，火災時に脱落する恐れがある．よって，防耐火工法の性能を知るには，実際に加熱して確認することが最も現実的な方法である．

7.5.1　耐火試験方法は国際規格で定められている

区画・構造部材は，図7.39に示すような耐火炉に入れられ，火災を模擬した加熱を受ける．図7.40に示す温度曲線は，標準加熱温度曲線[48]と呼ばれ，多くの国々で採用されている加熱温度条件である．フラッシュオーバー後の火災性状を模擬しているので，始めから急速な温度上昇を与えている．30分以降では緩やかに温度を上昇させ，1000℃くらいの火災加熱条件を持続させている．

自然災害は地域で程度が異なるが火災は全世界共通の災害であり，耐火試験方法は国際規格で定められている[48]．本来，建物の構造や生活様式が異なれば，そこに発生する火災性状および部材に要求される性能は異なるはずである．しかし試験方法が統一されていれば，自国で合格した耐火工法を他国でも使えるなど，合理化が図れる．我が国でも，国際規格ISO834に準拠した耐火試験方法が採用されている[49]．同じ2体の試験体を用意して，全く同じ試験を2回行う．そこで両方とも合格になれば耐火構造として認定され，実際の建物に用いることが可能となる．

耐火試験と加熱時間

1921年，S. H. Ingbergらは，柱の耐火試験方法を報告した[50]．その報告では，加熱実験が繰返し行われ，50kg/m²の木材では約1時間，100kg/m²の木材では約2時間の火災が継続するといわれている．Ingbergの報告は，我が国でも大いに参考にされた．

耐火炉の種類と大きさ

耐火炉にはいろいろな種類がある．一般には，壁炉，床・梁炉，柱炉など，部材ごとに分けられている．図7.39に示す炉は，多目的炉と呼ばれ，柱・梁・床に関する試験を行える炉である．燃料はガスと灯油に大別されるが，我が国ではガスが主流である．

耐火炉の大きさもさまざまであるが，実物と同程度な部材で行うことが求められるので，一般には3m×3mくらいの加熱面積は有している．

耐火構造の性能評価試験

耐火構造にかかわる認定試験は，性能評価機関で実施される．我が国でもいくつかの性能評価機関があり，標準耐火試験と部材の認定評価が行われている[49]．

図7.39　多目的耐火試験炉（ベターリビング）

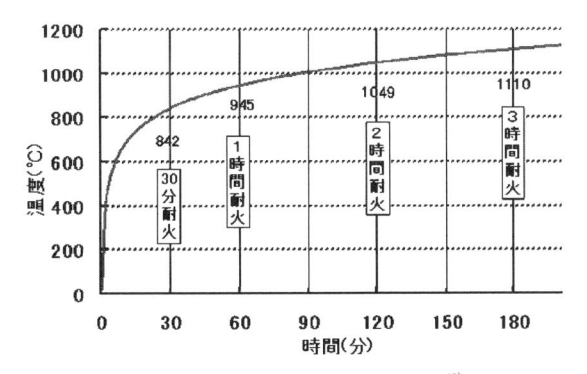

図7.40　ISO標準加熱温度曲線[48]

7.5.2 部材単体で評価する

　構造部材の載荷加熱試験は，柱または耐力壁を用いた圧縮試験と，梁または床を用いた曲げ試験の2種類に大別される．どちらも部材単体としての評価方法であり，単純支持条件下で載荷される．したがって，一般的な耐火試験方法においては，実際の架構に生じる熱応力変形が考慮されない．柱を例にとると，図7.41 に示すような試験装置を用いて，単純支持条件下における中心圧縮載荷が行われる．この方法では，加熱梁の伸び出しにより生じる柱の曲げ変形は考慮されないが，両端ピンとなるため座屈は生じやすくなる（7.3.6項参照）．RCの梁や床を例にとると，両端部が拘束されると爆裂は生じやすくなるが，単純支持のほうがたわみは大きくなる．よって，どちらが安全側の評価になるか，一概にはいえない．両端部を拘束して熱応力を考慮する実験は比較的難しく，認定試験では単純支持による載荷試験方法が採用されている．

　我が国の認定試験では，目標とする耐火時間（1時間・2時間・3時間）の加熱を受け，試験体構成材料の種類等によって定められた計測時間の間，長期許容応力度に相当する荷重を受ける部材の変形量が許容値以下に収まれば合格となる．表7.6に示す変形に対する許容値[48]は，国際規格で統一された判定基準であり，我が国でも採用されている．圧縮部材・曲げ部材ともに，平均化した縁ひずみが1％になる時点が限界変形量（軸方向収縮量またはたわみ量）と対応している．

単純支持
　部材の両端部をピンおよびローラーで支持する方法．単純支持では，部材の端部で熱膨張変形および回転が拘束されない．

長期許容応力度
　長期荷重に対して部材に許容される応力度の限界値．圧縮材・曲げ材とも，材料の基準強度と座屈を考慮して定められている．

耐火試験における変形に対する許容値
　表7.6に示す変形許容値はとても大きな変形量である．梁せい600mmで長さ8mの梁では，30cm近くの変形になる．通常時の梁たわみは長さの1/300以下になるよう設計されるが，この値はその10倍にあたる．

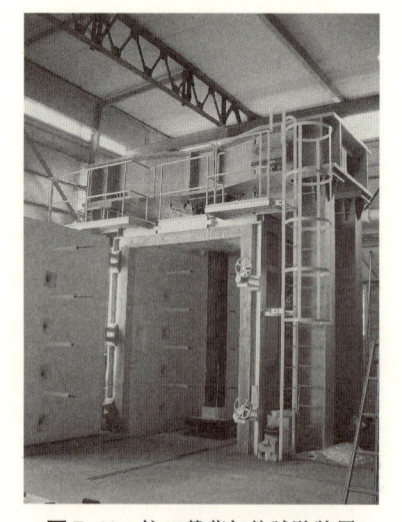

図7.41 柱の載荷加熱試験装置（日本建築総合試験所）

表7.6 ISO 載荷加熱試験における判定基準[48]

部位	載荷方法	判定基準
柱・耐力壁	圧縮	軸方向収縮量(mm)≦h/100 軸方法収縮速度(mm/分)≦3h/1000 （h：試験体の長さ(mm)）
梁・床	曲げ	たわみ量(mm)≦L^2/400d たわみ速度(mm/分)≦L^2/9000d （L：試験体の支点間距離(mm)） （d：梁せい(mm)）

7.6 耐火設計をやってみよう―耐火設計―

耐火設計もいろいろ

耐火設計には，実験による方法と計算による方法，計算においては簡便なものから精密なものまで，様々な方法がある[例えば31), 51)〜53)]．ここで紹介するものは，その一例に過ぎないが，どの方法も伝熱工学や構造力学に基づいている．耐火設計を行う際には，その基本をよく理解し，設計対象に適した方法を選択する必要がある．

耐火設計は，建物内部に生じる火災の大きさを見積もり，その火災に対する延焼防止能力と荷重支持能力が発揮されるよう，防火区画と構造部材の配置や寸法を決定する行為である．ここでは，鉄骨造9階建て事務所ビルを例題とし，国土交通省告示1433号の耐火性能検証法に示される計算式を一部引用して，柱と梁の耐火性を検討してみる．

7.6.1 建物の概要[46)]

図7.42に基準階の平面図を，図7.43に④通り軸組図を，図7.44に基準階の梁伏図を示す．また，部材の材種・寸法と荷重を表7.7に示す．

図7.42 基準階（3F）平面図[46)]

図7.43 ④通り軸組図[46)]

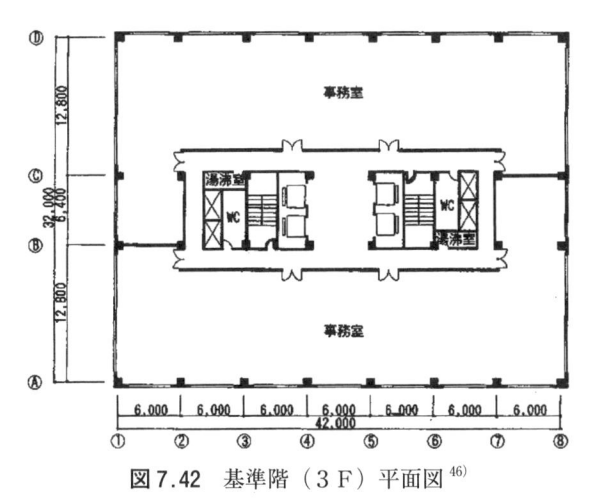

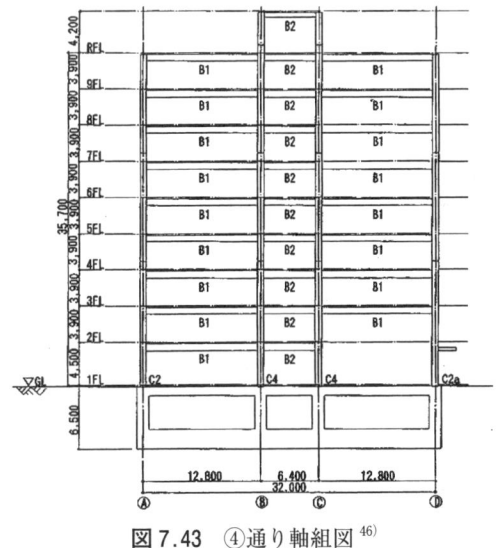

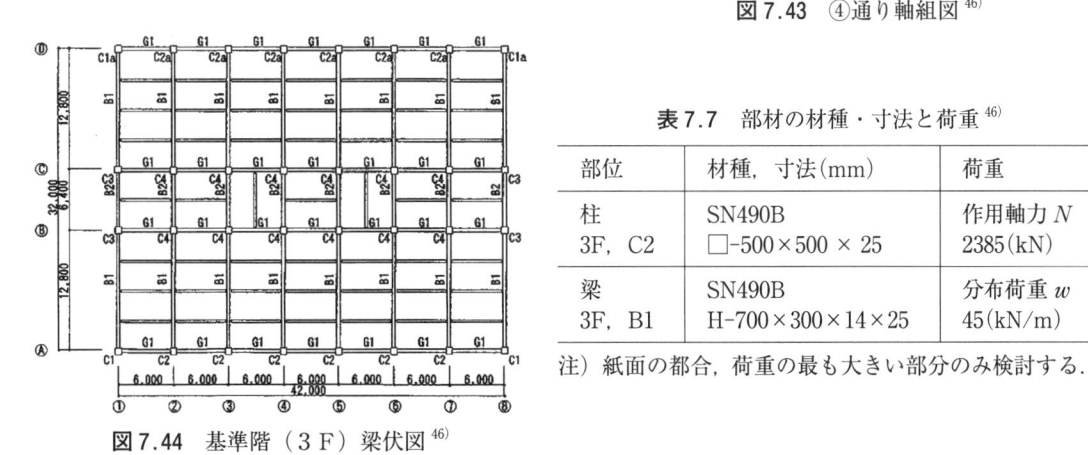

図7.44 基準階（3F）梁伏図[46)]

表7.7 部材の材種・寸法と荷重[46)]

部位	材種，寸法(mm)	荷重
柱 3F，C2	SN490B □-500×500×25	作用軸力 N 2385(kN)
梁 3F，B1	SN490B H-700×300×14×25	分布荷重 w 45(kN/m)

注）紙面の都合，荷重の最も大きい部分のみ検討する．

7.6.2 柱と梁の崩壊温度

全体座屈に対する鋼柱（3F，C2）の崩壊温度 T_B は（7.5）式[53]で求まる．

$$T_B = max\left\{700 - 375p - 55.8(p+30p^2)(\lambda - 0.1), 500\sqrt{1 - \frac{1 + 0.267\lambda^2}{1 - 0.24\lambda^2}p}\right\} \quad (7.5)$$

無次元化有効細長比 λ は（7.6）式で得る．

$$\lambda = \frac{1}{\pi\sqrt{E/F}} \cdot \frac{\lambda_e}{i} = \frac{1}{3.14\sqrt{210/0.33}} \cdot \frac{3900}{194} = 0.253 \quad (7.6)$$

ここで，E は常温時の弾性係数(kN/mm^2)，F は基準強度(kN/mm^2)，λ_e は有効座屈長さ（柱の長さ）(mm)，i は断面2次半径(mm)である．

軸力比 p は（7.7）式で得る．

$$p = N/(F \cdot A) = 2385/(0.33 \times 47500) = 0.152 \quad (7.7)$$

ここで，N は作用軸力(kN)，A は断面積(mm^2)である．
（7.5）式の λ と p に値を代入すると，$T_B = 636(℃)$ となる．

局部座屈に対する角形鋼管柱の崩壊温度 T_{LB} は（7.8）式[53]で求まる．

$$T_{LB} = \frac{700 - 375 \cdot p}{min\{17 \cdot t/B, 0.75\}} \quad (7.8)$$

軸力比 $p = 0.152$，鋼管の板厚 $t = 25$(mm)，鋼管の幅 $B = 500$(mm) を（7.8）式に代入すると，$T_{LB} = 624(℃)$ となる．

鋼梁（3F，B1）は，厚さ 150mm の RC 床スラブに緊結されており，また直交する小梁による拘束効果で横移動はないものとする．この場合，鋼梁の崩壊温度は（7.9）式[53]で求まる．

$$T_{Bcr} = 700 - 375 \cdot \frac{w \cdot l^2}{8} \cdot \frac{1}{2M_p} \quad (7.9)$$

梁上の分布荷重 $w = 45$(kN/m)，梁の長さ $l = 12.8$(m)，梁の全塑性モーメント $M_p = 2158.6$(kN・m) を（7.9）式に代入すると，$T_{Bcr} = 620(℃)$ となる．

以上，鋼柱の崩壊温度は 624℃，鋼梁の崩壊温度は 620℃ となった．これより若干の安全を見込んで，火災加熱を受ける鋼柱・鋼梁の温度が 600℃ 以下になるよう耐火被覆を選定することとする．

ここでは接合部の検討は省略した．継手に設ける高力ボルトの本数は十分であり，火災時においても継手が破断しないことを前提としている．

崩壊温度計算について

ここに示す計算方法は，火災加熱を受ける鋼構造骨組が崩壊に至るとき，熱応力が消滅していることを前提としている．また鋼材の高温強度は，325℃ まで常温強度を保持し，700℃ の強度をゼロとし，その間は直線で補間した式を用いている．

（7.5）式について

座屈理論より得る解を近似した式であるが，鋼材高温強度のばらつき，軸力増加に伴うバネ定数の低下，初期不整なども考慮されている[31]．

有効座屈長さについて

本例題のような剛接骨組の場合，有効座屈長さを柱の長さとすれば一般に安全側の仮定となる．ただし，火災の範囲が広く柱の横移動を拘束できないような場合は，柱長さより大きく設定する必要がある．

（7.8）式について

短柱の高温圧縮実験より得た局部座屈後残余耐力に基づいた式であり，加熱梁の伸びだしによる外柱の水平変形も考慮されている[31]．

（7.9）式について

単純塑性解析に基づく式であり，7.3.7項で示した計算過程を凝縮した式である[31]．ここでは，鋼梁と RC 床スラブを一体化した合成効果は見込んでいない．

高力ボルト継手の破断耐力

ここでは検討を省略したが，その詳細を知りたい場合は，文献31)，54)，55) を参照されたい．

7.6.3 火災の見積もり

　耐火設計で対象とする火災は，フラッシュオーバー以降の盛期火災である．アトリウムなど大空間での火災は対象外となるが，一般的な天井高と窓面積を有する部屋で生じる盛期火災においては，室内全域の雰囲気温度は概ね均一となり，窓からの流入空気量により燃焼速度と火災継続時間が決まる．このような火災は換気支配型火災と呼ばれ，関根・川越のモデル[56)〜58)]で実用的に火災の程度を見積もることができる．以下，この方法を用いて，基準階3F事務室での火災を見積もることとする．

　事務室では単位面積あたりの収納可燃物発熱量が560 (MJ/m²)とされており[53)]，区画された事務室の床面積516 (m²)を乗じて，可燃物量288960 (MJ)を得る．さらに内装仕上げ材の分を加算し，可燃物量を328830 (MJ)と設定する．これを木材に置き換えると $W=20552$ (kg)となる．

　木材換算とした場合，燃焼速度 R (kg/分)は（7.10）式[56)]で求まる．
$$R = 5.5 \cdot A_B \sqrt{H} \tag{7.10}$$
ここで，窓面積 $A_B = 115.2$ (m²)，窓の平均高さ $H = 1.8$ (m)を（7.10）式に代入すると $R = 850$ (kg/分)となり，火災継続時間 W/R は約25分となる．

　温度因子 F_o は $A_B\sqrt{H}/A_T$ で得られ，区画された事務室の壁・床・天井面積の合計 $A_T = 1270.7$ (m²)を代入すると $F_o \approx 0.12$ となる．

　以上の値を図7.45に適用すると，等価火災継続時間は約50分となる．これより若干の安全を見込み，1時間の標準火災を想定する．

フラッシュオーバー
　区画内の火災で，発生した可燃性ガスが一瞬で引火して，部分的な火災から区画内全域火災へと移行する現象をいう．(3.2.3項参照)

区画火災に影響する4要因[52)]
① 区画の形状と寸法
② 窓の寸法
③ 壁・床・天井材の熱的性質
④ 可燃物の発熱量

可燃物量の木材換算
　ここでは，木材の発熱量を16 (MJ/kg)として設定した．

火災継続時間
　盛期火災が継続する時間をいう．

等価火災継続時間
　部材に吸収される熱量が等価となるように，標準加熱温度曲線（標準火災）に置き換えた場合の火災継続時間をいう．本例題では，標準火災より激しい火災となり，火災継続時間は25分程度であるが，等価火災時間にすると50分程度になる．この値は壁・床・天井材の熱的性状によって異なる．図7.45に示す算定図表は，熱伝導率0.58W/(m·K)，比熱57.3J/kg，密度1700kg/m³，重量含水率5%の仕上げ材を用いた場合の図である．

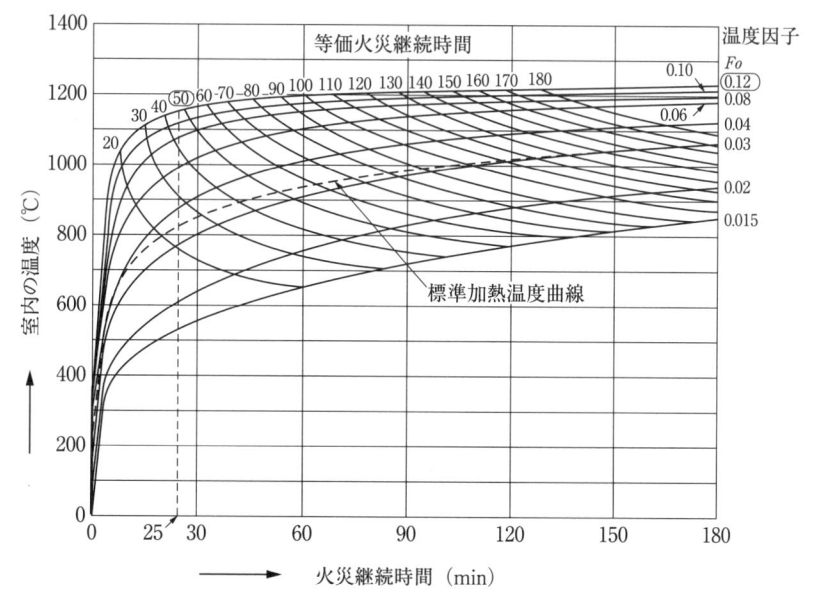

図7.45 等価火災継続時間の算定図表[58)]

7.6.4 耐火被覆の決定

前述の計算で，1時間の標準火災に対して，鋼材温度600℃以下となるよう被覆すればよいという結果が得られている．よって，ここでは1時間の標準加熱に対する計算を行う．耐火被覆された鉄骨断面の鋼材温度計算においては，図7.46に示すように1次元にモデル化しても差し支えなく，加熱周長P_oを鉄骨断面S_aで除した値が主要因となる．ここでは，珪酸カルシウム板を耐火被覆材として，1次元差分法で計算した結果を図7.47に示す．珪酸カルシウム板の熱定数[52]は，密度520(kg/m³)，比熱880(J/(kg・K))，熱伝導率0.13(W/(m・K))，含水率ゼロとした．耐火被覆の厚さが15mmであっても，柱の温度は250℃くらい，梁の温度は320℃くらいであり，600℃を大きく下回っている．これより，耐火被覆材として板厚15mmの珪酸カルシウム板を用いれば，この鋼柱および鋼梁の耐火性は十分に確保できると考えられる．ただし，計算による場合は，施工が可能かどうか，品質確保に問題がないかについても十分に検討して，耐火被覆の厚さを決定する必要がある．

以上，鉄骨造9階建て事務所ビルを例題として，3階に配置された柱・梁の一部について耐火性を検証してみた．実際には，他の柱・梁についても検討が必要であり，床の荷重支持能力，区画部材の遮熱性，屋外火災に対する外壁の遮熱性など，さまざまな検討を必要とする．

認定された耐火工法の採用
計算を省略して，例えば図7.2で紹介した1時間の認定耐火工法（20mm厚さの繊維混入珪酸カルシウム板1号あるいは25mm厚さの吹付けロックウール）を用いることもできる．

部材断面内部の熱伝導計算
フーリエの法則「温度勾配に比例して，温度の高いほうから低いほうへと熱が流れる」を基本としている．コンピュータによる繰返し計算が可能となり，差分法や有限要素法による数値解析法が多く用いられている．

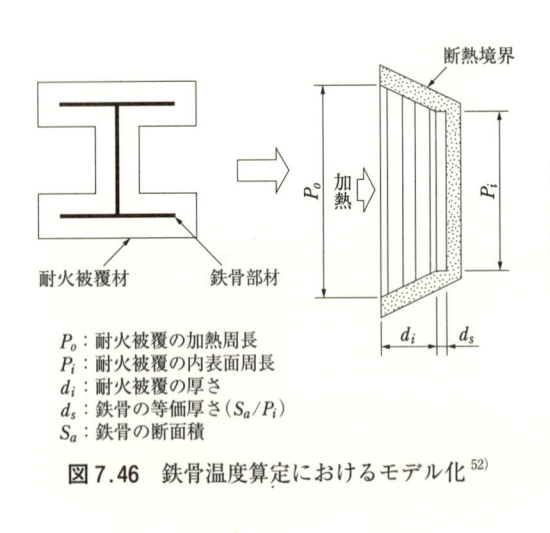

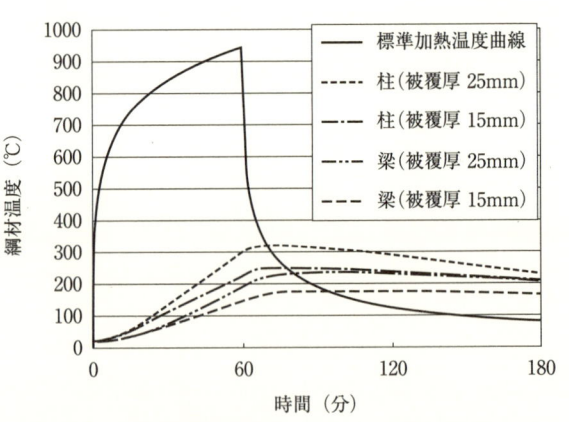

P_o：耐火被覆の加熱周長
P_i：耐火被覆の内表面周長
d_i：耐火被覆の厚さ
d_s：鉄骨の等価厚さ(S_a/P_i)
S_a：鉄骨の断面積

図7.46 鉄骨温度算定におけるモデル化[52]

図7.47 鋼材温度（珪酸カルシウム板被覆の場合）

7.6.5 耐火設計の活用例

実務設計や現場においては，耐火設計を行うことによる成果が求められ，鉄骨構造を無耐火被覆でできないかという要望がかねてよりあった．以下，無耐火被覆による鉄骨構造を実現した2例を紹介する．

A．耐火鋼（FR鋼）を用いた自走式駐車場の無耐火被覆鉄骨構造

耐火鋼とは，一般鋼材より高温時の強度が高い鋼材であり，鋼材温度600℃における強度が常温規格強度の2/3以上であることを保証した鋼材である[59]．開放性の高い駐車場では，車が燃えてもその近傍にある鋼材の温度は概ね600℃以下になる．このことを実験や計算で確認し，無耐火被覆の鉄骨構造を実現させた例である（図7.48）．

B．無耐火被覆のコンクリート充填鋼管柱（CFT柱）

鋼管の内部にコンクリートを充填したCFT柱（図7.49参照）は，地震・台風時に作用する曲げに対しては鋼管が支持し，常時に上部構造から作用する圧縮力に対しては内部コンクリートが支持する構造である．無耐火被覆のCFT柱が火災加熱を受けると，700℃を超える鋼管の耐力には期待できないが，熱容量の大きい内部コンクリートの荷重支持能力には期待できる．一方，火災加熱を受ける鋼梁の伸びだしによりCFT柱には大きな水平変位が生じるので，無筋コンクリートに近い状態にあるCFT柱の耐力を，水平変位を与えた載荷加熱実験で把握することが提案された[61]．このような耐火試験方法を用いて，作用荷重とCFT柱の耐火時間の関係が実験により確認され，現在では，無耐火被覆でCFT柱を設計することが可能となっている[62]．

図7.48 耐火鋼による駐車場の例[2]　　**図7.49** 無耐火被覆CFT柱の例[60]

自走式駐車場の無耐火被覆鉄骨造

現在では，ある程度の規模までは，一般鋼でも無耐火被覆とすることが可能となっている．駐車場以外でも，屋外・機械室・エレベータシャフト内など，燃種が少なく鋼材温度がある程度に収まる場所では，耐火設計により無耐火被覆にする例が増えている．

CFT構造とSC合成梁

最も代表的な合成構造は鉄筋鉄骨コンクリート構造（SRC構造）であるが，柱をCFTとして梁をH形鋼とする建物も増えている．また，CFT柱と組み合わせて使用する梁として，H形鋼のウェブ部分にコンクリートを充填した合成梁（SC合成梁）も開発されている．このSC合成梁を無耐火被覆とすることも可能であり[63]，さらにH型鋼梁の局部座屈を防止する効果も期待できる．

水冷鋼管構造

水冷鋼管構造は，鋼管柱に水を充填し，水の熱容量と対流循環を利用し，火災時に鋼材温度上昇を抑制する構造である[64]．従来は鋼材温度350℃の制限により実現が困難であったが，性能規定化された今日では，利用できる可能性が高まっている．ヨーロッパでは1970年代から適用されており，パリ・ポンピドーセンターでは2時間耐火構造の外柱に用いられている．

参考文献

1) 河野守他：マドリード市ウィンザービル火災調査その1～その4，日本建築学会大会学術講演梗概集 A-2, pp.111～118（2005）
2) 日本建築学会：鉄骨工事技術指針・工事現場施工編（2007）
3) 日本建築学会：建物の火害診断及び補修・補強方法（2004）
4) Charles G Culver and Robert A Crist,：Fire Performance of Military Record Center, ACI Journal（1975）
5) Ulrich Schneider：Verhalten von Beton bei hohen Temperaturen, Deutscher Ausschuss fur Stahlbeton（1982）(U. シュナイダー著，森永繁監訳，山崎庸行・林章二 訳：コンクリートの熱的性質，技報堂出版，1983)
6) 土井文好，太田福男，斉藤辰彦：超高強度コンクリートの熱的性質に関する実験的研究，コンクリート工学年次論文報告集 Vol.15, No.1, pp.109-114（1993）
7) 安部武雄，古村福次郎，戸祭邦之，黒羽健嗣，小久保勲：高温度における高強度コンクリートの力学的特性に関する基礎的研究，日本建築学会構造系論文集 第515号, pp.163-168（1999）
8) 井上秀之，山崎庸行，斎藤秀人，西田朗，熊谷仁志，渡辺保：爆裂防止用ポリプロピレン短繊維を混入した高強度コンクリートの性状に関する研究，日本建築学会大会学術講演梗概集A, pp.337-338（1994）
9) 日本建築学会：建築工事標準仕様書・同解説 JASS 5 鉄筋コンクリート工事（1997）
10) 松戸正士，吉野茂，若松高志，近藤悟，佐々木仁，平島岳夫，吉田正友，上杉英樹，齋藤光：超高強度材料を用いた鉄筋コンクリート柱の耐火性に関する研究，日本建築学会大会学術講演梗概集 A-2, pp.21-24（2002）
11) 荒井光興：火災を受けた鉄筋コンクリート造建物の補修，建築技術，No.351, pp.84（1980）
12) B. R. Kirby：Large Scale Fire Tests：the British Steel European Collaborative Research Programme on the BRE 8-Storey Frame, Fire Safety Science-Proceedings of the Fifth International Symposium, pp.1129-1140（1997）
13) 藤本盛久，古村福次郎，安部武雄，篠原保二：Primary Creep of Structural Steel（SS41）at High Temperatures, 日本建築学会論文報告集 第296号, pp.145-157（1980）
14) 藤本盛久，古村福次郎，安部武雄，篠原保二：Primary Creep of Structural Steel at High Temperatures, Report of the Research Laboratory of Engineering Materials, Tokyo Institute of Technology, No.4（1979）
15) 斎藤光：端部拘束鋼構造部材の火災時の性状，日本火災学会論文集 Vol.15, No.1（1966）
16) 上杉英樹：高層鉄骨架構の火災時の応力変形性状に関する研究，博士論文（1990）
17) 上杉英樹，小池浩：高層鉄骨架構の熱応力解析（その1．区画火災を受ける超高層鉄骨架構の熱応力解析手法），日本建築学会構造系論文報告集 第381号, pp.73-80（1987）
18) 日本建築学会：構造材料の耐火性ガイドブック（2004）
19) 脇山広三，巽昭夫：Evaluation of The Mechanical Properties at Elevated Temperature, 日本建築学会論文報告集第308号（1981）
20) 小久保勲，田中淳夫，古村福次郎：高温度における高力ボルト材の力学的性質（その1 高温クリープ性状について），日本建築学会論文報告集第309号（1981）

21) 平島岳夫, 織茂俊泰, 菊田繁美, 高橋孝二, 堀昭夫, 中込昭, 吉田正友, 山内泰之, 中村賢一, 上杉英樹, 齋藤光：高温時における高力ボルトの終局強度に関する実験, 日本建築学会大会学術講演梗概集（1999）
22) 古平章夫, 藤中英夫, 高田司：高力ボルトの高温時および加熱冷却後の強度, 日本建築学会大会学術講演梗概集 A-2（2000）
23) 尾崎文宣, 河野守：高温時における高力ボルト接合梁継手の曲げ強度, 日本建築学会構造系論文集第 589 号（2005）
24) 賀集弘貴, 鈴木弘之, 中川弘文：火災加熱を受ける鋼構造骨組の崩壊温度（その 21 鋼柱の座屈崩壊温度）, 日本建築学会大会学術講演梗概集 A-2, pp. 67-68（1998）
25) 鈴木弘之, ルアンタナヌラック ナーラー, 藤田啓史：火災加熱を受ける鋼架構の構造安定性, 日本建築学会構造系論文報告集 第 571 号, pp. 161-168（2003）
26) 岡部猛：矩形断面を持つ鋼柱模型（SM490）の高温時の座屈強度, 日本建築学会構造系論文集第 515 号, pp. 169-176（1999）
27) 岡部猛：材端に強制水平変位を受ける鋼構造柱部材の火災時の鉛直荷重支持能力に関する研究, 平成 12 年度～平成 14 年度科学研究費補助金 研究成果報告書（2003）
28) 平島岳夫, 織茂俊泰, 菊田繁美, 高橋孝二, 堀昭夫, 中込昭, 松戸正士, 鈴木隆生, 吉田正友, 山内泰之, 中村賢一, 上杉英樹, 齋藤光：「高温時における鋼構造部材の耐力変形性能に関する研究」, 日本建築学会構造工学論文集 Vol. 46B, pp. 735-746（2000）
29) 田中尚：建築構造講座 5 骨組の塑性力学, コロナ社, 1963 年
30) 鈴木弘之：火災時における鋼骨組の崩壊温度, 日本建築学会構造系論文報告集第 477 号, pp. 147-156（1995）
31) 日本建築学会：鋼構造耐火設計指針（1999）
32) 日本コンクリート工学協会：特集＊耐火技術とコンクリート, コンクリート工学, Vol. 45, No. 9（2007）
33) 自治省消防庁予防課：火災による死者の実態について, 1997 年, 自治省消防庁防災情報室：火災年報（1997）
34) 内田祥三, 一桝悦三郎, 浜田稔, 平山崇, 武藤清, 岸田日出刀：木造家屋の火災実験に就て, 日本建築学会・建築雑誌（1933）
35) 内田祥三, 一桝悦三郎, 浜田稔, 井坂富士雄, 平山崇, 武藤清, 星野昌一, 大山松次郎, 岸田日出刀：木造家屋の火災実験に就て 第 2 回, 日本建築学会・建築雑誌（1935）
36) 長谷見雄二：火事場のサイエンス（木造は本当に火事に弱いか）, 井上書院（1988）
37) 佐藤寛, 岸谷孝一, 菅原進一, 石田清貴, 垣内賢二, 最上浤二, 茂木武, 浅野和博, 吉田正志, 斎藤文春, 遊佐秀逸, 上杉三郎：枠組壁工法三階建連続住宅実大火災実験（その 1―その 5）, 日本建築学会大会学術講演梗概集（構造）, pp. 1831-1842（1979）
38) 上杉三郎：在来工法木造住宅の実大火災実験, 林試研法 Bull. For. & For. Prod. Res. Inst. No. 322（1983）
39) 秋田一雄：木材の発火機構に関する研究, 消防研究所報告 第 9 巻 第 1～2 号（1959）
40) 森林総合研究所編：木材工業ハンドブック 4 訂版, pp. 802-803, 丸善（2004）
41) 中村賢一, 宮林正幸：木材工業, 40（12）, pp. 563-567（1985）
42) 日本住宅・木材技術センター：地域材を活かした新事業・起業創出緊急対策

事業　製材耐火性能開発事業報告書，pp. 1-96（2003）
43) 中村賢一，山田誠：木造建築の防火設計，産調出版（1998）
44) 大内富夫：木材の高温時の熱伝導率，日本建築学会大会学術講演梗概集（1987）
45) 渡辺治人：木材理学総論，農林出版（1978）
46) 日本火災学会編：火災と建築，共立出版（2002）
47) 坂本功：木造と先端技術，日本建築学会・建築雑誌（2005）
48) ISO834, "Fire-Resistance Tests − Elements of Building Construction"（1999）
49) 防耐火性能試験・評価業務方法書（例えば，財団法人日本建築総合試験所のホームページよりダウンロード可能）
50) S. H. Ingberg, H. K. Griffin, W. C. Robiwson, R. E. Wilson : "Fire Test of Building Columns", Technologic Paper of the Bureau of Standards No. 184, April 21 (1921)
51) 新都市ハウジング協会：「無耐火被覆 CFT 造柱　耐火設計指針・同解説及び耐火設計例」（2004）
52) 日本建築センター：建築物の総合防火設計法　第4巻　耐火設計法（1989）
53) 国土交通省住宅局建築指導課他：2001年版・耐火性能検証法の解説及び計算例とその解説，井上書院（2001）
54) 尾崎文宣，鈴木弘之：梁に高力ボルト継手を持つ鋼架構の崩壊温度，日本建築学会構造系論文集，第547号，pp. 207-214（2001）
55) 日本建築学会：鋼構造接合部設計指針（2006）
56) 関根孝：コンクリート造建物の室内火災温度の推定（その1．熱収支式と温度上昇曲線），日本建築学会論文報告集，第85号，pp. 38-43（1963）
57) 川越邦雄，関根孝：コンクリート造建物の室内火災温度の推定（その2．火災温度曲線とその応用），日本建築学会論文報告集，第86号，pp. 40-45（1963）
58) 川越邦雄：コンクリート造建物の室内火災温度の推定（その3．推定方式の実用化），日本建築学会論文報告集，第140号，pp. 63-70（1967）
59) 窪田伸，猪砂利次，梅沢誠芳，渡辺伸生，塩飽豊明：FR鋼を用いた自走式駐車場の無耐火被覆鉄骨構造（一般認定概要および耐火設計内容について），日本建築センター，ビルディングレター（1996）
60) 池田憲一：標準加熱を受ける鋼管コンクリート柱の挙動と耐火設計への適用に関する研究，学位論文（2003）
61) 古平章夫，藤中英夫，岡本達雄，坪内幸一：複合荷重を受ける充填型鋼管コンクリート柱の耐火性能，日本建築学会大会学術講演梗概集A，pp. 1405-1406（1992）
62) 新都市ハウジング協会：無耐火被覆 CFT 造柱　耐火設計指針・同解説及び耐火設計例（2004）
63) 古平章夫，藤中英生，大橋宏和，西村俊彦：H形鋼のウェブ部分にコンクリートを充填した合成梁の耐火性能，日本建築学会構造系論文集，第563号（2003）
64) 齋藤光：新しい防火設計と鋼構造，日本鉄鋼協会　西山記念技術講座　pp. 39-50（1990）
65) 古平章夫，藤中英夫，大橋宏和，西村俊彦：H形鋼のウェブ部分にコンクリートを充填した合成梁が負曲げを受ける場合の耐火性能，日本建築学会構造系論文集，第568号，pp. 159-165（2003）

索　引

あ
アクティブ対策	49
アラーム弁	85
ＲＣ	143
安全区画	96, 111
安全性の表示	24
暗中歩行速度	104

い
イオン化式	81
維持管理	87
異種用途区画	127
一酸化炭素中毒	102
引火	62
引火温度	62
インセンティブ	18

え
ＡＢＣ消火器	84
延焼拡大防止	118
延焼拡大防止設計	128
延焼動態	29
延焼の恐れのある部分	135
延焼範囲	10
煙突効果	107, 123

か
加圧防煙	89
加圧防煙	111
開口	107, 108
開口因子	70
開口部	105
開口部材	128
階避難	113

階避難安全検証法	112
界壁	125
火炎合流	59, 73
火災旋風	73
火害診断	149
火害補修	149
拡散火炎	56
火源	18
火災	7
火災安全	24
火災荷重	70
火災ガス流出速度	123
火災継続時間	70
火災盛期	70
火災に対する安全の目標	11
火災の種類	34
火炎の伝播速度	49
火災プルーム	105
火災保険	19
火事	4, 7, 21
加熱強度	57
可燃性材料	3
可燃物燃焼温度	131
可燃物量	6
かぶり厚さ	148
換気因子	70
間歇火炎高さ	58
乾式耐火間仕切壁	130
感知器	81
貫通部	122
関東大震災	28

き
機械排煙	110

企業の社会的責任	14	光電式	81
キャッシュ・フロー	17	行動能力	101
吸収率	77	高力ボルト	154
共同防火管理体制	91	黒体	77
局部座屈	150	コンバージョン	22
居室避難	113		
金属の酸化反応	84		

く

区画	109
区画貫通処理部	128
区画貫通部	137
区画部材	125, 130
クリープ	151
群集流	97
燻焼	62
燻焼段階	81

さ

災害弱者	6, 101
載荷加熱試験	164
在館者密度	100, 114
最盛期	4
裁判	23
酒田市大火	31
座屈	155
座屈耐力	155
差動式	81
酸素消費法	60
サンフランシスコ大震火災	28

け

形態係数	77
煙	102
煙制御	108
煙層の降下速度	105
煙濃度	103
煙の伝播速度	106
減光係数	103, 104
建築基準法	20, 50

し

CFT柱	169
自衛消防隊	83
CO_2消火設備	86
市街地大火	25
シカゴ大火	28
自主防災組織	47
自然排煙	110
実大火災実験	159
自動火災報知設備	81
遮煙	111
遮炎性	131, 135, 136
遮熱性	131
住宅火災	25
住宅の総ストック数	33
住宅の防火	52
住宅用火災警報器	40
出火原因	11
出火件数	11, 33
出火場所	11
出火率	33
準耐火建築物	125
準耐火構造	161

こ

コアンダ効果	67
高温時の機械的特性	145
後期高齢者の死者数	38
後期高齢者の死亡率	40
高強度コンクリート	147
航空機火災	34
鋼材の靭性	151
合成スラブ	130
公設消防	10
高層区画	126
高天井型スプリンクラー設備	86
高張力鋼材の高温強度	154
皇帝ネロ	27

索引

準防火地域	*161*
上階延焼	*72*
消火活動	*21*
消火設備	*10*
消火能力	*85*
仕様規定	*50*
焼損面積	*39*
蒸発潜熱	*57*
消防活動拠点	*42, 98*
消防活動困難区域	*32*
消防隊の進入経路	*98*
消防団	*47*
消防白書	*25*
消防法	*20, 50*
消防用設備等	*92*
白木屋百貨店火災	*5, 35*
新宿歌舞伎町明星 56 ビル火災	*35*

す

水平避難	*126*
水平避難方式	*101*
水膜式延焼防止装置	*134*
水冷鋼管構造	*169*
ステファン・ボルツマン係数	*77*
スパンドレル	*124, 127*
スプリンクラー	*4, 85, 106*

せ

性能規定	*50*
説明責任	*16*
戦火	*26*
全館避難	*113*
全館避難安全検証法	*112*
全強接合	*154*
全塑性モーメント	*156*
千日ビル火災	*35*
船舶火災	*34*
線膨張係数	*144*

そ

層間区画	*5, 127*
層間塞ぎ	*127*
層流火炎	*56*

た

大火	*26*
耐火建築物	*125, 142*
耐火鋼	*169*
耐火構造	*3, 140*
耐火時間	*141*
耐火試験	*163*
大火時の延焼速度	*29*
耐火性能	*50*
耐火設計	*4*
耐火塗料	*157*
耐火被覆	*3, 55, 150*
大火防止対策	*32*
大断面集成材	*160*
対流	*74, 75*
耐力壁	*130*
高さ制限	*21*
竪穴	*80, 123, 127*
竪穴空間	*107*
竪穴区画	*127*
建物火災	*38*
建物火災による損害額	*38*
建物の防火対策	*48*
建物利用者の数	*6*
炭化速度	*160*
単純支持	*164*

ち

地下鉄爆発火災	*46*
着衣着火	*40*
着火	*62*
着火温度	*131*
着火限界	*63*
着火時間	*63*
中性帯	*106*
長期荷重	*156*
長期許容応力度	*164*
長周期地震動	*26*

索引

て

定期調査報告	23
定期点検報告	23
出口通過時間	114
テロによる火災	26
伝導	74, 76

と

等価火災継続時間	128
等価保有耐火時間	128
同時多発火災	32
特殊建築物	35
特殊消火設備	86
特定防火設備	135
特定防火対象物	35
特別避難階段	5, 97
トレンチ効果	67

に

2号消火栓	86
2方向避難	97
ニューヨーク市世界貿易センターの炎上崩壊	46

ね

熱応力	146
熱応力解析	153
熱慣性	65
熱貫流率	76
熱気流	61
熱伝導方程式	133
熱伝導率	63, 76, 144
燃焼	2
燃焼エネルギー	10
燃焼熱	57
燃焼の4要素	84

の

軒裏	161

は

排煙	108
排煙設備	4, 109
爆ごう	49
爆裂	143
ハザード	13
はしご車	5
発火	62
発火温度	62
バックドラフト	69
パッシブ対策	49
発熱速度	58
ハートビル法	22
パニック	15
幅厚比	155
バルコニー	101
ハロゲン化物消火設備	86
阪神・淡路大震火災	32

ひ

火	2
火盛り期	70
非住宅のストック棟数	34
非常用エレベータ	88
非常用進入口	88
ひずみ硬化	151
非損傷性	131, 141
非耐力壁	130
避難安全性能	50
避難開始時間	113
避難階段	97
避難器具	98
避難限界	115
避難限界時間	112, 115
避難行動時間	114
避難行動特性	99
避難者心理	99
避難終了時間	112
避難設計	4
比熱	63, 144
火の管理	3
火の起源	2
火元	18
標準加熱温度曲線	132

索引

表面温度	63
表面熱伝達	75
表面熱伝達率	63, 75
ビル火災	14, 25

ふ

フェイルセーフ	91
フェーン現象	31
不燃性材料	3
フラッシュオーバー	4, 68, 167
フーリエの法則	133
プルーム（plume）	61
プロメテウス	2
分解熱	57
噴出火炎	72, 124, 127

へ

平均的延焼速度	29

ほ

防煙	108
防煙垂れ壁	109
放火	45
放火・防犯監視の一元化	47
崩壊温度	156
防火管理体制	42
防火区画	21, 42, 125, 140
放火自殺者	52
防火シャッター	134
防火性能	159
防火設備	135
防火対象物	24
防火ダンパー	110, 137
防火地域	161
防火扉	134
防火壁	125
防災センター	42
放射	74, 77
放射率	77
放水銃	86
保険金	19
保険料率	19
歩行時間	114
歩行速度	100, 104, 114
炎の高さ	58
ぼや	34
保有耐火時間	128

み

見透かし距離	103
溝効果	67
密度	63, 144

む

無炎燃焼	62
無線通信補助設備	89

め

明暦の大火	29
面積区画	126

も

燃えしろ設計	162
木造戸建て住宅	38
モスクワ大火	27

や

焼けビル	28

ゆ

誘導灯	103
有毒ガス	102

よ

予混合火炎	56

ら

乱流火炎	56

り

リスク	13
リスクの転嫁	19
リスク分析	13
裏面温度	132

索引

流動係数	100, 114
隣棟間隔	21

れ
連結送水管設備	89
連続火炎高さ	58

ろ
ローマ大火	27
ロンドン大火	27

Memorandum

Memorandum

はじめて学ぶ
建物と火災
Principles of Building Fire Safety Engineering

検印廃止　© 2007

2007年11月25日　初版1刷発行 2024年 9月10日　初版8刷発行	編　者　（公社）日本火災学会 発行者　南　條　光　章 　　　　東京都文京区小日向4丁目6番19号 印刷者　入　澤　誠一郎 　　　　東京都荒川区西尾久4丁目7番6号
NDC 524.94	

発行所　東京都文京区小日向4丁目6番19号
　　　　電話 東京（03）3947局2511番（代表）
　　　　〒112-0006 ／ 振替 00110-2-57035
　　　　URL www.kyoritsu-pub.co.jp

共立出版株式会社

印刷／星野精版印刷　製本／協栄製本　Printed in Japan

一般社団法人
自然科学書協会
会員

ISBN 978-4-320-07697-6

JCOPY ＜出版者著作権管理機構委託出版物＞
本書の無断複製は著作権法上での例外を除き禁じられています．複製される場合は，そのつど事前に，出版者著作権管理機構（ＴＥＬ：03-5244-5088，ＦＡＸ：03-5244-5089，e-mail：info@jcopy.or.jp）の許諾を得てください．

■建築学関連書　　www.kyoritsu-pub.co.jp　共立出版

現場必携 建築構造ポケットブック 第6版
建築構造ポケットブック編集委員会編　ポケット判・926頁

机上版 建築構造ポケットブック 第6版
建築構造ポケットブック編集委員会編……四六判・926頁

建築構造ポケットブック 計算例編
建築構造ポケットブック編集委員会編……四六判・408頁

15分スケッチのすすめ 日本的な建築と町並みを描く
山田雅夫著……A5判・112頁

建築法規 第2版増補（建築学の基礎 4）
矢吹茂郎・加藤健三著……A5判・336頁

西洋建築史（建築学の基礎 3）
桐敷真次郎著……A5判・200頁

近代建築史（建築学の基礎 5）
桐敷真次郎著……A5判・326頁

日本建築史（建築学の基礎 6）
後藤 治著……A5判・304頁

建築材料学
三橋博三・大濱嘉彦・小野英哲編集……A5判・310頁

新版 建築応用力学
小野 薫・加藤 渉共著……B5判・196頁

SI対応 建築構造力学
林 貞夫著……A5判・288頁

建築構造計画概論（建築学の基礎 9）
神田 順著……A5判・180頁

鋼構造の性能と設計
桑村 仁著……A5判・470頁

建築基礎構造
林 貞夫著……A5判・192頁

鉄筋コンクリート構造 第2版（建築学の基礎 2）
市之瀬敏勝著……A5判・240頁

木質構造 第4版（建築学の基礎 1）
杉山英男著……A5判・344頁

実用図学
阿部・榊・鈴木・橋寺・安福著……B5判・138頁

住宅デザインの実際 進化する間取り／外断熱住宅
黒澤和隆編著……A5判・172頁

設計力を育てる建築計画100選
今井正次・櫻井康宏編著……B5判・372頁

建築施工法 最新改訂4版
大島久次原著／池永・大島・長内共著……A5判・364頁

既存杭等再使用の設計マニュアル（案）
構造法令研究会編……A4判・168頁

建築・環境音響学 第3版
前川純一・森本政之・阪上公博著……A5判・282頁

都市の計画と設計 第3版
小嶋勝衛・横内憲久監修……B5判・260頁

都市計画 第3版増補
日笠 端・日端康雄著……A5判・376頁

都市と地域の数理モデル 都市解析における数学的方法
栗田 治著……B5判・288頁

風景のとらえ方・つくり方 九州実践編
小林一郎監修／風景デザイン研究会著……B5判・252頁

景観のグランドデザイン
中越信和編著……A5判・192頁

東京ベイサイドアーキテクチュアガイドブック
畔柳昭雄＋親水まちづくり研究会編……B6判・198頁

火災便覧 第4版
日本火災学会編……A5判・1580頁

基礎 火災現象原論
J.G.Quintiere著／大宮喜文・若月 薫訳……B5判・216頁

はじめて学ぶ建物と火災
日本火災学会編……B5判・194頁

建築防災（建築学の基礎 7）
大宮・奥田・喜々津・古賀・勅使川原・福山・遊佐著　A5判・266頁

都市の大火と防火計画 その歴史と対策の歩み
菅原進一著……A5判・244頁

火災と建築
日本火災学会編……B5判・352頁

造形数理（造形ライブラリー 01）
古山正雄著……B5変型判・220頁

素材の美学 表面が動き始めるとき…（造形ライブラリー 02）
エルウィン・ビライ著……B5変型判・200頁

建築システム論（造形ライブラリー 03）
加藤直樹・大崎 純・谷 明勲著……B5変型判・224頁

建築を旅する（造形ライブラリー 04）
岸 和郎著……B5変型判・256頁

都市モデル読本（造形ライブラリー 05）
栗田 治著……B5変型判・200頁

風景学 風景と景観をめぐる歴史と現在（造形ライブラリー 06）
中川 理著……B5変型判・216頁

造形力学（造形ライブラリー 07）
森迫清貴著……B5変型判・248頁

論より実践 建築修復学（造形ライブラリー 08）
後藤 治著……B5変型判・198頁